高等教育系列教材

物流采购管理

主　编　戴小廷

副主编　张其春　郑少峰　张晏魁

参　编　曾永珍　胡永仕　周　牧

机 械 工 业 出 版 社

本书紧密结合应用型创新型人才培养目标和采购管理理论的最新发展，借鉴和吸收了国内外采购管理和采购职业资格认证教材的内容，全面系统地介绍了物流采购管理的理论和实践应用。本书紧跟企业采购人才能力的现实需求，依据理论与实践相结合的原则，创新设计了整体内容的编排。全书整体分为物流采购管理基础、物流采购业务流程、采购技术和采购专题4篇，共20章。第1篇介绍了从事物流采购管理工作所需要的基础知识、现代采购管理理念、采购部门架构和人员选择，以及采购环境与供应市场分析等开展采购工作的预备知识；第2篇为采购具体业务流程，重点介绍了采购工作的操作要点与实际工作中的难点；第3篇介绍了如何利用招标采购、采购信息技术与电子采购，以及采购项目管理等采购技术优化改进采购工作；第4篇内容为零售采购、服务采购、国际采购和政府采购等特殊领域的采购。

本书的特色是注重实践能力的培养，在内容选取上侧重培养读者处理具体业务流程的技能和开展采购流程优化的能力，强化培养分析问题、解决问题，以及把理论应用于实践的能力。同时，教材增加了传统教材中缺少的国际采购职业资格认证内容。全书整体思路清晰，便于读者由浅入深地进行学习。

本书可作为应用技术大学采购管理、物流管理、物流工程和工商管理等相关专业本科生的教材使用，也可作为采购实践工作者的参考书。

本书配套授课电子课件，需要的教师可登录 www.cmpedu.com 免费注册，审核过后下载，或联系编辑索取（QQ：2966938356，电话：010-88379739）。

图书在版编目（CIP）数据

物流采购管理/戴小廷主编. —北京：机械工业出版社，2016.5（2024.1 重印）
高等教育系列教材
ISBN 978-7-111-53166-1

Ⅰ.①物… Ⅱ.①戴… Ⅲ.①物流-采购管理-高等学校-教材 Ⅳ.①F253.2

中国版本图书馆 CIP 数据核字（2016）第 044231 号

机械工业出版社（北京市百万庄大街 22 号 邮政编码 100037）
策划编辑：王 斌 责任编辑：王 斌
责任校对：张艳霞 责任印制：常天培
北京机工印刷厂有限公司印刷
2024 年 1 月第 1 版第 8 次印刷
184mm×260mm · 15.75 印张 · 381 千字
标准书号：ISBN 978-7-111-53166-1
定价：49.00 元

电话服务 网络服务
客服电话：010-88361066 机 工 官 网：www.cmpbook.com
010-88379833 机 工 官 博：weibo.com/cmp1952
010-68326294 金 书 网：www.golden-book.com
封底无防伪标均为盗版 机工教育服务网：www.cmpedu.com

前　言

采购工作是保证企业生产系统高效、低耗、灵活、准时地生产合格产品的重要业务，其管理水平已经成为现代企业提高竞争力的重要内容。随着经济全球化的发展，企业对系统地掌握采购与供应管理理论及实务的应用型人才的需求越来越多。

近年来，采购在企业的战略地位逐步提升，企业对采购应用技术人才的要求也越来越高。因此对高校“物流采购管理”课程的教学也提出了更高的要求。物流采购管理是一门重要的专业主干课程，课程的教学目的不仅要通过教与学使学生正确理解采购的有关理论，掌握采购过程中的诸如供应市场分析方法、采购方式选择、供应商的选择与考评方法、供应商关系管理，以及采购谈判内容和采购合同内容等理论，还需要注重学生实践能力的培养，在教学中培养其处理具体业务流程的技能和开展采购流程优化的能力，强化分析问题、解决问题的能力和理论应用于实践的能力培养，同时注重学生国际采购视野的培养，为其从事物流采购管理的工作奠定全面基础。

基于上述培养目标，本书在参阅国内大量教材的基础上，以采购业务流程为主线优化设计了课程内容，整体体系新颖完善、内容深入浅出，使其符合应用型创新型人才的培养需求。同时教材补充引入传统教材中缺少的中国采购与供应管理职业资格证书（CPS）、英国皇家采购与供应学会认证证书（CIPS）、美国认证协会（ACI）认证的注册国际采购师（CIP）执业资格认证，以及 ITC 国际采购与供应链管理认证的一些要求内容，为学生未来通过国际化的采购职业资格认证、提升职业发展奠定了坚实的基础。在本书的编写过程中邀请了多位大中型企业采购主管参与教材方案的设计与素材收集，注重理论与实践结合及新技术新理念的引入，紧跟企业采购人才能力的现实需求。本书体现了当前采购技术的先进性和适用性，侧重于介绍从事采购工作时的流程、技巧和方法，注重对采购过程中可能遇到的问题的分析与解决办法进行讲解，实现了教学内容的创新。

全书整体分为 4 篇，分别为：物流采购管理基础、物流采购业务流程、采购技术和采购专题，整体思路清晰，由浅入深，逐步推进。

第 1 篇物流采购管理基础篇共 4 章。包括物流采购管理概述、采购组织与人员管理、采购环境与供应市场分析、采购商品分类与规格描述。主要介绍了从事物流采购管理工作所需要的基础知识、现代采购管理理念、采购部门架构和人员选择，以及采购环境与供应市场分析等开展采购工作的预备知识。

第 2 篇物流采购业务流程篇共 9 章。包括采购预测、计划和预算，供应商的选择与管理，采购谈判，采购合同管理，采购价格与成本管理，采购过程管理，采购货物的验收，采购结算管理，采购绩效评价与控制。基本按照具体业务流程的处理内容、业务的具体处理方法、流程，以及如何才能将该业务处理得更好的思路来编排内容，依次阐述。注重采购工作的操作要点与实际工作中的难点的解读。

第 3 篇采购技术篇共 3 章。包括招标采购、采购信息技术与电子采购、采购项目管理。具体介绍如何利用采购技术来优化和改进采购工作。

第 4 篇采购专题篇共 4 章。包括零售采购、服务采购、国际采购、政府采购。本篇内容为特殊领域的采购，各有鲜明特色，拓展了学生的知识面，为从事这些特定领域的采购工作奠定了基础。

作为应用型本科教材，本书在内容上增设了情景模拟教学法、案例分析法，以及采购课外实践法等内容的设计，便于教师采取灵活的教学法，丰富课堂教学形式，提高教学效果。

本书建立了共享教学资源，包含教学大纲、考试大纲、多媒体课件、案例、试卷库、实践内容设计方案、课程成绩评定方法和实验教学指导书等配套内容的教学材料，供教师参考使用。

在本书的编写过程中，参阅和引用了众多采购管理教材和职业认证教材的内容，在此向其作者表示衷心的感谢！

本书由7位教师共同编写，其中张其春编写第11章和第16章；郑少峰编写第15章；张晏魁编写第17章和第18章；曾永珍参与编写第19章、胡永仕参与编写第20章、周牧参与编写第5章。戴小廷负责全书其他章节的编写及全书统稿。在本书的编写过程中得到了机械工业出版社王斌编辑、福建捷联电子有限公司采购经理张倩，以及许多同行同事提出的中肯意见，在此一并致谢。由于编者水平所限，书中难免存在不当之处，恳请广大读者批评指正！

本书可作为应用型本科院校的采购管理、物流管理、物流工程和工商管理等相关专业本科生的教材使用，也可作为采购实践工作者的参考书。

编　者

2015年12月3日

目　录

第4篇 采购专题篇

第 1 篇

物流采购管理基础篇

第1章　物流采购管理概述

本章导读：企业通过提供产品或服务获得社会中的存在价值，从而得到社会的回报，并得以生存和发展。企业为了形成自己的产品和服务，就必须不断地从市场上获得各种资源，这就需要采购。采购是企业供、产、销三大基本职能之一，是获取利润的重要手段。它在企业产品开发、质量保证和供应链系统运作中起着十分重要的作用。

学习目标：多角度理解什么是采购；掌握采购的5R原则；熟悉采购流程，会开展采购作业流程设计；理解采购管理的目标和职能；树立采购管理新理念；了解采购的发展趋势。

引导案例

采购就是简单的"买东西"吗?

张经理马上要调任公司采购部经理，虽然没学过采购管理，但他对自己胜任该职位还是充满了信心。因为他认为自己一方面多年在企业工作，熟悉企业生产过程；另一方面采购只需要按照企业要求买进原材料和零配件，日常生活中自己也有很多采购经验。

真正到岗之后几天，张经理就有些焦头烂额了，碰上了原材料供应商不按时供货、车间停产的严重问题；还因为购买前没搞懂技术参数、买来的商品不符合技术部的要求；领导交代机床设备采购要进行招标，而自己不懂招标程序；采购部门内部存在信息传递不畅、配合不足和效率低下等诸多问题，许多事情需要他亲力亲为。面对生产部门的催料和客户的投诉，张经理开始意识到采购工作可不仅仅就是"买东西"，还有有许多学问在里面，等待他去摸索。

1.1　采购相关概念

企业采购是企业供应链系统的重要组成部分，是企业提高质量、节约成本的关键。建立企业采购供应链系统，首先需要将涉及企业采购的各个环节纳入到整个系统中，保证采购过程中各个环节之间的信息畅通，提高工作效率。同时通过信息共享，合理地利用和分配资源，为企业带来最大的效益。

1.1.1　采购的定义与功能

1. 采购的概念

一般来讲，采购是指个人或者组织为生产、消费等目的购买商品或劳务的行为。根据人们取得商品方式与途径的不同，采购可以从广义与狭义两方面来理解。

广义的采购（Purchasing）是指以购买、租赁、借贷和交换等途径取得商品的使用权，以达到满足需求的目的。包括工业品采购、个人消费品采购等。

狭义的采购是指企业在一定的条件下从供应市场获取产品或服务作为企业资源，以保证企业生产及经营活动正常开展的一项企业经营活动。

世界银行贷款项目中将采购定义为以不同方式通过努力从系统外部获得货物、土建工程和服务的整个采办过程。

2. 采购的主体与客体

从以上定义可以看出，采购的主体可以有以下4种：政府、事业单位、企业和个人消费者。采购的客体可以是有形商品，包括生产资料与生活资料；也可以是无形商品，如软件、技术、服务，以及项目采购，如土建工程等。

3. 采购的功能

（1）采购是提高企业产品质量的重要途径

据统计，产品中60%的价值是经过采购由供应商提供的，产品“生命”的60%应在采购质量控制中得到确保。也就是说，企业产品质量不仅要在企业内部控制好，更多的应控制在供应商的质量管理过程中，这也是上游质量控制的体现。供应商上游质量控制得好，不仅可以为下游质量控制打好基础，也可以降低质量成本，减少企业进货检验费等。经验表明，一个企业要是能将1/4 ～ 1/3的质量管理精力花在供应商的质量管理上，那么企业自身的质量水平可以提高50%以上。

（2）采购是降低企业管理成本的重要手段

成本一直是企业关注的焦点问题，成本的高低决定企业的利润和利润率，而采购成本在整个企业成本中起着举足轻重的作用。尤其是现在市场环境的变化，过去企业借助技术领先、市场垄断等所塑造的超额制造或销售利润正在快速消失，加上保护消费者权益的呼声日益高涨，偏高的产品销售价格逐步失去市场竞争力，最终导致企业必须以降低成本的途径来代替提高售价，从而达到增加利润的目的。

（3）采购对加快流动资金的周转速度有重要作用

采购是供应的基础，没有采购做保证，供应是不可能实现的。因此，良好的采购决策，可以保证原材料按质、按量、按比例供应，避免因缺货而影响生产。如果采购不当，任何一种物料的缺乏都会导致生产中断，企业投入的流动资金的周转就会推迟。所以，优化采购流程，使各种物料的采购时间和数量与生产进度相协调，对于缩短生产周期、加速资金周转、提高企业效益有非常重要的作用。

（4）采购能为企业提供改进产品的信息或支持

一方面，采购部门每天与原材料、零部件等打交道，可在新材料、新产品和新技术方面获得有益的信息，能推动设计部门对产品的改良与改进；另一方面在供应商的管理工作中，通过鼓励供应商的早期参与，可以利用供应商的专业技术能力，改进产品质量、节约制造费用，从而提高产品的市场竞争力。

（5）采购是树立企业形象的窗口

企业还需要通过采购工作建立和维护企业的良好形象。因为采购是企业的对外工作，同销售工作一样，采购在很大程度上对外代表着企业的形象，因此采购部门必须以公正良好的态度发展企业同供应商的关系，树立企业的优秀形象。

1.1.2 采购的类型

采购活动多种多样，可以从采购政策、采购对象、采购价格确定方式和采购地区等方面进行归类。

1. 按采购政策分类

(1) 集中采购

集中采购是相对于分散采购而言的，它是指企业在核心管理层建立专门的采购机构，统一组织企业所需物品的采购进货业务。跨国公司的全球采购部门的建设是集中采购的典型应用。它以组建内部采购部门的方式，来统一管理其分布于世界各地分支机构的采购业务，减少采购渠道，通过批量采购获得价格优惠。

(2) 分散采购

与集中采购相对应，分散采购是由企业下属各单位，如子公司、分厂、车间或分店实施的满足自身生产经营需要的采购。这是集团将权力分散的采购活动。分散采购是集中采购的完善和补充，有利于采购环节与存货、供料等环节的协调配合，有利于增强基层工作责任心，使基层工作富有弹性和成效。

2. 按采购对象分类

(1) 原物料采购

原材料是产品实体的基本构成部分，在生产过程中要改变物理和化学特性，有较大消耗。企业原材料采购的比重大、频率高，采购过程较复杂。

(2) 零配件采购

零配件是加工装配产业最基本的生产资料。零配件种类繁多，规格、型号复杂，技术性强，生产过程中需频繁供应，其采购具有较强的专业性。

(3) MRO (Maintenance, Repair and Operating items, MRO) 采购

MRO 采购即原物料、零部件以外的，用于维护、修理及运营的杂项物件和设备的采购。MRO 物料通常都是低值物品，品种繁多，不同行业的 MRO 物料需求差异极大，单项商品采购规模较小。

(4) 机器设备采购

机器设备采购是企业生产经营过程中对长期、反复使用而基本保持原本实物形态的劳动工具的购买，具有金额大、技术性和专业性强的特点，往往需要采用招标、租赁、委托与调拨等方式进行采购。

(5) 无形服务采购

无形服务采购包括技术采购、服务采购和工程发包 3 项。技术采购一般包括专利、商标、版权和专业技术诀窍的获取。技术采购的最主要特点是大多采用许可贸易的方式进行，卖方转让的是使用权而不是所有权。服务采购包括售前服务的提供，即卖方在交易前提供的诸如产品说明、操作示范和制作规范等产品信息，这些产品信息可增加采购人员的知识，利于采购决策；售后服务的提供，即卖方提供的关于设备或产品的安装、维护、操作，以及使用方法的培训、运送及退换货等服务；专业服务的提供，即由律师、管理顾问、会计师、建筑师、电气技师、广告设计师和程序设计人员等所提供的特殊服务；物流和勤务服务的提供，主要涉及物流、信息、通信、餐饮及清洁等方面的服务。工程发包包括厂房、办公楼等的建设与修缮，以及配管工程、机械储槽架设工程、空调或保温工程、动力或网络的综合配线和仪表安装等。

3. 按采购价格确定方式分类

(1) 招标采购

招标采购是通过在一定范围内公开购买信息，说明拟采购物品或项目的交易条件，邀请供

应商或承包商在规定的期限内提出报价，经过比较分析后，按既定标准选择条件最优的投标人并与其签订采购合同的一种采购方式。

招标采购是在众多的供应商中选择最佳供应商的有效方法。它体现了公平、公开和公正的原则。通过招标程序，招标企业可以最大程度地吸引和扩大投标方之间的竞争，从而使招标方有可能以更低的价格采购到所需要的物资或服务，更充分地获得市场利益。招标采购方式通常用于比较重大的建设工程项目、新企业寻找长期物资供应商、政府采购或采购批量比较大等场合。

（2）询价采购

所谓询价采购，就是采购者向选定的若干个供应商发出询价函，让供应商报价，然后根据各个供应商的报价而选定供应商的方法。询价采购是国际上通用的一种采购方法。询价采购不是面向整个社会所有的供应商，而是在充分调查的基础上，筛选一些比较有实力的供应商。询价采购方式适用于数量少、价值低的商品或急需采购商品的采购。

（3）比价采购

比价采购是指采购人员请数家厂商提供价格后，从中加以比价之后，决定厂商进行采购的方式。

（4）议价采购

议价采购是指采购人员与供应商就价格进行商议后，决定进行的采购。询价、比价和议价往往是结合使用，很少单独采用一种。

（5）订价采购

订价采购是指采购物料数量较大、持续性的采购，往往预先签订合同，商议好价格。特别是像甘蔗、棉花这样的农产品采购，可能种植之初就订好价格，后面直接收购。

4. 按采购地区分类

（1）国内采购

国内采购机动性强，手续简单方便，因为语言、环境等基本相同，采购风险性更低。

（2）国际采购

当国外材料价格更低、质量更好时，如果综合采购成本低于国内采购，则可考虑国外采购。当然，在考虑鼓励民族企业长远发展、事关国家产业发展的一些特定采购中，也不能单纯比较眼前利益，要着眼长远利益，支持国内有能力的供应商发展。

1.1.3 采购的5R原则

在企业采购过程中要遵循哪些原则，才能使采购效益最大化呢？采购专家提出应用5R原则指导企业的采购实践活动。

1. 适时（Right Time）

“适时”是指在需要的时候，能及时地供应物料，不会发生停工待料，也不会过早送货，挤占货仓及积压资金。因此何时订购、何时进料都需要事先进行详细分析计算，如处理订购单的时间要多长、供应商生产能力有多大、供应商的运输及交货时间要多长、检验收货时间要多长，以及出现各种异常大致需多长时间处理等都需要事先详细分析，才能做到适时。

2. 适质（Right Quality）

“适质”是指将厂商送来的物料和货仓发出去生产的物料，品质应是适当的，都是符合规定要求的。若进来的物料品质不符合标准，生产的产品同样难以达到客户的标准，就会降低公司声誉，影响公司销售业绩。

3. 适量（Right Quantity）

“适量”是指采购的数量应是适当的，不会发生缺料，也不发生呆料。采购数量若不足，会引起停工待料，影响交货期；采购数量若过量，会导致资金积压，甚至浪费。因此应有一个经济的订购量。

4. 适价（Right Price）

“适价”是指材料的采购价格应适当，即用相对合理的成本获取所需的物料。采购价格要求若过低，可能会降低材料的品质、延误交货期或影响到其他交易条件；采购的价格若过高，成本难以负担，公司产品利润少，竞争力减弱，容易失去市场。

5. 适地（Right Place）

“适地”是指物料供应源的地点应适当，供应物料的厂商与使用的地方距离应越近越好。距离若太远，运输成本加大，就会影响价格；并且距离太远，沟通协调、处理事情很不方便，所需的时间长，容易延误交货期。

1.1.4　工业品采购与个人消费品采购的比较

从采购对象的大范围来讲，采购可以分为工业品采购和个人消费品采购。个人消费品采购几乎每个社会人都需要进行，那么个人消费品采购的经验与知识是否能直接移植到工业品采购中去？表面看来似乎雷同，其实两者差异较大，如表 1-1 所示。由于这种差异的存在，在进行工业品采购时不能简单地套用个人消费品采购的办法与经验。

表 1-1　工业品采购与个人消费品采购的差异

	工业品采购	消费品采购
采购目的	保证生产	满足个人需要
采购动机	主要出于理性考虑	带有个人喜好或冲动
采购功能	专业职能、企业行为	消费者个人行为
采购决策	多人参与、程序化过程	个人决定
产品与市场知识	系统、宽广	零散、有限
采购量	大	小
采购需求	由生产及发展驱动、波动性强	由生活所需导向、通常较稳定
采购市场价格	弹性有限	弹性相对较大
供应商	数量有限、往往地域性集中	数量很多、地域分散

1.1.5　采购的利润杠杆效应

采购的利润杠杆效应是指当采购成本降低一个百分点时，企业的利润率将会上升更高的比例。正是因为这个效应的存在，使得越来越多的企业开始重视采购工作，采购部门也在这个微利时代越来越受到企业高层的重视。

采购的利润杠杆效应产生的原因是因为采购成本在总成本中占据很大比例。通过对比分析表明，降低采购成本的方法用来提高企业利润率比其他方法要更为有效，采购部门已经被越来越多的专家视为企业最后一个尚待开发的利润创造源。

为了更好地理解采购利润的杠杆效应，下面来举个例子。假设某企业总的销售额为 1 亿元，利润为 500 万元。其中原材料采购的成本占 60%，生产加工劳务费、工资等人工成本占 10%，销售及相关的管理费用占 25%，纯利润占 5%。假设现在的目标是将利润提高 1 倍，销售量、产品售价、人工成本、管理费用或采购成本要增加或减少多少，才能使利润从目前的 500 万元提高到 1000 万元？

表 1-2 列出了为使利润翻番，每个项目应变化的幅度。可以看出，除了产品售价和采购成本外，其余各项都必须经历大幅度变动才能使利润增加 1 倍。而即使是产品售价一项，市场上的激烈竞争也会使价格的上涨很难实现。在采购成本方面，虽然无法控制购入产品成本的主要部分，但是往往可以通过一些简单的手段来大幅度降低采购成本，比如，让两个供应商对同一产品报价、与供应商紧密协作来控制成本、利用供应商的数量折扣，以及仔细选择货源、运输路线和运输方式等。这些方面成本下降的百分比不需要很多就可以实现绝对成本的大幅下降与利润的大幅提高。

表 1-2　影响利润的因素比较表　　单位：百万元

因　素	现　状	销售额 +17%	产品售价 +5%	人工成本 -50%	管理费用 -20%	采购成本 -8%
销售额	100	117	105	100	100	100
采购成本	60	70	60	60	60	55
人工成本	10	12	10	5	10	10
管理费用	25	25	25	25	20	25
利润	5	10	10	10	10	10

1.2　采购流程及其设计

1.2.1　采购流程

一般情况下，企业采购活动都遵循一套规范的流程。在物料采购活动中，大体流程首先是采购部门要按照采购计划，进行合格供应商筛选，将采购资料内容传递给相关合格供应商并要求其反馈相关物料质量及报价信息，然后采购人员进行比价和议价，并最终确定物料供应商，传递采购订单合同。采购人员根据既定的合同要求对供应商进行跟踪，保证保质、保量、按时地将物料供应到位。供应商按指定地点将物料运送至物料部后，物料部要取出部分物料样送至品管部进行进料检验（小公司由采购人员进行检验）。品管部对进料检验后要迅速将相关质量信息反馈至采购人员，采购人员根据物料质量情况对物料进行进仓、退货等处理决定。每采购一批物料都要对相关的供应商供货的质量、交货期及相关合作事项进行评价，并将各供应商档案留档，以备查验及对供应商的定期评审筛选。

图 1-1 所示是某企业的总体采购作业流程。一般还会对每一阶段的工作流程再进行详细设计，规范工作步骤，防范问题发生。具体详细的工作流程将在本书的第 2 篇“物流采购业务流程篇”中分阶段进行详细介绍。

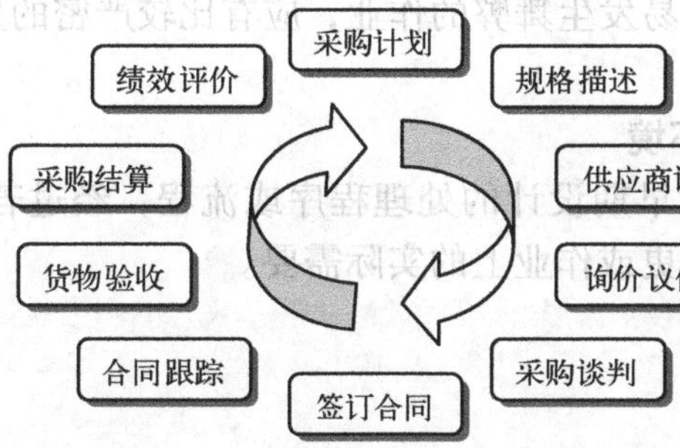

图1-1　某企业的采购作业总体流程

1.2.2　设计采购作业流程的注意事项

每个企业具体详细的采购作业流程应适应企业要求，在设计采购作业流程时，应注意以下要点。

1. 采购结构应与采购数量、种类、区域相匹配

一方面，过多的流程环节会增加组织流程运作的作业与成本，降低工作效率；另一方面，流程过于简单、监控点设置不够等，将导致采购过程操作失去控制，使物资质量、供应和价格等出现问题。

2. 注意先后顺序及实效控制

应注意作业流程的流畅性与一致性，并考虑作业流程所需的时限。例如，避免同一主管对同一采购文件做多次的签核；避免同一采购文件在不同部门有不同的作业方式；避免一个采购文件会签部门太多，影响作业实效。

3. 设置关键点

为了便于控制，使各项在处理中的采购作业在各阶段均能被追踪管理，应设置关键点的管理要领或办理时限。例如，国外采购、询价、报阶、申请输入许可证、出具信用证、装船、报关和提货等均有管理要领或办理时限。

4. 清晰划分权责或任务

各项作业手续及查核责任，应有明确权责规定及查核办法。比如，请购、采购、验收和付款等权责应予区分，并指定主办单位。

5. 采购作业流程配合作业方式的改善

例如，手工的作业方式改变为计算机管理系统辅助作业后，其流程与表格需做相应的调整或重新设计。

6. 采购流程应反映集体决策的思想

由计划、设计、工艺、认证、订单和质量等人员一起来决定供应商的选择。处理程序应合时宜，应注意采购程序的及时改进。早期设计的办理程序或流程经过实践检验后应加以检查，并不断改进与完善，以回应组织的变更或作业上的实际需要。

7. 避免作业过程中发生摩擦、重复与混乱

注意变化性或弹性范围及偶发事件的处理规则。例如，在遇到“紧急采购”及“外部授权”时，应有权宜的办法或流程来特别处理。

8. 价值与程序相适应

程序繁简或被重视的程度应与所处理业务或采购项目的重要性或价值的大小相适应。凡是涉及数量较大、价值较高或容易发生舞弊的作业，应有比较严密的处理监督；反之，则可略微放宽，以求提高工作效率。

9. 处理程序应适合现实环境

应注意程序的及时改进。早期设计的处理程序或流程，经过若干时间段以后，应加以审查，不断改进，以适应组织变更或作业上的实际需要。

1.3 采购管理

1.3.1 采购管理的目标

采购管理的总目标可用一句话表述为：以最低的总成本为企业提供满足其需要的货物和服务。总目标的实现不仅仅是采购部门的事情，它需要整个企业的共同努力。具体可分解为以下几个子目标。

1. 通过物资供应采购，保证生产、经营活动的正常进行

采购管理对采购时间有严格要求，即要选择适当的采购时间。一方面要保证供应不间断，以便使整个组织正常运转；另一方面库存要合理，不能过早采购而出现积压，占用过多的仓库面积，加大库存成本。

2. 保证供应商产品质量的不断提高

采购商进行采购的目的是为了满足生产需要，因而，为了保证企业所生产产品的质量，首先应保证所采购材料的质量能够满足企业生产的质量标准要求。为了生产所需的产品或提供服务，采购的产品要达到一定的质量要求，否则，最终产品或服务将达不到期望的要求。

纠正低质量物料投入产生的内部成本的数额可能是巨大的。例如，一个质量较差的弹簧被安装到柴油机车的刹车系统上，其成本不足5美元。但是，如果在这部机车的使用过程中，这个有缺陷的弹簧出了毛病，那么，必须拆卸下来重装弹簧。考虑到机车不能运行而减少了铁路公司的收入，以及可能造成的以后再订货方面的损失，这种情况下的重置成本就会变成上千美元。提高供应商的供货质量是一项必须常抓不懈的工作，这样，产品或服务才能在全球范围内更具有竞争力。这一问题现在已经引起了对采购职能质量目标方面的重点关注。

3. 发展有竞争力的供应商，建立长期合作关系

一个采购部门必须有能力寻找供应商并分析其能力，从中选择合适的供应商并且与其一起努力对流程进行持续的改进。归根到底，采购部门的成功依赖于以上这些能力。只有当最后确定的那个供应商在工作上雷厉风行，而且富有责任感的时候，公司才能最终以最低的价格得到所需的物资和服务。例如，公司采购的一套复杂的计算机系统的供应商如果后来停业了，因而不能进行长期的系统维护、修改和升级，那么，虽然起初是很优惠的价格，但现在由于供应商不能继续履行其承诺的义务，将产生很高的生命周期成本。

4. 使库存投资和损失保持在最低限度

保证物料供应不中断的一个办法是保持大量的库存。但是库存必然占用资金，这些资金就不可能用于其他方面；持有库存的成本一般要占库存商品价值的20%~50%，如果采购部门可以用价值1000万美元的库存（而不是原来的2000万美元）来保证企业的正常运作的话，那么在年库存成本为30%的情况下，1000万美元库存的减少不仅意味着多出了1000万美元的流动资本，而且还意味着节省了300万美元的库存费用。

5. 实现采购的低成本

采购价格的高低是影响采购成本的主要因素。在一家典型的企业中，企业采购部门的活动消耗的资金比例最大，采购活动的利润杠杆效应可能会非常明显。在确保质量、发送和服务等方面的要求都得到满足时采购部门应该全力以赴地以最低的价格获得所需的物资和服务。采购中能做到以“适当的价格”完成采购任务，是采购管理的一个重要目标。

6. 高效低成本的采购部门运作

要使采购部门正常运作需要耗费企业的资源，包括员工工资、电话费和邮资、办公用品、差旅费用、计算机费用，以及其他必需的管理费用。如果采购流程的效率很低，那么采购的管理费用就很高。采购部门应该尽可能有效和节俭地完成采购目标，这就需要采购经理经常对部门的运作情况进行检讨，以确保所有的活动耗费都是有效的。如果一家企业出于分析和计划工作做得不充分而没能实现其采购目标，那么解决之道就在于增加人手或是将采购过程调整得更为流畅。因此，采购经理应对采购方法、程序和技术等方面可能进行的改进经常性地保持关注。例如，节省交易成本的机会包括通过电子邮件申请的自动化系统与企业的网络系统，以及一些小批量采购中使用的采购卡与电子订货系统。具备高效采购过程的企业可以通过降低成本、提高弹性和减少反应时间来获取竞争优势，同时，允许采购人员将精力集中在可以增值的活动上。

1.3.2　采购管理的职能

作为企业功能的代表，每个部门都要承担一定的职责，称为部门职能。采购部门为了保证上述采购目标的实现，就要担负起企业决策者授予的管理职能，即采购管理职能。其具体职能如下。

1. 审查采购对象的规格质量

审查物料规格质量也是采购的管理范围之一，尽管工程师有时会突破这一权力。采购人员应努力增加一系列物料的知识与经验，且必须对公司的利益有益。询问审查权力允许采购部门在需要的地方审查所进货物的规格。例如：采购部门也许会提供一种更低成本的物料，与工程部门讨论它们是否可满足产品的各项指标。显然将物料的规格质量与采购要求相结合，能取得较低的总成本。

2. 供应商选择

建立供应商档案是采购部门的重要职责之一。供应商的选择是确保商品品质和服务的重要措施，只有选择正确的供应商，才能在适当的价格下，得到适当品质和数量的产品和良好的服务。

采购部门执行这一职责时，必须要具有一定的经验和专业化技能，同时要注意避免“后门”买卖。当然，这一职责的完成并不一定要求采购部门在鉴定或评价潜在供应商时不寻求帮助。例如：工程师可以通过评价供应商产品和供货方式的执行能力来帮助选择供应商。有权力评价与选择供应商也不意味着销售代理商不能与非采购人员交流。但显然非采购人员不能与销售商签订合同。采购部门选择供应商的一个趋势是使用团队来做出采购决定，这种团队仍然是由具有采购经验的人员组成的，但这样的选择决定将变为更具有一致性的过程。

3. 采购活动的全过程科学管理

企业根据需求和采购计划科学有序地组织实施采购活动，包括供应商市场调研、采购谈判、产品检验和订单处理等采购业务活动，对全过程进行监督与监管。

4. 开展供应商关系管理

与供应商接洽是采购部门的主要任务之一。采购部门需要不断改善企业与供应商之间的关系，围绕企业采购业务相关的领域，通过与供应商建立长期、紧密的业务关系，并通过对双方资源和竞争优势的整合来共同开拓市场，扩大市场需求和份额，降低产品前期的高额成本，实现双赢。

1.3.3 采购管理工作中的认识误区

采购管理是企业管理中的重要部分，目前在企业的采购管理工作中存在许多误区，为了便于树立正确科学现代的采购理念，下面列举一些主要的认识误区。

1. 采购工作简单，就是花钱买东西

有的企业管理者认为采购工作是一项简单的工作，不需要太多的技能。表现在采购员理念偏差，对工作重视程度不够，没有明确的采购策略，例如缺乏对采购需求的分析、对供应商的培养等。没有注重长期供应商关系管理，与供应商关系的管理关注点在谈判上，强调压价，没有与供应商建立双方互利共赢的激励机制。采购策略和合作伙伴的选择评估标准随意，不注重新供应商的开发和改善。

2. 采购价格越低越好

有许多企业片面地追求绝对的低价格，不断压缩供应商的利润空间，这是一个误区。一方面低价格可能带来质量下降，另一方面，这种死拼成本的结果最终得益的是终端客户，损害的却是该行业及相关行业的生存空间。

采购不是孤立的资源保障活动，它应与企业的市场营销战略紧密结合，绝对的低价格并不代表企业高效益，大量事实证明它只能是压缩行业的利润空间，无异于自杀；如果采购以“相对的低价格”执行，也就是以行业内相对较低的价格执行，则可避免这一问题。

3. 采购信息管理就是档案管理

有不少管理者虽然意识到采购信息管理的重要性，但苦于无力改进或来不及改进，于是要求相关人员把所有与采购相关的记录及文件统统存档，以待具备条件时分析信息，改进工作。但实际上，从这些保存完好的采购档案中，还是不容易及时准确得到所需要的信息。实际原因是企业对采购信息化运作认识不足，采购信息化程度不高，从而缺乏有效的工具和信息平台进行采购跟踪、评估和分析，特别是智能化决策支持。

4. 采购只要保证“货比三家”就行

很多企业的管理者认为采购只要保证“货比三家”就行了，通常都要求负责采购的工作人员申报采购方案时要提供至少 3 家报价，管理者审批时就看有没有 3 家的比价，再选一个价格合适的（绝大多数时候是选择价格最低的那一个）。

其实，很多管理者都会发现“货比三家”的方法经常失灵：这 3 家是怎样选出来的？中间的代理商算不算数？同样类别的采购中，这次审批的 3 家和上次是不是相同？会不会有申报者通过操纵报价信息影响审批者的决策？

问题的根本原因是没有配套的严格的供应商管理机制，对于采购过程的管理不严密。在这种情况下，采购的管理者最终签字选择供应商，表面上拥有绝对的决策权，但由于采购人员可以自由询价，从而拥有实际的决策权。这种管理模式不改变，无论怎样“货比三家”都是徒劳的。

5. 招标采购是“一招就灵”

招标的采购方式给人以客观、公平、透明的印象，很多管理者认为采取招标方式可以引入竞争，降低成本，也就万事大吉了。但有时候招标也不是“一招就灵”的。为什么要招标？什么情况下应该招标？还有什么情况可以采用更合适的采购方式？这涉及采购方式选择的问题。目前，常用的采购方式有很多，主要有招标采购、竞争性谈判、询价采购和单一来源采购等。

合理运用多种采购方式，还可以实现对供应商队伍的动态管理和优化。例如，最初对采购内容的成本信息和技术信息不够了解，就可以通过招标来获得信息，扩大供应商备选范围。等到对成本、技术和分包商信息有了足够了解后，就转用询价采购，不必再招标了。再等到条件成熟，对这种采购商品就可以固定一两家企业长期合作生产了。反过来，如果对长期合作的厂家不满意，可以通过扩大询价范围或招标来调整、优化供应商或对合作厂家施加压力。

6. 采购是一个有“油水”的美差

采购人员面对众多供应商，容易受利益诱惑，形成采购中的黑色利益链。认为采购工作是一个有“油水”的美差，采购员就容易走入误区。如鸿海集团对外发布声明，确认有厂商向其检举集团旗下富士康 SMT 技委会高层长期向供应商索贿。又如每日经济新闻报道的某公司的前采购员工因收受供应商贿赂被深圳检察院逮捕等，这样的事例不胜枚举，给相关企业带来巨大的损失。

1.3.4　目前国内企业中的采购问题

由于体制、机制等方面的原因，传统采购存在着许多与现代采购要求不相容的地方，影响了采购的效率和有效性。目前，国内企业普遍存在的采购主要问题是信息不畅和采购模式落后。

1）信息不能共享。由于组织之间信息私有化，采购信息没有实现有效共享，包括采购方与供应方之间、企业采购部门与相关部门之间，以及管理者与实施者之间。

2）采供双方未建立稳定的协作关系。这是旧的采购模式造成的，它们以临时的或短期的合作机制为主，造成了竞争多于合作，进而导致了采购过程的不确定性。

3）与预测和物料需求计划结合不紧，即不能有效根据生产需要组织采购，实现物料的供应计划与当前需求的平衡，并与企业的库存投资和策略相一致。

4）无法跟踪采购情况，包括请购单处理、采购单处理、询价单报价单处理，以及运输处理、收货处理和质量控制等。缺乏制约，比如采购事务的授权、签发、批准、执行和纪录没有进行职务分类，容易导致暗箱操作。

5）缺乏对供应商的有效评价和管理。

总之，目前很多企业存在这样那样的问题，由于不通畅的信息及落后的采购模式，在市场需求发生变化时，采购方不能改变已经提供给供应方的采购合同，企业响应用户需求的能力迟钝。

1.3.5　树立现代采购管理新理念

通过前面的学习，可以得出采购不是简单的下下单、催催到货等日常性的工作，采购的增值环节应该在采购前端：采购的前期介入和供应商管理。传统与现代采购管理思想的比较差异较大，如表 1-3 所示。

表 1-3　传统与现代采购管理思想的比较

	传统采购管理	现代采购管理
供应商/买方关系	相互对立	合作伙伴
合作关系	可变	长期
合同期限	短	长
进货数量	大批量	小批量
运输策略	单一品种整车发送	多品种整车发送
质量问题	入库检验	无须入库检验
与供应商的信息沟通	采购订单	口头发布
信息沟通频率	离散	连续的
对库存的认识	资产	祸害
供应商数量	多	少
设计流程	先设计产品后询价	供应商参与产品设计
产量	大量	少量
交货安排	每月	每周或每天
供应商地理分布	很广的区域	尽可能靠近
仓库	大，自动化	小，灵活

因此，首先要从采购的时间与工作安排上真正有效地进行采购管理。很多采购人员都反映采购工作任务繁重，自己的大部分工作时间都花费在诸如电话沟通、单据填写和货物跟单催单等方面，没有更多时间和精力去做其他采购管理工作。其实这样的看法主要是由于采购管理不当引起的不良循环，通过调查，可以发现采购的工作时间和工作分工应该符合采购的“帕累托原理”：80%的时间和精力应该放在增值环节（供应市场分析、供应商培养及采购技术的运用等方面），20%的时间和精力才放在日常采购业务的处理上。这就是人们经常谈到的采购管理和采购业务的重要区别。只有这样才能从源头上解决采购绩效低下，从根本上提高采购人员的工作效率。

总而言之，从事采购工作，要先树立现代采购的新理念，要认识到采购的不仅是物品而且可能是竞争力。采购的专业化管理是企业的“利润中心”，是企业的核心能力之一。采购流程优化可以解放和创造生产力。要不断创新设计适应企业变化需求的采购流程，注重与供应商一道成长，形成双赢互利合作的伙伴关系，将良好的内部客户观的理念贯彻于日常采购工作中。

1.4　采购的发展趋势

1.4.1　采购范围在扩大

随着企业的合并重组态势加剧、经济全球化进一步发展，采购的范围也将不断扩大，表现在采购的商品品种范围扩大、采购的商品地域来源范围扩大等。

1. 外部采购的份额不断增加

由于企业的发展，越来越多的企业将注意力集中于核心竞争力方面，外包的业务正在增多。一些原来自己生产的零配件，也由购买原材料、零部件到购买组件、半成品发展。这使得采购工作的品种数量逐渐增多。

2. 联盟采购不断增加

技术发展使采购商越来越依赖供应商，纵向联合采购正在增加。有时为了获取数量折扣优势，采购方也将会更多地与同行企业开展横向联合采购。

3. 采购全球化趋势加强

企业的国际化步伐也包括了采购的全球化，采购商品的地域范围由集中国内向全球发展。随着企业跨国业务的不断增加，在日益激烈的市场中已经出现了发展世界级供应商的现象，而且将来这一趋势还要加剧，互联网促进了这一发展。未来，一定有更多的企业会在确定自己需要的产品后，在世界范围内寻找最合适的供应商。

1.4.2　采购过程更透明

采购管理的发展，从业务模式上讲，经历了业务被动响应（内部提需求即开展采购）、提前做规划（采购部门有意识地与设计、成本等部门协同、提前计划）等阶段到逐步向标准化采购（经沉淀后梳理出标准化体系，包括产品标准化、部件标准化、标书及合同文本标准化等）发展的阶段。

从信息化手段上来讲，经历了从无信息化的纯手工管理，到供应商数据库建立和采购过程记录留痕，再到采购计划与执行对比，以及外网信息的发布与推送，最后到采购过程的网络交互，通过线上完成核心业务，全程将越来越透明公开。采购业务的发展过程正体现了对公开透明化的不懈追求，而这其间，除了企业管理者的重视和关注，更重要的还在于通过机制、流程和方法进行规范化管控。

1.4.3　采购流程将不断优化

为更好地为企业服务，采购也正面临新的转变，未来采购工作必将不断优化流程，改进服务，遵循更严谨的流程，重视价值创造。

1. 信息技术推动采购流程优化

越来越多的信息管理与信息系统的手段运用将会增多，获取流程的改善。如订货、报价和发货等将实现自动化。通过信息技术，需求拉动系统使采购和供应人员能够从供应商和客户那里获得反馈信息，并跟踪各项业务的运营情况。供应链上的成员各自的数据库互联互通，最终实现一种严密的无缝连接。

2. 采购效率与效果改进

由于速度革命的竞争，未来采购流程改善中必须大幅缩短周转时间，以增进物流效率。通过对绩效的提升与改善，运用标杆管理手段，来发掘自己的弱点，以及向对手学习长处。同时对许多低价值、不重要的标准化产品的采购更多地采用外包形式，降低采购和供应部门的业务费用。

3. 与供应商的联系将更加紧密

采购将更多地追求与供应商拥有的资源的整合共用，发展双赢的合作伙伴关系。包括更多的供应链成员：公司、客户、供应商和供应链上的所有成员将共同合作，寻找成本降低的机会。对多个组织加以改进，目标是识别并消除不带来增值的成本和行为，并在不同的市场中分享成本模型和节约的成本。

1.4.4　采购工作专业化程度提升

未来，采购将更重视专业化，不论是成本分析、谈判技巧、物料管理，还是法律知识、供应链管理和策略采购等，都不可或缺。

采购人员需要以多种方式理解业务问题。这些问题包括产品性能、财务驱动因素、影响组织绩效的原因、新产品开发、市场营销、工程建设、技术、生产、识别成本、消除成本的机会，以及如何实现质量稳定和顾客满意方面的知识。复杂性在于如何把以上内容融合在一起。然而，成功地进行复杂性管理的一个最好方式是寻求供应链伙伴的支持，要求企业组织内的员工提供相互的工作呼应。

尽管互联网正在复杂性的问题领域提供大量支持，但采购人员仍然需要请求和利用其他部门同事的服务。这包括工程部门帮助评价供应商目前的技术和长期的技术规划；质量部门帮助检查未来产品质量品质、次品和质量保证承诺等；后勤部门帮助寻求最有效的运输方式；财务部门帮助确定最佳的单价和最好的长期交易等。

【课后思考题】

1. 你对采购的定义是如何理解的？
2. 为什么说采购在企业中具有重要的地位和作用？
3. 你认为目前国内的采购工作中存在的主要问题产生的原因是什么？
4. 你认为企业的采购工作应把握好哪几个关键环节？
5. 你认为政府的采购行为、企业的采购行为与个人的采购行为有哪些异同点？
6. 你认为采购活动应该坚持哪几项主要原则？
7. 你认为传统的采购管理与现代的采购管理有哪些区别？

实训任务

调查了解企业采购流程

就近选择不同类型的企业，包括大、中、小型国有、民营企业，企业类型可以是生产企业、物流企业或零售连锁企业等，了解企业的采购模式与流程，企业采购部门的岗位设置及任职条件、职责。

实训要求：以小组形式开展调研，收集相关资料，撰写调查报告和汇报 PPT，团体进行交流。

第2章　采购组织与人员管理

本章导读： 采购组织与人员管理是采购与供应管理基础的重要内容之一。采购组织机构的设计是将采购组织内部部门化，也是将采购部门应该承担的功能组织起来，内部分工，加以执行。良好的采购组织设计后，安排合适的人员担任采购组织中的成员，完成采购部门的各项职责。

学习目标： 了解采购在企业中的重要性；了解采购组织的基本类型；掌握采购组织设计方法；了解采购部门岗位职责及其人员素质要求。

引导案例

A集团的采购组织结构

A集团的总部设立在英国，它涉足4个特定的工作领域，每一个领域作为一个运营分部。这些分部是建筑和民用工程设计、铁路和运输服务、专业工程设计，以及设备管理等。分部的总经理负责每个分部的业务业绩，与集团执行总裁允诺一个5年存续业务计划。A集团的总营业额是98亿英镑，其中88%是在英国创造的，余下的12%主要在法国和德国创造。集团已任命一位新的运营总裁来审视现行的采购部门组织结构。

现有采购职能的组织结构情况如下：集团设有一个集团采购部经理，他被公认为缺少采购方面的经验。任命是在两年前签发的，那时从没有协商过集团的采购战略。已经存在对集团采购概念的阻力，尤其是来自分部的总经理们，他们争论如果他们是利润中心，则必须被允许按照他们认为合适的方法去控制开支。

只有两部分交易获得实施。第一部分是差旅费，但是全部差旅开支中只有15%是通过集团的合同。第二部分是车辆，去年有1500辆新汽车、客车和货车通过反向拍卖程序购买。这一项比以前的成本节约了30%，并且把250万英镑计入集团利润账中。

1）建筑和民用工程设计分部主要从事大型工程项目，包括新建的建筑物、高速公路、桥梁和管道架设。分部中的每家公司设有一个首席采购员和支持人员。实际上，多数的采购由评估师进行。采购是交易型的并且订单是与众多的供应商签订的，而这些供应商是以逐个项目为基础来进行选择的。分部的总经理已经公开地表示不会支持集团的集中采购，因为集团采购部不会对他的分部的需要做出反应。

2）铁路和运输服务分部只有两家公司，每家公司有一个采购经理。在集团中这是最先进的一个分部，它的总经理非常支持集团采购。除了IT、车辆和办公设备外，其开支不同于集团中的其他分部。

3）专业工程设计分部是通过收购一个极其专业的工程设计集团后，于3年前成立的。这个设计集团曾服务于一级方程式汽车赛，并为先进的核工业研究项目进行工程设计和研究，分部所属公司中没有一个正式的采购机构，但是分部赢利情况非常好，取得40%的资本回报率。分部总经理的观点是，技术的和资金的能力比“削减几个百分点的采购价格”更重要。

4）设备管理分部是集团中成长很快的部分。预期未来 5 年会实现每年 20% 的增长。它在取得中央和地方政府，以及私营公司的外包合同中实现业务增长。费用开支是基于采购大量的服务业务，包括保安、建筑物维护和电话呼叫中心等，而有趣的是，采购的服务中还包括采购职能本身（也就是采购作为一种服务业务，它也被外包了）。目前，该分部的采购董事的职位空缺。无论是对于集团还是分部，这可能是一个重大的进步。这个决定是在没有集团采购执行经理的参与下做出的。

从案例可以看出，一个企业采购组织机构的设置及人员的安排都是非常关键的事情，会影响到整个企业运作的效率。

（资料来源：东商网，http://www.dginfo.com/xinwen-69410/）

2.1 采购组织

采购部门组织的设立，其主要的问题是如何去配合企业的生产经营目标，以及与其他部门间的协调配合。采购作业不单要了解本身业务的特质，还需随时注意各部门间的协调配合，以便能及时获得经济有效的供应，因此一般在设计采购组织时，应特别注意协调不同业务部门共同完成，要依据相同规范，参照实际需要，建立整体关系，并进行适当的管理，以期能发挥整体的作用。

2.1.1 采购在组织中的地位

近几十年中大多数制造型企业的成本基础发生了根本性改变。采购已成为企业的利润中心，因此，在关键的外部支出领域的采购决策可以对组织的盈亏底线产生重大影响。现在管理者普遍认识到采购职能可以发挥战略作用，如在质量管理和消除浪费中发挥增值作用。对供应链条运作一致的、高质量的绩效要求，促进了向战略供应商关系与供应链管理发展的转变。一般而言，随着采购职能的战略重要性得到越来越广泛的认可，采购职能在组织中运作的层次及其地位、公信力和影响力都将得以提升。

在最低层次，“采购”只是一个日常事务性的职能。在小型企业中，或者在一个实施集权化政策与程序而没有给分支机构留下创新余地的集团公司，情况很可能如此。

随着采购的发展，采购可能变成一个中层管理职能。例如，如果采购主要为生产提供支持服务，采购主管可能向生产部主任报告，或者向财务部主任报告。如果采购被看做是物料或物流管理部门的一大部分，也可能出现类似的情况。

在采购发展的最高层次，采购可能出现在高层管理团队，也可能参与董事会。

采购经历了以上这些发展阶段，其驱动力是越来越认可采购产生增值的潜力与盈利性的贡献。

2.1.2 采购组织的基本类型

组织机构是企业为实现组织目标，在管理工作中进行分工协作，在职务范围、责任和权力等方面形成的结构体系。在现行企业的组织机构中，依据企业规模的大小、采购工作的重视程度等，采购部门会可能隶属不同的部门，从而形成不同的采购组织形式，主要有以下 3 种不同形式。

1. 隶属于生产部的采购组织

采购部门隶属于生产部的组织形式如图 2-1 所示，采购部的主要职责是协助生产工作顺利进行。因此，采购工作的重点是提供足够数量的物料以满足生产上的需求，至于议价的功能则退居次要地位。而生产控制、仓储工作等由其他单位负责，并未归入采购部门的职能中。这种情形通常在“生产导向”的企业较多见，其采购功能比较单纯，而且物料价格也比较稳定。

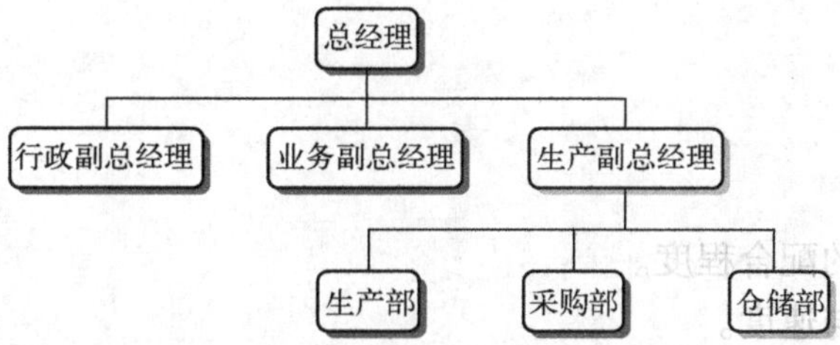

图 2–1　隶属于生产部的采购组织

2. 隶属于行政部的采购组织

采购部门隶属于行政部的组织形式如图 2–2 所示。采购部门的主要功能是获得较佳的价格与付款方式，以达到经济的目标。有时采购部门为了取得较好的交易条件，难免延误了生产部门用料的时机，或购入品质不尽理想的物料，不过采购部门独立于生产部之外，比较能发挥采购的各项职能。该类型的采购部门常见于生产规模较大、采购对象种类繁多的企业。

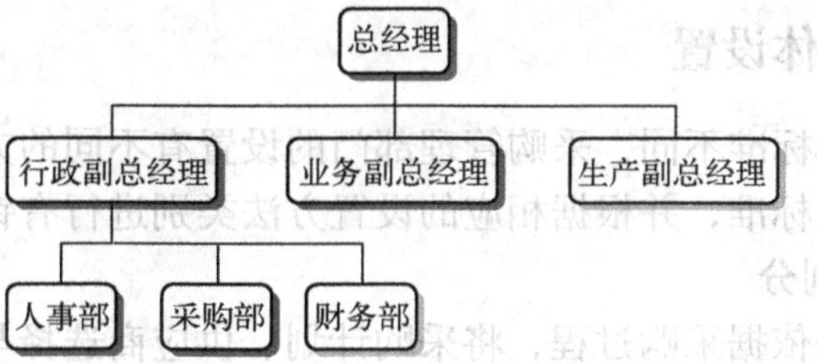

图 2–2　隶属于行政部的采购组织

3. 由总经理直接负责的采购部门组织

采购部门直接隶属于总经理的组织形式如图 2–3 所示，这种组织形式提升了采购的地位与执行能力。此时，采购部门的主要功能在于发挥降低成本的效益，使采购部门成为企业创造利润的另一种来源。该类型的采购部门常见于生产规模不大，但物料或商品在制造成本或销售成本所占的比重较高的企业。

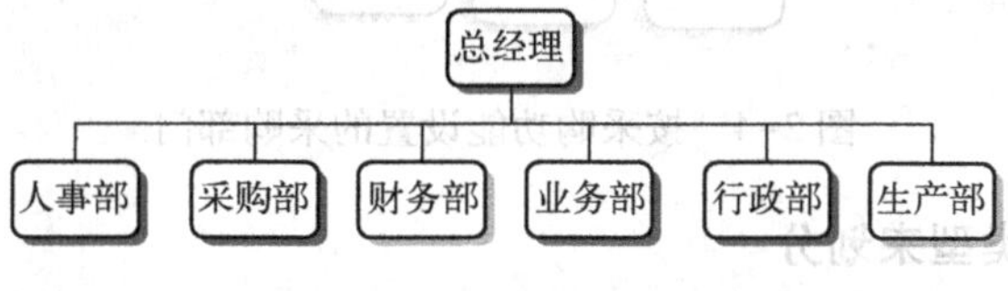

图 2–3　隶属于行政部的采购组织

2.1.3　采购部门的组织设计方法

为了有效地达成采购的目标，合理地设置采购管理组织就成为采购管理中一个重要的内容。采购管理部门的组织设计就是采购组织内部的部门化，也就是将采购部门应负责的各项功能组织起来，并以分工方式建立不同的工作部来加以执行。它负责完成采购及采购管理的相关活动，达成低成本、高效率的采购管理总目标。合理的采购管理部门设计可以为企业完成总目标起到积极的促进作用，反之则会带来工作效率低下、采购成本居高不下等后果。

1. 影响采购组织机构设计的主要因素

- 企业规模。
- 采购的供应状况。
- 经营范围。
- 采购人员的素质。
- 企业内部各部门的配合程度。
- 信息的传递形式与速度。

2. 开展采购组织设计的步骤

1）赋予采购管理组织的职能。

2）确定任务量。

3）确定采购管理内部组织机构。

4）设计采购管理作业流程。

5）设定岗位。

6）选配人员。

2.1.4 采购部门的具体设置

根据部门设置的具体标准不同，采购管理部门的设置有不同的方法。企业要根据自身的实际需要，选择合适的设置标准，并根据相应的设置方法类别进行有针对性的选择。

1. 根据采购功能来划分

按采购功能设置就是依据采购过程，将采购计划、供应商选择与管理、采购谈判等分由不同人员负责，产生内部牵制作用。此种组织方式以采购工作量庞大（每月可达数万件以上）的企业为宜。借此可将采购工作分工专业化，以避免由一位采购员担任全部采购作业可能造成的不利情况。具体实例如图 2-4 所示。

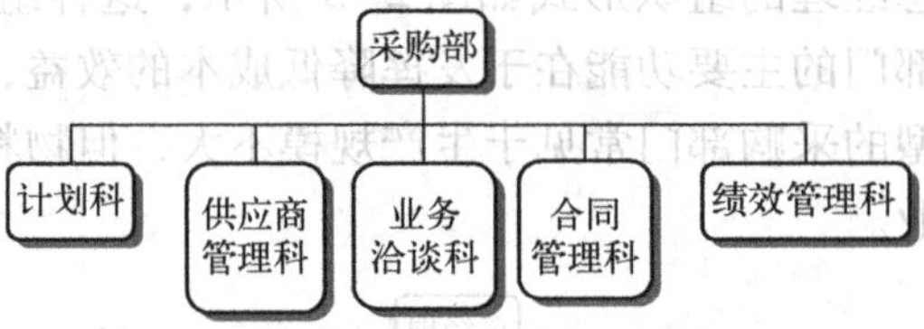

图 2-4 按采购功能设置的采购部门

2. 根据采购物品的类型来划分

按主原料、一般物料、机器设备、零部件、工程发包、维护与保养品等类别，将采购工作分由不同单位的人员办理。此种组织方式的优点是，可使采购人员对其经办的物料项目相当精通，比较能够发挥采购人员熟能生巧及触类旁通的效果。这也是最常见的采购部门设计方式，对于物料种类繁多的企业特别适用。如连锁超市的采购部门分设生鲜采购组、日用品采购组及服装鞋帽采购组等也是这种设计。具体实例如图 2-5 所示。

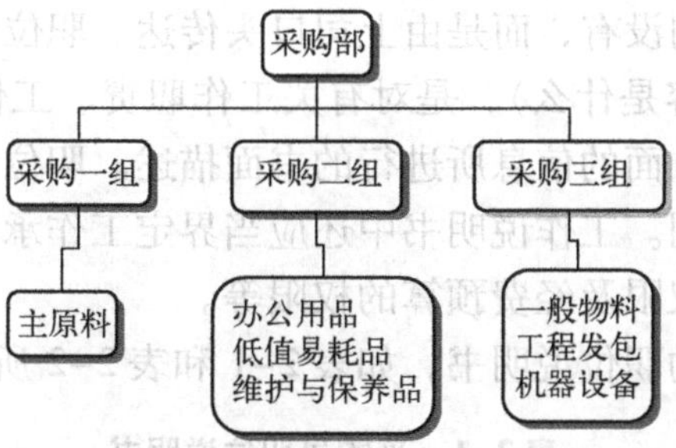

图 2-5　按采购物品的类型设置的采购部门

3. 按采购地区来划分

按物料的采购来源地区分设不同单位，譬如国内采购组、国外采购组等。这种采购部门的划分方式，主要是基于国内、国外采购的手续及交易对象有显著的差异，因而对采购人员的工作要求也不尽相同，所以应分别设立部门加以管理。采购管理人员只需就相同物料比较国内、国外采购的优劣，判定物料应该划归哪一部门办理。具体实例如图 2-6 所示。

图 2-6　按采购地区设置的采购部门

4. 按采购价值或重要性划分

按采购物料价值或重要性设置，对于采购次数少但价值高的商品采购，由战略物资采购组负责；而对于采购次数多但价值低的商品采购，则授予一般物资采购组负责，如图 2-7 所示。这种建立采购部门的方式，可以保证有经验的采购员能够对重大的采购项目倾力处理，达到重点控制的目的。另外，也可将利润影响程度高、供应风险高的策略性项目的决定权交予最高阶层，例如采购总监；将利润影响程度低、供应风险高的瓶颈项目的决定权交予较高阶层，例如采购经理；将利润影响程度低、供应风险低的非紧要项目交予较低阶层，例如采购员。

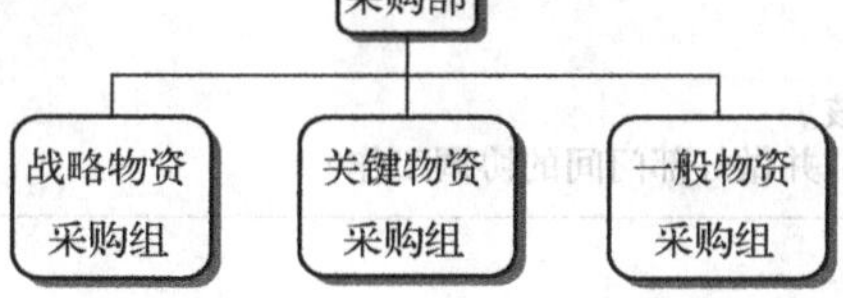

图 2-7　按采购价值或重要性设置的采购部门

2.2　采购人员管理

2.2.1　采购部门职位与职责

设置好采购部门组织形式之后，下一步就是选聘人员，担任具体的工作职责和任务，分配给每一个人的职务且规定了“该做什么及如何做”。有些企业有明确的职务说明书，详细地规定了职务的内容；有些企业则没有，而是由上司口头传达。职位说明书是一份提供有关任务和职责信息的文件（工作的内容是什么），是对有关工作职责、工作活动、工作条件及工作对人身安全危害程度等工作特性方面的信息所进行的书面描述。职位说明书的另外一部分是关于工作责任和工作任务的详细罗列。工作说明书中还应当界定工作承担者的权限范围，包括决策的权限、对其他人实施监督的权限及经费预算的权限等。

以下提供两份采购部门的职位说明书，如表 2–1 和表 2–2 所示。

表 2–1　采购员职位说明书

职位名称	采购员	职位编码	C–003	所属部门	采购部
工作内容： ● 负责一般性物料的采购。 ● 查访厂商。 ● 与供应商洽谈价格、付款方式和交货日期等。 ● 要求供应商完成价值工程的工作。 ● 确定交货日期。 ● 一般索赔案件的处理。 ● 跟踪货物的发货、验收和入库等工作，处理退货。 ● 收集价格情报及替代品资料。 ● 完成上级交办的其他工作					
任职资格： 教育背景：采购管理、物流管理和市场营销等相关专业大专以上学历。 培训经历：受过物流管理、生产作业管理及市场营销等方面的培训。 工作经验：两年以上采购相关工作经验。 技能技巧：具有良好的中英文沟通与表达能力；对行业状况比较了解；熟练使用计算机。 态度：积极进取，责任心强；很强的自我约束力，独立工作和承受压力的能力；高度的工作热情，良好的团队合作精神					

表 2–2　采购经理职位说明书

职位名称	采购经理	职位编码	C–001	所属部门	采购部
工作内容： ● 拟定采购部门工作方针与目标。 ● 负责主要原料或物料的采购。 ● 编制年度采购计划与预算。 ● 签订订购单与合约。 ● 采购制度的建立与改善。 ● 撰写部门周报或月报。 ● 主持采购人员的教育培训。 ● 建立与供应商的良好关系。 ● 督导采购部门全盘业务及人员考核。 ● 主持或参与采购相关业务的会议，并做好部门间的协调工作					
任职资格： 教育背景：采购管理、物流管理及市场营销等相关专业大专以上学历。 培训经历：受过物流管理、生产作业管理和市场营销等方面的培训。 工作经验：5 年以上采购相关工作经验。 技能技巧：具有良好的中英文沟通、表达能力；对行业状况比较了解；熟练掌握采购管理的理论与实践知识。 态度：积极进取，责任心强；很强的自我约束力，独立工作和承受压力的能力；人际沟通、交往能力强；高度的工作热情，良好的团队合作精神					

除了采购员和采购经理外，大的采购部门还会在采购经理下面不同的科或组设置采购主管职位，也有的还有采购助理、采购文员等职位。

采购主管的采购职责主要包括以下几个。

- 分派采购人员及助理的日常工作。

- 负责次要原料或物料的采购。
- 协助采购人员与供应商开展谈判。
- 采购进度的追踪。
- 保险、公证和索赔的督导。
- 审核一般物料的采购案。
- 市场调查。
- 供应商的考核。

采购助理的采购职责主要如下。

- 请购单和验收单的登记。
- 订购单与合约的登记。
- 交货记录及催促交货。
- 访客的安排与接待。
- 采购费用的申请与报支。
- 进出口文件及手续的申请。
- 计算机作业与档案管理。
- 承办保险和公证事宜。

采购文员的采购职责主要如下。

- 收集供应商信息及文件资料建立供应商信息资源库。
- 协助采购部其他人员进行供应商的联络与接待工作。
- 进行合同校对、编修、理顺、装订、保管，并办理送审手续。
- 做好各项采购工作记录，并对记录及时进行整理和归档。
- 及时将采购产品目录输入系统，并对其进行更新和调整。
- 按照采购专员的意愿向供应商发出订单。
- 完成各项采购信息收集和采购数据统计工作，及时进行统计结果分析。
- 完成上级领导或采购专员交办的其他任务。

2.2.2　采购人员素质要求

要做好采购工作，就必须要有合适的采购人员。因此，一开始就要招募优秀的采购人员。那么应选择怎样的人来满足采购工作岗位要求呢？不同的商业环境中会有不同的要求，但是，有一些指导方针是在大多数情况下都适用的。

首先，作为一名合格的采购员，必须是德才兼备，能更好地履行采购作业。其次，因为在采购的工作岗位上角色是会动态变化的，有时采购人员必须和工程技术人员沟通，有时还要有处理危急型公关事务的能力，有时还要是一名法律通。因此，采购工作要求采购人员必须具备多方面的能力，以应付变化多端的采购工作。

1. 要具备良好的职业道德

采购是企业中较为敏感的职业，要想成为一名优秀的职业采购员，必须具备良好的职业道德。有些供应商总会想办法以金钱或其他方式来诱惑采购员，以达到其销售目的。采购员若无法把持，可能会不自觉地掉入供应商的陷阱而不能自拔，进而任由供应商摆布。

采购员要做到清正廉洁，必须自觉构筑思想防线，进行自我约束、自我规范和自我控制。在工作中要做到公平正直，没有偏袒，不掺杂个人的主观意愿；对供应商要做到一视同仁，不得有任何歧视性的条件和行为。

2. 应有良好的专业形象

（1）“三秒钟”印象：衣着和容貌

人的形象是通过容貌、神态和服饰等仪表来反映的。采购人员的服饰穿着应遵循服饰因年龄而异、因时而异、因谈判的内容而异的原则。采购人员进行采购谈判时一般穿正装，所以要特别注意正装的合理穿着与搭配。非正式场合中，可穿单件上装；会谈、访问、较高级会议和白天举行的比较重要的活动中，应穿套装；宴会、正式会谈、正式典礼及特定的晚间社交活动场合中，必须穿着以深色为主的套装。

注意西装、衬衫和领带的合理搭配，注意鞋袜的穿着。一般在正式场合以黑色皮鞋为宜，但女士也可穿着与服装搭配合理的彩色皮鞋。饰品佩戴应遵从传统和习惯。

（2）商务礼仪

在采购工作中，要注重商业礼仪，常用商务礼仪如图 2-8 所示。

在正式场合或初次见面时，称谓和打招呼的方式应该正式、庄重。

如果是第三方负责介绍，那么要按照先将男性介绍给女性、先将年轻者介绍给年长、先将身份较低的人介绍给身份较高的人的顺序进行。介绍到自己时要有礼貌地举手示意。

在采购谈判中，称谓要根据对方的年龄、性别和职业等，再结合谈判的具体情景来确定，要使对方产生亲切感。

在采购谈判中，要使用必要的谦语或敬语，同时，在使用谦语及敬语时还要面带微笑。

图 2-8　采购工作中常用的商务礼仪

3. 需要拥有优秀的语言表达能力

语言表达包括口语表达能力、文字表达能力、数字表达能力及图示表达能力。采购员无论是用语言还是用文字与供应商沟通，表达采购的各种条件，例如规格、数量及价格，应避免语意含混，滋生误解。面对忙碌的采购工作具备“长话短说，言简意赅”的表达能力，通过“动之以情”来争取采购条件，更是采购人员必须具备的能力。

4. 敏锐的观察力和亲和力

亲和力是建立良好供应商关系的基础。采购人员必须与自己的组织或其他组织中的高层人员打交道。所以高效的采购员应该具有与人交往的较高能力，具有交际的亲和力，容易让人沟通并产生信任感，有较强的部门协调能力和谈判能力。

5. 具有较高的分析和预测能力

采购是一项相当复杂而且要求很高的工作，工作能力要求也相当多样化。采购人员必须对所在的行业市场动态有一个把握。了解供应商产品、技术与市场。具备较高的分析能力和预测能力。

由于采购人员常常面临许多不同策略的选择和制订，因此，采购员应具备使用分析工具的技巧，并能针对分析结果制订有效的决策。

首先，采购支出是构成企业制造成本的主要部分，因此采购员必须具有成本意识，精打细算，锱铢必争，不可“大而化之”。其次，必须具有“成本效益”观念，所谓“一分钱一分货”，不可花一分冤枉钱，买品质不好或不具有使用价值的物品。随时将投入（成本）与回报（使用状况、时效、损耗率和维修次数等）加以比较。此外，对报价单的内容，应有分析的技巧，不可以“总价”比较，必须在相同的基础上逐项（包括原料、人工、工具、税费、利润、交货时间和付款条件等）加以分析判断。

在现代动态经济环境下，物料的采购价格与供应数量是经常调整变动的。采购员应能依据各种产销资料，判断货源是否充裕；通过与供应商的接触，从其“销售”的态度推测物料可能的供应情况；从物料价格的涨跌推断采购成本受影响的幅度有多大。总之，采购员必须开阔视野，具备“察言观色”的能力，对物料将来供应的趋势能预谋对策。

6. 具备宽广的知识面

采购员需要接触很多行业和技术，必须对技术与商业因素持有平衡的观点。另外，为了更高效、保质保量地完成工作，还必须能够将其所做的业务当做一个完整的整体。显然知识面不广的人是不可能在这样要求很高的环境下有效地完成工作的。做采购工作不但要求要有好的形象和敏锐的观察力，还要有高素质的举止、广博的知识面、积极的应变能力与良好的心理素质。一名优秀的采购员，要具备采购、商品学、物流、市场营销、商务谈判、税务、财务及相关法律法规等宽广的知识。

无论是采购哪一种物料，都必须对要采购的“标的物”有基本的认识。跨专业的采购会使得采购人员感觉力不从心。采购人员必须不断补充各种产品的知识。补充的途径包括自学、参加短期培训班等。一些采购人员认为，这么做是在浪费时间，因为采购人员并不是搞研究开发的，而且采购时往往有本企业工程技术人员及商品管理人员的协助，因此自身并不需要掌握太多的专业知识，持有这种观点的采购人员不在少数。但是这种观点持有者必须要认识到，那些可以支持自己工作的工程人员及管理人员并不是时时刻刻都在自己的左右，况且有时他们因为各种原因未必能帮助自己。尤其是零售企业的采购人员，对商品的了解更要比其他行业的采购人员还要深入，因为他必须担负起销售业绩的相关责任。

【课后思考题】

1. 总结采购在组织中的重要性。
2. 大型制造业一般适用哪种采购组织类型？
3. 如何结合实际开展采购部门的组织设计？
4. 一般采购部门内部岗位如何设置，它们的主要职责是什么？
5. 你认为什么样的人适合做采购工作？
6. 为了更好地做好采购工作，采购人员应具备什么样的素质？

实训任务

任务 1：生产企业采购组织设计

1. 业务背景

A 公司是一家坐落在广东省的包装机械制造公司，由于业务的发展，先后在上海、成都和天津成立分厂，实行事业部制，各事业部分别生产不同的产品，并销往不同的客户，2015 年产值为 6000 万元，预计 2016 年产值为 1 亿元。

A 公司在广东省已有 10 年生产历史，并已发展了一批供应商，大部分为本地机械加工厂。由于以往的产量不高，所选择的供应商多为小型工厂，部分是家族式工厂。

为了配合各地区事业部，去年在广东总公司成立了资材事业部，向各事业部配送零部件，但是在随后的管理运作会议上，总经理发现各事业部都有投诉资材事业部存在迟交货、短缺货、配置不全和质量不稳定等现象，已严重影响到客户对公司的信任。资材事业部对此的解释是各事业部的产品设计更新快，经常来不及出正规图纸就交给资材部购买，供应商有困难交出频繁变化的产品，另外生产计划不稳定，从而造成既有短缺，又有超额库存，还有一大批废弃物料。

2. 实训要求

请根据采购组织的有关知识，分析该公司存在问题的原因，并对其采购组织结构的设计提出建议。

任务 2：零售企业采购组织结构设计

1. 业务背景

某公司准备开设一家 10000 m^2 的超市，在确定好整个超市的组织结构后，该公司经理打算建立采购部的组织结构。

2. 实训要求

请根据采购组织的有关知识帮助该公司的经理建立采购部门的组织结构，并给出你的建议。

第3章　采购环境与供应市场分析

本章导读： 采购环境与供应市场分析是了解企业采购所处环境、特定采购产品或服务供应市场结构、特性及趋势，以及降低采购成本与风险的重要工作。企业要开展有效的采购，就必须熟悉企业内外部环境，了解所处的行业环境。当面临新的重要采购品项、市场与技术变化较快时必须了解供应市场情况，分析市场与市场需求，洞悉不同供应市场对采购决策的影响。

学习目标： 熟悉影响采购的企业内外部因素；了解不同行业环境下的采购差异；了解供应市场分类；掌握不同供应市场下的采购策略；会开展供应市场分析工作。

引导案例

某大型生产企业决定更新一批办公用的台式计算机，数量是500台。企业采购部做了初步的市场分析，发现市场上的计算机品牌较多，规格型号多样，配置高低不一，价格也是多种多样的，售后服务各厂商也有一些差异。

如果你是采购部专项负责此事的采购员，你将考虑如何开展本次采购工作，在进行供应商选择及采购谈判前要做哪些准备？

3.1 采购环境分析

在社会经济大环境中，任何一项企业活动都不是独立的，它既会受到企业内部环境的制约，也会受到外部宏观环境的影响，采购活动也是这样。因此在开展采购的计划与预算、供应商选择，以及采购谈判等具体工作过程中，就必须全面、客观地了解和分析所处的采购环境。通过对采购环境进行全面的分析，便于为采购策略的制订提供客观的依据。

3.1.1 企业内部环境分析

采购过程所处的企业内部环境主要包括以下几个方面。

1. 领导对采购工作的重视程度

了解企业的高层领导是否认识到采购管理对产品质量和价值的贡献，以及企业利润的贡献，在企业流程重组中将采购管理放在什么位置。受到领导重视的采购部门在企业中处于重要位置，便于协调采购中各部门的关系，也利于促进采购部门工作的动力，推动采购部门通过出色的品类、供应商和团队管理，为企业实现可持续且卓越的商业绩效。

2. 各部门对采购工作的支持力度

各部门对采购工作的支持力度体现在销售部门是否及时提供顾客订单调整情况和顾客反馈信息，财务部门是否有充足的资金保证，设计部门提供原材料零部件变动情况的及时程度，人力资源部门是否提供适合采购管理人员的激励机制、薪酬水平和培训机会。这些支持对采购工作效率的提升非常关键。

3. 信息技术在采购工作中的应用程度

企业信息技术水平的高低直接影响采购信息的可获得性、及时性和准确性。借助于企业ERP系统中的生产管理系统，采购管理系统能自动根据生产计划制订物料需求计划，自动产生采购订单，实现采购数据的自动化处理。另外，借助电子采购系统、网络平台实现电子采购和网络招标采购，可以提高采购效率，降低采购成本，有利于扩大供应商选择面。采购人员分析企业采购内部信息技术应用环境，利用好信息技术来优化采购业务流程。

3.1.2 企业外部环境分析

下面介绍影响采购实践的四大关键外部因素。

1. 全球化趋势

采购人员必须理解全球化趋势下采购的影响因素。

（1）政治因素

采购人员必须学会关注政治气候，以免陷入灾难性的境地。例如美国的一个饮料制造商，一直在波士尼亚购买一种浓缩汁，但在波士尼亚爆发城市战争期间，该浓缩汁价格猛涨，使公司遭受了很大损失。

（2）基础设施因素

基础设施的含义很广泛，包括该国的交通基础设施、通信基础设施，甚至包括财务体制等，这些都会影响采购商品的可获得性、采购速度和采购成本。大型企业的采购工作很重视这一因素，IBM公司就将其全球首席采购官的工作地点部署在中国，这是为了能够拉近采购负责人与IBM最大的供应基地之间的距离。

（3）货币因素

公司在管理一个全球性的供应网络时，会遇到外汇汇率的波动问题，拥有灵活的采购战略的公司甚至可以利用汇率波动为公司带来收益。

（4）气候因素

特别是农产品受天气和气候等不可控因素的影响非常大，如一些饮料制造商从3个不同的大洲购买苹果浓缩汁，以消除不可控因素事件引起的供应失衡。

（5）文化因素

在全球采购中最大的挑战和风险在于要学会适应不同语言、风俗、道德标准和文化。例如，不同语境文化下的人谈判风格差异较大，日本人常用正面的承诺、推荐和保证，谈判中他们通常喜怒深藏不露，倾听无语状态多。而巴西人的谈判风格则不拘小节，十分奔放。清楚了这些差异，方能理解日本人的沉默寡言和巴西人的热心，避免谈判桌上的误解。

2. 行业合并趋势

20世纪90年代开始，行业内外部合并的趋势逐渐加大，公司的座右铭是“越大越好”。300家最大集团公司的总资产占全球固定资产总额的1/4，企业合并后利用其规模和影响来推动供应商提供更多的服务和更低的成本。

3. 技术进步带来的影响

技术进步带来的影响可以从采购交易成本的变化中看出。国外的一项调查显示，通过一个销售代表，每笔交易的费用为40~400美元；通过电话，每笔交易的费用为4~40美元；通过因特网，每笔交易的费用为0.4~4美元。当然技术需要较高的投入，ERP系统贵的要几百万元，新技术的风险也很大，新技术还会有换代问题，同时还会对企业其他部门产生直接影响。

百事可乐公司利用一套自动采购系统（APS）简化了其采购流程。这一系统将采购交易时间从数天减少到15分钟，并且使采购错误率从10%降低到1%；通用贸易公司的贸易网（TPN）将平均采购订货流程成本从50美元降到了5美元。

4. 供应链同步化

为了获得成功，公司应不仅限于组织内的整合，而且更需要与其供应商和客户整合其核心流程和业务。这种对供应商，甚至是供应商的供应商、客户的客户进行的“供应链同步管理”，将以尽可能低的成本提供最佳的服务。供应链同步化在中国的最好例证是海尔公司。

总之，全球化趋势使采购市场范围扩大，行业合并使采购的规模扩大，技术进步带来了采购模式变化，供应链同步化对采购提出了更高的要求。在实际采购工作中要充分重视这些因素带来的变化与影响。

3.1.3 不同行业环境下的采购差异

根据执行过程的类型，一般将行业分成三大类型：第一产业、第二产业和第三产业。第一产业是从事自然资源的采掘或原材料生产。这一行业包括石油和矿产的开采、农业和林业。第二产业是将原材料转化为最终部件、装配件或最终产品。该行业包括制造业、工程设计与建筑业等。第三产业是从事服务的开发与提供。该行业包括专业服务、金融服务和运输等。

这种分类并没有清晰的界限，也并非包罗万象。例如，现代农业有第二产业的一些特征，常常也被归类为第二产业。零售业、能源业和IT业并不能清晰地归为上述任何一类，因此有时就按它们自身归类。在考虑供应链时，将上述3类活动分隔开也是没有助益的。比如，制造业组织中的采购职能可能需要从不同类型的行业进行采购，包括原材料、制成品（如部件、计算机、工具、机器和办公家具）和服务（如IT咨询、保险和运输）。

采购的重要性和实践在不同的行业也有差异，这一点并不奇怪。显然，石油钻探行业组织的特征和运营问题与管理咨询业的组织差别巨大，这些差异在采购运作方面可能在某种程度上是显而易见的。接下来详细讨论一下主要行业的采购差异。

1. 第一产业

第一产业采购环境下的采购有其自身的一些特色，具体如表3-1所示。

表3-1 第一产业采购环境下的采购

	采掘业	农业
采购对象	采掘机械、设备、工具和零配件、易耗品（如燃油和润滑剂）及一些相关服务，如将开采出来的材料运输到加工厂	农业机械；农用化学品；生产者使用的启动繁殖种群；饲料；易耗品；标准材料和容器；支持性服务（物流、金融和技术）
采购特点	供应品的需求并不是连续的，因此采购关注的重点不是迅速的响应时间，而是来自供应商的持续的支持和服务。在为偏远和困难地区提供供应时，可能会遇到特殊的运输和仓储问题	不可预测的生物过程特性；特别显著的生产季节性；生产地点到终端使用或消费点的距离一般很远；潜在的政治和公众干预（例如对食品稀缺的反应、消费趋势等）
主要目标和挑战	确保以合适的价格获得适当的机械，这可能要涉及重要合同签署之前复杂的投资评估和供应商评估。 保持易耗品和零配件的库存足够“应急”或“备用”库存水平	保持供应的数量和持续性对于当地和国家食品安全的重要性。 生产地点与使用地点之间的距离很远。 确定性预测生产、市场供应与需求比较困难

（续）

	采 掘 业	农 业
采购工作重点	确保规格正确，供应商能够提供支持和服务（例如持续的维护和修理）。 确保供应物品运输到偏远地区，优化订购数量；安全存储物料；降低采购风险	关注食品卫生、健康与安全的法规对采购的影响（如采购的种子类型限制）。 重视环境可持续问题

2. 第二产业

第二产业从事制造，即由原材料和零部件“制造出”产成品。该行业的采购与第一产业相比还是有一些差异的。具体如表3-2所示。

表3-2 第二产业采购环境下的采购

	制造与装配业	快速消费品行业	建 筑 业
采购对象	原材料、部件（单个零件）、分装配件或模具、资本设备或机械、支持性服务、MRO（维护、维修和操作）供应品	水果等农产品、食品添加剂、化工产品、机器设备和MRO供应品等	建筑材料、设备和机械、专用项目构件、专业服务等
采购特点	采购数量庞大且种类繁多	行业产品竞争激烈，生命周期短，对采购工作敏捷性要求高	外包、分包的方式带来供应链的复杂性；采购建筑供应品量大，运输与装卸成本高
主要目标和挑战	确保生产过程在合适的时间和合适的地点有合适的数量、合适质量的材料，以保证生产的正常运行	快速满足产品更新换代所需要的原材料、产品等的采购需求	按计划准时、保质交货。 面临的挑战是仓储设施缺乏、精确的库存管理与控制较难
采购工作重点	管理整个供应链中的质量风险和问题 规格确定、库存控制 成本最小化	优先重视质量问题 注重供应链的快速响应	项目采购过程中早期参与 多到现场沟通、联络与协调

3. 第三产业

第三产业这些年发展较快，在经济发达国家其在经济总产值中的占比超过第一、第二产业。第三产业的采购偏重于服务的采购，与采购实物有较大不同。具体如表3-3所示。

表3-3 第三产业采购环境下的采购

	服 务 行 业
采购对象	外部服务、办公设备和供应品、IT系统与支持、机动车辆和广告服务等
采购特点	重点是资本采购、MRO供应品和服务的采购，以及人员（劳动力）和信息的采购。其“内部客户”主要是提供服务的员工（他们使用设备和供应品）
主要目标和挑战	保证服务质量、成本有效性及信息集成管理、保持竞争优势
采购工作重点	采购职能部门在分包工作中可以发挥重要作用，以提供“合适质量”的服务。 尽可能利用服务供应商提供的自助服务

3.2 供应市场分析

3.2.1 供应市场分析的作用

供应市场分析是指为了满足企业目前及未来发展的需要，针对所采购的商品，系统地进行供应商、供应价格、供应量和供应风险等基础数据的搜集、整理和分析，为企业的采购决策提供依据。采购管理者做好供应市场分析，能有效降低企业的供应风险，有助于给企业找到最合适、最杰出的供应商；有助于企业提高产品质量；有助于企业不断创新，实现企业节约成本的终极目标。

1. 可以通过供应市场分析了解卖方成本模型

通过开展供应市场分析，了解供应商的成本模型。采购人员可以建立一个成本/价格模型考察生产者的原材料成本、直接劳动成本、管理费用和利润等，了解产品价格结构，可以较好地确定底价，做到知己知彼，为采购谈判的开展奠定基础。

2. 是供应持续性的保证

通过供应市场分析，了解供应商的生产能力，确保供应的持续性。因为供应市场处在不断变化之中，例如，国家间的政治协定会突然限制一些出口贸易；供应商会因为突然破产而消失或被竞争对手收购，价格水平和供应的持续性都会受到影响。同时需求也会出现同样变化，如对某一产品的需求会急剧上升，从而导致紧缺状况的发生。

购买者如果忽视供应市场分析，将会导致采购与供应运作中的短期行为和对市场机制的了解不足，不能预期风险并抢在竞争者前面抓住机会，如果企业未能适时对其供应市场进行监视与分析，便会在供应工作中遇到中断、延迟等问题。

3. 服务企业战略计划，利用供应商创新

通过供应市场的分析，了解产品的发展态势，不同产业的发展阶段即产业的生命周期，洞悉供应市场结构的改变，为企业战略计划服务。同时无论是生产性企业还是非生产性企业，为保持竞争力必须致力于产品的创新和质量的改善。当出现新技术时，企业或公司在制订自制/外购的决策中就需要对最终供应商的选择进行大量的研究。供应市场研究有助于确认可以极大地影响企业运作和需求的新产品、新技术和新的供应机会。

4. 促进采购成本降低

在同一市场里，同一商品的价格可能会有很大的差异。仅仅向一两家典型供应商问询，不足以了解市场全貌，也无法全面评价成本降低潜力。另外，通过成本结构与汇率等的分析，利于降低成本或增加价值。主要币种汇率的不断变化给国际采购者带来了新的挑战与机遇，做好这方面的分析，在采购过程中利用好汇率的迅速变化，对原料需求的重新分配做出快速反应，都会有助于采购成本的降低。

3.2.2 供应市场分类

市场有多种分类方法，从供需的角度，市场结构可分为以下几类。

1. 完全竞争市场

完全竞争市场是指许多卖方和许多买方的市场。在完全竞争市场中，所有的卖方和买方具有同等的重要性。无论是采购商还是供应商都不能单独影响产品的价格，产品的价格由分享该产品市场的所有采购商和供应商共同影响。

该市场具有高度的透明性，产品结构、质量与性能不同的供应商之间几乎没有差异，市场信息完备，如轴承、纽扣等标准件、农副产品等。

2. 完全垄断市场

卖方完全垄断市场是指一个供应商和多个购买者的市场。市场的供应商是唯一的，其产品几乎没有接近的替代品，因而该供应商也是相应产品的价格决定者。产生完全垄断的原因及其分类有自然垄断、政府垄断和控制垄断等。自然垄断往往来源于显著的规模经济，如飞机发动机技术、中国供电市场等；政府垄断是基于政府给予的特许经营，如铁路、邮政及其他公用设施等；控制垄断包括拥有专利、拥有专门的资源等而产生的垄断，如药品、软件（专利）等。

3. 不完全竞争市场

不完全竞争市场是指较多卖方和许多买方的市场。存在较多的供应商，各供应商所提供的产品质量不同，新的卖方通过产品的差异性来区别于其他的卖方。企业进入和退出市场具有完全自由，供应商的讨价还价能力不强。如印刷品、日用消费品、家用电器和工业产品等。

4. 寡头垄断市场

寡头垄断市场通常由少数几个企业占据绝大多数的市场份额，企业进入障碍高，供应商的讨价还价能力强。如钢材、铜、汽车、计算机、复印机、工业设备、胶合板、石油、电力和电信等。

3.2.3 不同供应市场的采购策略

通过上文的分析，得到供应市场结构表，如表3-4所示。依据该表，在采购实践中应分析所采购的商品处于哪种市场形式，从而采用不同的采购策略。

表3-4 不同供应市场的采购策略

类型 比较	完全竞争	完全垄断	不完全竞争	寡头垄断
特点	大的供应商想与你合作，由市场控制价格	只有一个供应商并完全控制价格	供应商数量不多，采购人员可能控制价格	供应商数量有限，卖方控制价格
卖方定价策略	按市场价格销售	制订使利润最大化，并不诱使产生替代品的价格	卖方试图使产品的价格差异化	卖方服从市场领导者
产品类型举例	农产品（初级产品交易）、标准产品件（轴承、钮扣）	专利所有者（药品）、版权所有者（软件）	部分印品、日用品、家用电器和工业产品	钢材、铜、胶合饭、汽车和计算机设备
采购策略	商业型的供应业务合作关系	努力寻找替代品	优先型或伙伴型的供应商	伙伴型的互利合作关系

3.2.4 供应市场分析的思路

由于市场是动态发展的，所以采购员需要定期或不定期进行供应市场分析，随时把握供应市场现状，为提高采购工作效率打好基础。只要企业需要采购物资，采购员就需要进行供应市场分析。受时间与精力因素的限制，在不同的场合，供应市场分析的深度可以有很大的不同。对于某些采购物品，需要进行持续的努力；而对于另外一些采购物品，则只需要进行简要的分析。每当市场发生重要变化时，都需要重新进行分析。这些变化包括：技术变革、供应变更、公司合并、新产品出现、主要供应国货币汇率变化，以及会危及本公司采购业务的政治事件出现等。

进行供应市场分析并没有严格的步骤，有限的时间通常对分析过程会产生一定的影响，并且每个项目都有自己的方法，所以很难提供一种标准的方法。具体开展供应市场分析时，一般遵循以下步骤。

1. 确定目标

通过市场分析要解决什么问题，问题解决到什么程度，解决问题的时间多长，需要多少信息，信息准确到什么程度，如何获取信息，以及谁负责获取信息等。

一般而言，供应市场分析所需要的信息集中于以下几个方面：市场中可以满足企业需求的产品的技术情况；关于企业所需采购产品的经济及市场信息，以及对供给和需求的预测（按国家、产业、技术或供应渠道分类）；商业信息，包括潜在供应商的产品价格和供货条件等。

2. 搜集和分析市场各种有关的信息资料

分析公司中的哪些信息是可用的；从公开出版物和统计资料中可以得到什么信息；是否需要从国际数据库及其专业代理商中获得信息，并以较低的成本从中获得产品和市场分析；是否需要从一些部门购买研究、分析服务，甚至进行外出调研；信息如何处理等。

供应市场信息来源种类众多，以下列举一些重要的信息来源。

- 出版社、专业报纸与期刊。
- 交易会及展览会。
- 咨询公司。
- 大学和当地研究机构。
- 商会与贸易支持组织。
- 专业贸易及行业协会。
- 采购与供应协会。
- 政府贸易代表机构。
- 各种国际组织。
- 已有供应商。
- 其他采购者。
- 服务机构。

3. 设计供应市场调查方案

确定获取信息需要采取的具体行动，包括目标、工作内容、时间进度、负责人和所需资源等。获取信息的途径有平面分析、与供应商面谈，以及实地研究等。平面分析是收集、分析及解释任务的数据，这些数据一般是别人已经收集好的，平面分析在采购中运用最多。实地研究不仅能弥补平面分析的不足，还能搜寻到新信息，为了做好平面分析和实地研究，需要制订详细的项目计划。在实施的过程中，必须遵循调查方案。

4. 方案实施

遵循分析方案的计划，开展供应市场调查。围绕主题，突出重点，深入调查。

5. 编写供应市场分析报告

供应市场分析及信息收集结束后，要对所获得的信息和情报进行归纳、总结和分析，在此基础上提出总结报告，并对不同的供应商选择方案进行比较。

在编写供应市场分析报告时，可遵循由宏观到微观的思路，由大到小、由粗到精进行分析。一般从“宏观环境”着手，进行政治、经济和文化环境分析，然后从“中观环境”上对供应行业进行市场分析，再从“微观环境”落实到具体的潜在供应商的情况开展分析。

不同层次供应市场研究应考虑的因素如表3-5所示。

表 3–5　不同层次供应市场分析应考虑的因素

因素 层次	分析因素
宏观环境	产业范围、产业生命周期、经济增长率、产业政策及发展方向、工资水平及增长速度、税收政策与税率、关税政策与进出口限制以及政府体制结构与政治环境等
中观环境	该行业的供求状况、行业效率、行业增长率、行业生产与库存量、行业集中度，以及供应商的数量与分布等
微观环境	供应商的组织结构、财务状况、产品开发能力、生产能力、工艺水平、质量体系、交货周期及准时率，以及成本结构与价格等

3.2.5　供应市场分析应注意的问题

在开展供应市场分析时，要注意以下几点。

1. 应由采购人员负责，有选择地进行

供应市场分析工作应由采购人员负责进行。进行供应市场分析耗费时间且成本高昂，企业不能也不需要对每个采购品项进行复杂的供应市场评价。企业采购人员对要采购的品项有选择地进行分析。为此，企业需要确定哪些产品和服务是重要的，需要对其进行供应市场分析。

2. 注意分析间隔周期

某产品的市场状况可能在多年中都不会发生多少变化。这类产品的技术可能非常简单和稳定，其价格和其他供应条件也会在长时期内保持不变。在这种情况下，供应市场分析的间隔可以较长，分析过程也可以比较简单。所以要注意企业上一次对相关产品或服务进行供应市场分析是在什么时候。如果是在近期，可能不需要立即对该分析结果重新进行审查；如果上次分析已过去很久，就可能需要重新进行分析。但如果某些产品的供求波动性很大，如交易所交易商品，或技术变化很快，如电信和信息技术设备，这种情况便需要经常进行供应市场分析。

3. 不同采购品项，分析策略不同

针对不同的物品，供应市场的特点不同，供应市场研究的策略方法也各不相同。依据支出水平、对企业的影响程度及供应风险大小对采购品项进行高、中、低划分等级。对于优先级高的品项，应该进行认真和持续的供应商市场监视与分析；对于优先级中的品项，应该进行适当程度的供应市场分析；对于优先级低的品项，仅仅进行偶尔和简单的供应市场分析；对于优先级低的品项，则不进行供应市场分析。

【课后思考题】

1. 你认为供应链同步化对采购的影响主要体现在哪些方面？
2. 你认为技术的进步对采购的影响主要体现在哪些方面？
3. 供应市场有哪些分类？不同市场的采购策略如何？
4. 供应市场分析具有哪些作用？
5. 如何开展供应市场分析？供应市场分析应注意哪些事宜？

实训任务

液晶面板供应市场分析

某电子有限公司是全球著名从事液晶显示电视、计算机和其他家用电器的研发、生产和销售为一体的企业。现采购部门决定对液晶面板开展供应市场分析。请你：

1）搜集和分析该产品市场各种有关的信息资料，设计供应市场调查方案。

2）实施供应市场调查。

3）编写供应市场分析报告。

第 4 章　采购商品分类与规格描述

本章导读： 对品种繁多的采购商品进行分类管理，是采购工作规范化、科学化、专业化的基础。科学的分类有助于采购管理效率与效果的提升。而对采购对象规格的描述又是采购实施的基础，只有准确描述规格才可能采购到需要的合适商品或服务。

学习目标： 了解采购商品的典型分类方法；掌握政府采购品目分类及采购的模块分类法；熟悉不同分类下的采购要求；能熟练开展采购对象的规格描述。

引导案例

采购运作中商品的分类

对品种繁多的商品进行分类，是超市科学化、规范化管理的需要。它有利于将商品分门别类地进行采购、配送、销售、库存和核算，提高管理效率和经济效益。商品分类一般采用综合分类标准，将所有商品划分成大分类、中分类、小分类和单品多个层次，目的是为了便于管理，提高管理效率。需要说明的是，商品分类并没有统一固定的标准，各超市公司可根据市场和自身的实际情况对商品进行分类。但商品分类应该以方便顾客购物、方便商品组合、体现企业特点为目的。

1. 大分类

大分类的主要标准是生产来源、方式及处理保存方式等商品特征，如畜产、水产、果菜、加工食品、一般食品、日用杂货、日用百货和家用电器等。为了便于管理，超级市场的大分类一般以不超过 30 个为宜。

2. 中分类

着重于功能、用途、制造方式、方法和产地等的区分。各种分类间属关联性分类，商品关联性不强，但陈列配置上最容易被使用，也是经营分析上的重点分析方向。其分类标准主要有以下几个。

- 按商品功能与用途划分。如日配品这个大分类下，可分出牛奶、豆制品、冰品和冷冻食品等中分类。
- 按商品制造方法划分。如畜产品这个大分类下，可细分出熟肉制品的中分类，包括咸肉、火腿和香肠等。
- 按商品产地划分。如水果蔬菜这个大分类下，可细分出国产水果与进口水果的中分类。

3. 小分类

小分类是单品管理前最小单位、最细的分类管理单位，是控制单品数量的前哨站，但在管理上尚少有商家使用，因易造成混淆且繁杂，令人有不切实际之感。主要分类标准有以下几个。

- 按功能用途划分。如“畜产”大分类中、“猪肉”中分类下，可进一步细分出“排骨”“里脊肉”等小分类。

- 按规格包装划分。如“一般食品”大分类中、“饮料”中分类下，可进一步细分出“听装饮料”“瓶装饮料”和“盒装饮料”等小分类。
- 按商品成份分类。如“日用百货”大分类中“鞋”中分类下，可进一步细分出“皮鞋”“人造革鞋”“布鞋”和“塑料鞋”等小分类。
- 按商品口味划分。如“糖果饼干”大分类中、“饼干”中分类下，可进一步细分出“甜味饼干”“咸味饼干”“奶油饼干”和“果味饼干”等小分类。

4. 单品

单品是商品分类中不能进一步细分的、完整独立的商品品项。如“355 ml 听装可口可乐”“1. 25 L 瓶装可口可乐”“2 L 瓶装可口可乐”和“2 升瓶装雪碧”，就属于 4 个不同单品。

除了上述采购商品分类方法之外，你还能知道其他的商品分类方法吗？

（资料来源：http://www. linkshop. com. cn）

4.1 采购品分类

采购商品分类是指根据一定的管理目的，为满足商品采购活动的全部或部分需要，选择适当的商品属性或特征作为分类标志，将一定范围内的商品集合体科学、系统地逐次划分为大类、中类、小类、细类，乃至品种、细目的过程。不同组织的管理目的、范围和需要并不相同，因此商品分类的结果及其形成的分类体系也不一样。

4.1.1 采购品分类的一般方法

在大部分企业中，采购品主要可以分为以下几种。

1. 原材料

生产过程中耗用的原料，未经转化或转化程度较低的材料。如铁矿石、谷物和咖啡豆等。

2. 辅助材料

生产过程中耗用的，不构成产品主体的材料。如催化剂、服装生产中的纽扣、蕾丝花边、包装材料和燃料等。

3. 半成品

已经进行了部分加工和制造的产品，并将在后面的生产阶段进行深加工的产品。如钢板、钢丝、塑料片和胶合板等。

4. 零部件

不需要再经历其他的物理变化处理，直接使用在产品上的产成品。如汽车生产中的灯泡、螺丝和发动机零件等。

5. 设备

生产经营过程必备的生产、经营用工具、器材等。如生产用机器设备。

6. 服务

由第三方提供并完成的活动，如运输、咨询、培训、技术支持和维修等服务。

7. 保养、维修和运营物品

企业为维持生产、经营活动正常进行而需要的间接材料或用于消费的物品。如办公用品、润滑油、复印纸、墨盒、碳粉和清洁剂等。

在这些采购品中，有些是常规性的，有些则是非常规性的。

4.1.2 制造业对采购品的分类

1. 国际制造业对采购品的分类

国际制造业对采购品的分类主要有3种。

（1）生产性物料

直接进入产品的生产用原材料、零部件及半成品。

（2）非生产性材料

企业中不直接进入产品本身的所有其他实物，如产品包装材料、设备、固定资产、工具、一般用品和服务等。

（3）转卖品

不在本企业生产制造，从供应商处采购的打有本企业商标的成品。

2. 国内制造业对采购品的分类

国内制造业中较多企业将采购品分类为直接材料的采购、设备的采购和服务的采购。

（1）直接材料的采购

直接材料的采购一般按产品的生产计划进行。即根据产品的生产计划可以分解出材料需求计划。借助MRP或ERP系统，可以自动生成各类主要材料的采购需求计划。

（2）设备的采购

1）设备的采购一般需要进行技术经济分析。

2）技术经济分析中主要用净现值分析或投资收益率分析等方法。

3）将所购设备的一次性投资，与以后分期的投资额和收益额进行综合计算。

（3）服务的采购

由第三方所提供的技术、行政或后勤等方面的各类服务，如咨询、培训、审核、租赁和委托代理等。服务的采购更具特殊性；因为服务商品质量的评价更难，服务商品的采购和使用经常是同时进行的。服务采购在后面将做专题讲解。

4.1.3 我国政府采购品目分类

为了更好地做好政府物资采购工作，财政部“关于印发《政府采购品目分类目录》的通知”对我国政府采购品目进行了详细分类，其中1－2级分类目录如表4-1所示。

表4-1 我国政府采购品目分类目录（部分）

编码	品目名称	编码	品目名称
A 货物	A01 土地、建筑物及构筑物 A02 通用设备 A03 专用设备 A04 文物和陈列品 A05 图书和档案 A06 家具用具 A07 纺织原料、毛皮和被服装具 A08 纸、纸制品及印刷品 A09 办公消耗用品及类似物品 A10 建筑建材 A11 医药品 A12 农林牧渔业产品	C 服务	C01 科学研究和试验开发 C02 信息技术服务 C03 电信和其他信息传输服务 C04 租赁服务（不带操作员） C05 维修和保养服务 C06 会议和展览服务 C07 住宿和餐饮服务 C08 商务服务 C09 专业技术服务 C10 工程咨询管理服务 C11 水利管理服务 C12 房地产服务

（续）

编码	品目名称	编码	品目名称
A 货物	A13 矿与矿物 A14 电力、城市燃气、蒸汽和热水、水 A15 食品、饮料和烟草原料 A16 炼焦产品和炼油产品 A17 基础化学品及相关产品 A18 橡胶、塑料、玻璃和陶瓷制品 A19 无形资产 A99 其他货物	C 服务	C13 公共设施管理服务 C14 能源的生产和分配服务 C15 金融服务 C16 环境服务 C17 交通运输和仓储服务 C18 教育服务 C19 医疗卫生和社会服务 C20 文化、体育和娱乐服务 C21 农林牧副渔服务 C22 采矿业和制造业服务 C23 批发和零售服务 C99 其他服务
B 工程	B01 建筑物施工 B02 构筑物施工 B03 工程准备 B04 预制构件组装和装配 B05 专业施工 B06 建筑安装工程 B07 装修工程 B08 修缮工程 B09 工程设备租赁（带操作员） B99 其他建筑工程		

资料来源：中华人民共和国中央人民政府网站 http://www.gov.cn/。

4.1.4 ABC 分类法

ABC 分类法又称“帕累托分析法”，也称主次因素分析法，是项目管理中常用的一种方法。它是根据事物在技术或经济方面的主要特征，进行分类排队，分清重点和一般，从而有区别地确定管理方式的一种分析方法。由于它把被分析的对象分成 A、B、C 共 3 类，所以又称为 ABC 分析法。

该工具经常被用于库存管理，实际上，它和 80/20 法则一样，是一个无处不在的管理工具，企业各项事务都可能用到它。在企业的采购实践中它同样能发挥作用，企业面临的采购物品成千上万，采购部门人手精力有限，将采购物资进行 ABC 分类，从而采取不同的管理策略，在采购实践中已有较广的应用。如某电器有限公司将公司外购和外协物资按其对最终产品质量的影响程度分为 A、B、C 共 3 类。采取不同的采购管理要求，具体如表 4-2 所示。在实践中有效提升了采购部门的工作效率和效果。

表 4-2 某电器有限公司物资分类及采购要求

类别	分类标准	主要物资	采购管理要求
A类	直接影响最终产品质量，需经质检部逐个进行质量检查，并在订货时要特别注明质量要求的物资	接线端子、密封圈（环或袋）、防爆轴、组合接线柱；高压电缆连接器（接线盒）接线瓷座、绝缘件和铜件；低压插销和插销开关的压铸壳体、绝缘件和铜件、交流接触器、开关、电磁阀；集成电路、各种传感器件和有特别要求的晶体管等	A 类物资和 B 类物资中电子元器件的采购供应商的选定由经营部和技术中心共同组织有关部门进行考察确认，并报总经理批准
B类	对最终产品质量影响较大，需经质检部按有关标准规定的抽样比例进行质量抽检，并在订货时要注明质量要求的物资	电线、电缆、硅钢片、有色金属；模压壳体；按钮配件；弹簧；印刷电路板、电阻、电容、二极管、三极管和发光器件等电子元器件	B 类物资（除电子元器件）采购供应商的选定由采购部组织质检部、生产部和办公室参加评价并确认，报总经理批准
C类	对最终产品质量影响相对较小，需要经营部、生产部或物资申请部门做质量验证的物资	紧固件、通用件、标准件、钢材、切削工具、化工材料和包装材料等	C 类物资采购供应商的选定由采购部分管业务人员提出，经营部负责人确认

当然 ABC 分析法还是有一定的局限性。这主要是因为 ABC 分类标准过于单一，比如主要按采购物品对质量影响的重要程度进行分类，但没有考虑到采购难易度、采购提前期、供方垄断和生产依赖性等因素，具有一定的片面性。下文将介绍一种更复杂一些的模块分类方法，它能弥补这种分类法片面性的缺陷。

4.1.5 采购商品的模块分类法

1. 采购商品模块分类法分类依据

在卡拉杰克采购模型基础上提出了采购物品模块分类法。采购商品模块分类法分类依据一是采购品对本公司的重要性，指对生产、质量、成本和产成品等的影响程度大小；二是采购品的市场供应风险大小，比如供应保障能力、供应商数量等的差异。根据这两方面影响程度将采购品大概分为 4 类，即关键采购品、瓶颈采购品、集中采购品和正常采购品。具体如图 4–1 所示。

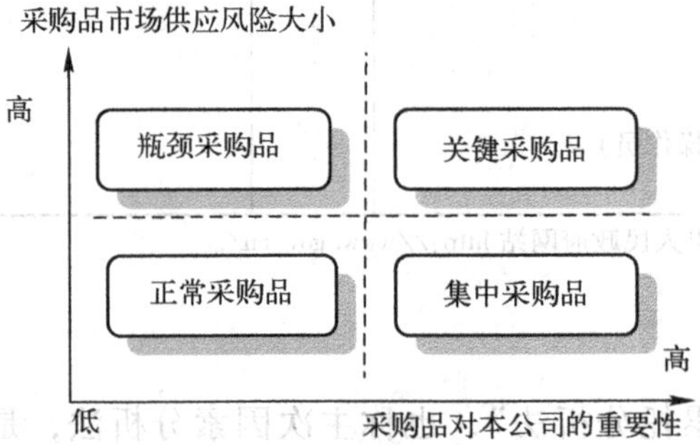

图 4–1 采购品模块分类法

2. 具体分类

（1）关键采购品

指价值比例高、产品要求高，同时又只能靠个别供应商供应或者供应难以确保的物品。

如：为汽车制造商生产的变速箱、化学工业用的汽轮机、电视机的显像管和计算机的 CPU 等。

（2）瓶颈采购品

价值比例虽然不高，但供应保障不力的物品。

如：食品厂的某种添加剂、汽车的某种专用零配件、化学工业使用的催化剂和涂料工业使用的颜料等。

（3）集中采购品

价值比例较高，但很容易从不同的供应商处购得的物品。

如：基本的原材料、制成品、紧固件和涂料、散装化学品、钢、铝、包装物、钢板以及标准半成品等。

（4）正常采购品

价值低，有大量供应商的物品。

如：办公用品、MRO 物品（Maintenance 维护、Repair 维修、Operation 运行）和清洁材料等。

3. 模块分类的采购策略

（1）关键采购品的采购策略

在制订关键采购品的采购策略时，企业既要关注降低企业的风险，又要降低采购成本。一般是找到可靠的供应商并发展同他们的伙伴关系，通过双方的共同努力去改进产品质量，提高交货可靠性，降低成本并组织供应商早期参与本公司的产品开发。与供应商签订长期伙伴关系合同，这样就能保证供应商长期、持续地供应企业需要的产品；采用应急计划、保障将来低成本，以及保持库存等运营战略。此外，供应商必须在企业的高风险领域具备特殊能力，必须有能力在中期或长期成为最低成本提供者或技术领导者，没有与企业的竞争者建立很好的关系。

（2）瓶颈采购品的采购策略

制订瓶颈品项的采购策略考虑的焦点是如何使企业采购的风险最小化，必要的时候可提高一些价格，通过风险分析制订应急计划，与供应商不断改善关系以确保供应。一般选择一个或两个供应商，一个供应商一旦出现意外，企业将面临严重的供应风险，所以选择两个，一个作为备用，可降低企业的风险；与供应商建立紧密关系，做一个好客户，使供应商增进好感和合作意向，进而降低企业的供应风险；与供应商签订定期合同，尽量选择长期合同，只有长期合同才能确保企业获得长期、持续的物资；采用供应商协助管理库存、业务流程重组等运营战略。此外，供应商必须在企业面临最高风险的领域具有特别强的生产能力，最好能在未来很长时期内持续供应企业所需的产品。

（3）集中采购品的采购策略

制定集中采购品的采购策略主要考虑降低价格和降低采购所耗费的管理成本。最好选择3个以上供应商，促使供应商之间形成竞争，使企业获得最低价格，达到降低总成本的目的。也可采用招标的方式竞价。与供应商建立合作关系，并签订定期合同（一般为中期合同），这样就能实现采购合同内的成本最低；采用电子商务、需求预测、客户经理和业务流程改进等运营战略，提高采购准确性与效率。

（4）正常采购品的采购策略

制定正常采购品的采购策略主要考虑降低采购所耗费的精力和管理成本，提高工作的准确性和效率。一般选择一个供应商，单一供应商更能提高采购效率；与供应商建立最少干预的关系，并签订长期合同，这样就能保证供应商长期、持续地供应企业需要的产品；采用程序化、规范化、系统化的工作作业方式、取消检验、使用采购卡及电子商务的运营战略。此外，鼓励一家供应商尽可能提供广泛的采购品项，这样就能尽可能地满足企业的需求。比如，某集团公司采购办公A4纸、硒鼓、签字笔和笔记本，向甲办公用品公司一家采购，甲办公用品公司的办公用品品种齐全，采购员孙先生就与甲办公用品公司签订长期合同，采用流程自动化的供应战略，从而既降低了采购的精力，又满足了企业日常需要的办公用品。

运用采购模块分类法模型来制订采购战略，更加具体，更易操作，更加可靠，能够有效控制企业的供应风险，能够大幅降低企业的成本，对企业的可持续发展具有深远的指导意义。

4.2 采购对象的规格描述

规格是描述产品品牌、物理和化学特性、原材料、性能、制造方法、工程图样，以及市场等级的技术资料，是一份对产品或服务供应中需要满足哪些条件的系统描述。

一个有效的规格能排除供应商脑子里的所有疑问、模棱两可和误解，使其清楚地了解到要求是怎样的，以及怎样做才是令人满意的质量并符合用途。

4.2.1 商品规格的形式

1. 技术规格或设计规格

技术规格或设计规格可能会采取工程图样、设计图或蓝图，或详细说明书。这种形式的规格对机械加工品、铸件、锻件，或压模部件、建筑、电子线路和组件的采购非常有用。对于所要求的事项做出了全面详细的界定。

技术规格通常包含以下内容。

- 规格的范围（其目标和内容）。
- 定义所采用的任何技术或专业术语的解释。
- 作为规格对象的设备或材料的用途。
- 参考的有关文件（例如，适用的标准或法律）。
- 材料要求（包括批准的或排除在外的材料）、性质（如尺寸、强度和可循环性）、公差和容许的变化。
- 成品的外观、质地和磨光要求，包括识别商标、操作符号和安全说明等。
- 所要求产品的图样、样品或模型（可获得时）。
- 物品或材料安装、使用、制造或存储的条件。
- 维护和可靠性要求。
- 包装和保护规格（包括运输中的特殊条件）。
- 供应商为用户提供的信息，如操作指南，以及安装、操作和维护的建议。

技术规格可以表达大量技术上精确而详细的信息。由于同样的计划可以发送给许多潜在供应商，所以有助于供应商之间的公平竞争。提供了一种精确的标准，可以按照此标准来衡量交付的产品。可以降低风险，当买方组织比潜在供应商具有更好的设计或技术专长时就更为有利。但设计规格耗时、费钱，需要水平非常高的专业人员。

2. 品牌和商品名

当用户明确说明对某个品牌的偏好时，就需要使用品牌和商品名。如果熟悉市场上的某一产品，而且它也满足自己的标准，那么只要按照那种品牌订购所要求的数量就可以了。

这种方式管理起来简单、快捷、方便，并且便宜。如果规定的品牌或型号满足要求并且买方对此感到满意，那么他只要根据品牌名称来订购就可以了，他对收到的东西不会产生任何歧义。当买方购买的数量或者购买的总金额无法弥补规格制订过程的成本时，这一方法就特别有用，这也是该方法在小额贸易和消费品采购中常见的原因。

品牌商品一般具有较高的质量和一致性。制造商已经投巨资塑造品牌，所以会采取任何可能的措施确保客户满意，从而保护其品牌价值，这也意味着供应商会集中关注质量问题。

然而，这种方法也有自己的一些缺点。例如，当某种材料或者技术只有一种品牌可供选择，知名品牌物品常常比没有牌子的同等产品要昂贵。市场上品牌产品的可选择性是受限的，有时候在一个市场上可能就只有一个供应商提供这个特定产品。供应商可能会改变其产品的规格，而不改变品牌或者不通知客户。因此，仅按品牌进行订购有可能会不符合要求。品牌产品可能是冒牌货（冒充品牌名称，实则是劣质产品），而且言称与品牌产品相同效力的一般产品（例如，在医药行业中）可能并不真正具有相同的效力。这可能是消费品采购中面临的突出风险。在未经适当检测的情况下，制造商常常会习惯性地认为有品牌的材料或者零件才是令人满意的，这给质量控制留下风险。

3. 化学和物理规格

对于不同种类的产品，成分规格相当于技术规格。例如，化学制品和制造材料（例如塑料）、工程或建设，它们规定了所要求的化学或物理组成。

在以下情况中，成分规格尤为重要。某些物理特性（如强度、柔韧性和耐久性）对于安全和性能来说是很重要的。例如，出于安全性的考虑，汽车制造中使用的金属必须具有某种吸收或减弱振动的特性。出于健康、安全和环境的考虑，某些材料受到法律、法规或行业规范的限制。这方面的例子包括电池中使用的重金属、涂料中的铅和不可回收的包装等。

化学和物理特性决定的规格定义了采购方所想采购的原材料的特性。规格表为供应商提供了制造方法。

4. 商业标准和设计标准

商业标准描述的是原材料和组件的质量、尺寸、化学成份和检验方法等。设计标准通常定义了通过何种流程可以制造出该产品，以及将要使用什么原材料标准等。有些材料，特别是像钢铁和羊毛等商品，是存在分级系统的，如对纯度、强度或柔韧性等特点进行了标准化。相关行业的买方熟悉每一级别的含义，并且能够借助于如“1000 吨 × 级别”产品订购的语言，详细说明他们想要的是什么。

采购方只需要说明供应商必须符合哪种标准，或其生产流程必须通过某一标准体系的认证即可。标准包括不同的层次，由不同的团体制订。包括公司标准和操作规范、产业或行业标准、国家标准，以及国际标准。

使用标准可以带给人们清晰的规格，使用标准作为规格可以避免不确定性或模糊性，可以大大降低出错的可能性，以及与供应商发生冲突的可能性。节省了准备公司规格和有关说明及讨论的时间和成本。由于缩短了设计时间，因而缩短了成品的上市时间。由于所有潜在供应商都是根据相同的规格来报价的，所以可以进行准确的报价比较。由于标准的广泛使用，可以有广泛的潜在供应商提供选择，而不是只依赖于（更加昂贵的）专业供应商。标准化（从品种减少的意义上说）的结果，带来库存和采购成本的降低。可能的话，组织会使用“通用的”或标准的物品取代自己设计的或多种物品的多条生产线。这样可以降低持有的库存，而且可以合并订单（而不是多个不同物品的小批量订单），取得批量折扣，降低交易成本和材料处理成本。

标准的主要缺点是不能准确地反映买方的要求。而且，由于一般需要花费数年时间来制订和更新标准，因此标准无法反映最新的技术和操作方法。另外，在世界范围内，标准还没有完全统一，因此事情会变得很复杂。例如，在亚洲使用英国的或者欧洲的标准。

5. 样品

如果采购方完全清楚自己需要什么，并且已经有了样品（例如其他供应商提供了样品，或者研发部门已经制作了一个蓝本），那么他可以把这个样品（或蓝本）提供给供应商，并要求供应商照样复制出相同的特征及性能。

在一些行业中，由供应商提供样品也是很常见的（例如，家具商提供材料样品，油漆制造商提供油漆样品）。买方只要确定要复制的样品即可。

用样品作为规格的主要优点是如果采购方依据供应商提供的样品来采购，那么按照法律规定就应该收到和样品完全一致的货物。可以使用一些样品在采购之前测试其适合性。样品是一种简捷说明采购要求的方法，无须再详细描述商品特征。如果买方要求供应商提供样品，则买方可以确认该供应商已经具备未来完成样品所要求的生产能力和工艺方法（当然，他还需要确定供应商能够根据商业需求持续、经济、高效地进行大规模生产）。

样品规格的主要缺点在于可能会很难衡量所供应的产品是否和样品完全一致，除了明显可观察到的指标之外，如颜色和尺寸，它真的与样品相同吗？如果要求做更深入的检验，看看产品是否符合化学成分、强度、柔韧性和功能性等标准，那么最好对这些特性事先做出规定。同时，有必要让供应商做出一些保证，即优质样品不只是为保证拿到订单所做的“一次性”的事情，供应商必须能够依样品生产出同等质量的产品。

6. 性能规格

性能规格或功能规格是一份简短的文件，它规定了要达到的功能性，以及关键输入参数的详细情况。它不规定如何达到上述功能性或性能（关于材料、设计和流程）。

供应商比采购方拥有更多的相关技术及生产专业知识，因此就可以利用和发挥最佳知识（不过也需要注意，在这种情况下，采购方高度依赖供应商的专业知识，这就要求对供应商进行严格的资格预审和选择）。供应产品所处行业的技术日新月异，因此使用性能规格就可以避免使用过时的技术，能更好地运用供应商的创新和技术开发能力。

性能规格提供了清楚的、客观的标准，可以很好地对想要竞争合同的供应商所提交的各种解决方案进行评估。这一标准需要事先清楚地告知那些参与竞争的供应商，因为他们会花费大量的时间和资源提出建议制订方案，会希望选择过程公正、透明并且具有真正的竞争性。

采购方能够有足够的时间及专业知识去评估供应商所提出来的各种提议或可选方案中给出的功效或者结果（特别是当供应商使用的技术是采购方不太熟悉的时候）。评估过程很复杂，这是采用性能规格的主要缺点。

7. 多种方法的综合运用

有时候没有某一种方法能适用于所有情况，因此采购方可以综合运用上面几种方法。

4.2.2 服务规格的形式

到目前为止，在讨论一个组织的采购要求时，是把产品及服务放在一起的。但事实上，它们在很多方面都是不同的。

服务可以被定义为“是报务提供方提供给另一方的各种无形的、并且不会形成所有权的活动或利益”。明显的例子包括呼叫中心、清洁服务、运输物流及 IT 服务。服务提供给了用户，但在服务交易的过程中不会转移任何所有权（此外，值得注意的是，很多服务是在购买材料及商品时打包获得的，如销售服务、客户服务、交付服务、售后服务及质保服务等）。

从制订规格的角度来说，服务（及服务要素）实际上给采购者带来了比给所采购材料或商品制订规格要多得多的问题。

商品是有形的，因此可以对其进行检查、测量、称重、试验，以检测其质量是否符合规格要求。而服务是无形的，因此很难制订其规格，很难检测其是否或在多大程度上符合规格要求。比如“洁净到什么程度算是洁净？”“修理一台计算机应当花多长时间？“精心烹饪的饭菜的定义是什么？”

商品的生产流程往往有很高的一致性，这就使得质量评估变得简单易行。而服务是不断变化的，每次的服务可能都会有所不同，因为相关人员和所处环境各不相同。因此，很难对服务施行标准化要求。

商品可以预先生产、购买或储藏，以备日后之需。但服务是不可分离的、易消失的，必须实时提供，也就是说是不可能预先生产出来、储存起来以后再使用的。例如，运输服务、住宿和餐饮服务都是只有在需要的时候才提供。因此，在制订规格时需要将提供服务的时间要素也考虑进去，只有这样供应商才可能相应地做好时间安排。

商品在购买之后可以在任何一个地方使用。但大部分服务只能在一个确定的地点发生（例如，住宿服务只发生在提供这个住宿的宾馆，清洁服务只发生在买方的办公室内）。因此，服务规格需要包括明确的服务提供的地点、所需的进入方式及相关问题（如果服务的供应商要在采购方的场所内工作，则要说明保密性要求）。

使用一件有形商品的准确目的是清楚的，因此可以对其适合性进行客观的分析和评估。但是对于服务，其中很多要素就很难评估。例如，相对供应商的服务人员完成工作的效率，其友好程度或外表整洁漂亮程度到底哪个更为重要？应如何权衡呢？

购买的商品通常会马上使用，如装配到更大的产品中或再销售。而服务可以为很长的一段时间而采购，期间对服务的要求可能与最初的规格有所变化。

对于服务来说，由于其具有无形的特性，制订其规格要比货物更加困难。但是，这也使得这项工作甚至更为重要，否则买方和供应商可能会没完没了地争论所提供的服务是否恰恰是所要求的或充分满足标准的。一家广告公司或设计师可能会提交一份满足所有客户明示标准的设计，包括目标、范围、风格和预算，不过客户仍旧可能会发现这不是他想要的或脑海中出现的东西。如果发生这种情况，是谁做错了呢？谁该为第一次努力付费呢？

当进行采购服务时，通常以工作说明的形式定义规格。当工作说明用于描述某项特定的服务时，这个工作说明就是唯一的。工作说明为可能的供应商清晰地描述了将要完成的工作质量、服务支持、维护，以及将要取得的成果和其他要求。在服务完成后，采购方和供应方之间的许多纠纷都是在对所想要的服务的不同理解上出现的。

服务工作说明的基本组成要素如下。

- 包括什么服务（以及不包括的服务，或者仅仅在要求时和在额外付费时才包括）。
- 可以从供应商那里期望得到什么样的服务标准或水平（如高质量服务的响应时间、速度和特性）。
- 供应商在其他方面的期望（如平等机会、环境及就业标准）。
- 活动、风险和成本的责任分配。
- 如何监控和评审服务与服务水平，使用什么评估指标，出现问题（如果有问题的话）该如何解决。
- 如何管理投诉与争议。
- 什么时候、如何对协议进行重审和更改（当要求、环境或优先顺序发生改变时，服务规格也需要相应地改变）？

4.2.3 规格描述中的问题

当前，规格描述中主要的问题如下。

1. 标准化的缺乏

为了把库存降到最低，制定的产品规格应该尽可能地满足更大范围内的需求。如果为每次需求都生成唯一的规格，将导致零件数量和库存的增加。

2. 国际标准的差异

供应商和采购方使用同样的标准规格是非常重要的。

3. 有时制订了过于苛刻的规格

规格的制订者如果对物资供应的要求比它实际所需要的条件更严格，这样会造成采购成本过高，或者原本可用的供应商由于达不到严格的规格要求而被排除。

4. 有的松散的规格满足不了需求

规格的制订者如果省略了关键的细节或者对关键的参数加以限制会产生问题。供应商交付来的商品虽然满足了规格的要求，但是却不能满足实际的应用要求。

【课后思考题】

1. 从采购方的角度研究供应市场细分和商品细分，市场营销学中是否有一些方法可以借鉴？
2. 深入理解采购物品模块分类法及其意义所在。
3. 我国政府采购品目是如何分类的？
4. 你能否提出采购物品分类管理的其他方法？
5. 描述商品规格有哪些形式？规格描述不清楚会给采购工作带来哪些问题？

实训任务

企业采购品分类

调研了解我国电子产品、化工产品和钢铁制品等的主要生产集散地的分布情况。选取一个特定的企业，比如电子制造厂，调查了解其主要采购的原材料、零配件等的名称和规格，并进行合理分类。

第 2 篇

物流采购业务流程篇

第 5 章　采购预测、计划和预算

本章导读： 采购时间和采购量是企业保障商品流通、资金回流的关键所在。合理的采购量预测能减少库存积压，保证生产持续稳定地进行。采购计划和预算是根据生产部门或其他使用部门的计划制订的包括采购物料、采购数量、需求日期和资金筹划等内容的安排，是企业组织采购的依据。采购计划是采购部门工作的起点，做好采购计划是采购部门的重要职责。制造企业可以通过 ERP 等系统自动生成采购计划，提高采购的自动化和准确度。

学习目标： 了解采购预测的概念与作用；掌握采购预测的程序；会进行采购需求的确定；熟悉采购计划与预算的制订流程。

引导案例

某机械公司采购计划作业程序

1）营业部于每年度开始时，提供给主管单位有关各型机种的每季、每月的销售预测。销售预测经会议通过，并配合实际库存量、生产需要量和市场状况，由主管单位编制每月的采购计划。

2）主管单位编制采购计划的副本送至采购中心，据以编制采购预算，经会议审核通过，将副本送交管理部财务单位编制每月的资金预算。

3）营业部门变更销售计划或临时有销售决策（例如紧急订单）时，应与生产单位和采购中心协商，以排定生产日程，并据以修改采购计划及采购预算。

那采购计划和采购预算具体应该怎么编制呢？

5.1　采购预测

5.1.1　采购预测的概念

采购预测就是指在采购市场调查所取得的各种信息的基础上，经过分析研究，运用科学的方法和手段，对未来一定时期内采购市场的变化趋势和影响因素所做的估计和推断。

5.1.2　采购市场预测的主要作用

1）作为企业采购决策的前提。

2）为企业编制采购计划提供依据。

3）提高企业竞争能力和经营管理水平。

5.1.3　采购预测的程序

采购预测的程序一般分 4 步，如图 5-1 所示。

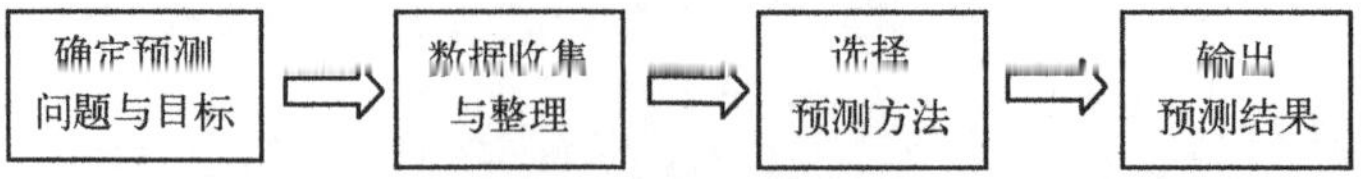

图 5-1　采购预测的程序

1. 确定预测问题与目标

采购预测首先要明确预测的问题与目标，比如是做采购需求量预测、价格总水平预测还是单项商品价格变化预测等。即把抽象的预测问题转化为具体的问题。

2. 数据收集与整理

对于搜集的各种资料，采购人员还应结合调查目的及工作需要进行整理。调查资料整理分 3 步，即剔除无关资料、汇总与分类、制作统计表。首先剔除不可靠、不准确，以及与调查目的无关的资料，并对剩余资料进行整理，使其成为排列有序、可靠、有参考价值的资料；其次将本次采购调查资料先按照大类别分别加以汇总，再将大类资料根据调查内容进行更加详细的分类；然后将分类后的资料分别进行统计及汇总，可使用专业统计软件 SPSS 及数据库软件等提高统计效率，找出各个数据间的相关关系，最后将汇总结果以统计数字的形式表示出来。

3. 选择预测方法

采购人员应根据不同的市场现象选择合适的预测方法。常用的预测方法如图 5-2 所示，分为定性分析预测法和定量分析预测法两种。

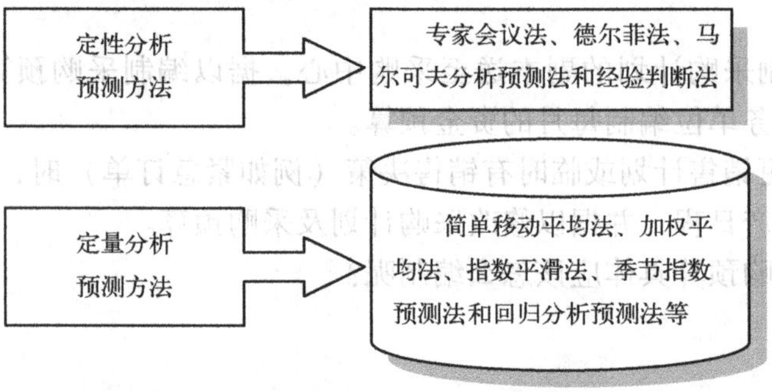

图 5-2　采购预测主要方法

（1）定性分析预测法

定性分析预测法是预测人员依靠自身的知识、经验和综合判断能力，根据历史资料和现实资料，对市场现象的实质特点和变化情况进行分析判断。该方法使用起来比较简单、省时间、省费用，对现象发展的方向把握较准确，同时还可用来预测难以量化的现象。但这种方法也容易受到预测人员主观意识的影响，一般应与定量分析预测法结合使用。

（2）定量分析预测法

定量分析预测法是对市场现象的性质、特点和关系进行分析后，建立数据模型，进行现象数量变化预测的方法，又分为时间序列预测法和因果关系预测法。该方法科学、准确，适用于数据资料充分的情形。同时，该方法要求预测者具备良好的数学知识。

定量预测使用“硬”数据，将历史需求数据作为统计预测的基础。如果对于预测的变量有可用的历史数据，就可以使用定量预测方法。这些方法是依据有关特定变量的时间序列

（一段时间）和其他可能相关的时间序列内的历史数据进行分析的。

1）简单移动平均法。简单移动平均法，顾名思义，这是一个简单的技术。找出最近各时间段的需求量，并假设接下来的时间段需求量为过去各时间段需求量的平均值。关于应当选用过去多少个时间段，并没有特定的规则。例如，如果要估算 7 月份的需求量，那么可以看 1 ～ 6 月份期间的实际使用量，然后取这 6 个月的平均值。

例如，某独立需求材料在 1 ～ 6 月份的使用量如表 5-1 所示。

表 5-1　某材料 1 ～ 6 月份的使用量情况

月份	1 月	2 月	3 月	4 月	5 月	6 月	累计
使用量/L	450	190	600	600	420	380	2640

使用简单移动平均法，取这 6 个月的平均值：2640 ÷ 6 = 440（L）。以此作为对 7 月份使用量的估计值。

这里使用“移动平均”一词，原因在于每一步向前移动一个月。因此，在估计 8 月份的使用量时，不再使用 1 月份的数值，代之以 7 月份的实际使用量。这样，对 8 月份使用量的估计是基于 8 月份之前的 6 个月，即 2 ～ 7 月份的历史数据。

当然，这方法有点过于简单。从数据中可以清楚地看出对这种材料的需求量波动很大。1 ～ 6 月的数据中最低为 190 L，最高为 600 L。这样的数据使用简单平均似乎不太可信。7 月份的实际数据也许就是这两个极端值中的一个，这样的话，估计值 440 L 就相去甚远了。

2）加权平均法（或移动加权平均法）。在上述例子中，1 月份的数值与 6 月份的数值对计算平均值的贡献完全相同，这并未考虑在现实中十分常见的问题，即与更近的数据相比，越早的数据对未来的指导越不可靠。如果该物品使用模式正在逐渐发生变化，这种变化更有可能反映在 6 月份的使用量数值上而不是 6 个月之前的 1 月份的数值上。为了考虑到这一点，可以使用移动加权平均法。这种方法对近期的数据赋予较大的权重，并随着时间的前移而逐渐降低权重。

这里给予最近月份更高的重要性，赋予 6 月份数值权重为 0.4，5 月份为 0.3，4 月份为 0.2，3 月份为 0.1（这些权重不是固定的，可以根据判断设定它们，但所有权重之和必须等于 1 才有算术意义）。利用加权平均法，7 月份的估计值可以计算如下：

$(0.4 \times 380) + (0.3 \times 420) + (0.2 \times 600) + (0.1 \times 600) = 458(\text{L})$。

3）时间序列预测方法。在时间序列预测法中，对连续的点或连续的时间段进行测量。测量可以按每天、每周、每月或每年，或任何其他规则（或不规则）的时间间隔进行。虽然大多数的时间序列数据通常会表现出随机的波动，但在较长的时间段内时间序列仍有可能呈现出由低到高或由高到低的逐渐转变。时间序列的逐渐转移通常被预测者称为时间序列中的趋势。

4. 输出预测结果

预测人员应利用已定的预测方法或模型，对预测期内的现象进行预测。无论预测方法多么有效，也无法做到百分之百准确，预测值与实际使用量之间总会存在偏差。资料的完整性和真实性、预测人员的素质水平、预测模型的准确性，以及内外部环境等因素对预测结果会有影响，预测结果与实际结果之间一般都会存在 10% 左右的偏差。这个偏差称为预测误差或预测偏差。在进行预测时，必须给定一个允许偏差值。安全库存与预测精度有关，事实上它依赖于预测误差。如果预测误差大，持有的安全库存就必须多；如果预测误差小，安全库存就可以少。

简单预测技术通常不适用于制造企业或建筑公司的原材料或外购件的控制，因为这些情况下的需求量在预先计划好的运营项目中已经严格限定了。不过在这些企业中，其通用易耗品是可以用简单预测方法进行预测的。在零售业，预测尤为重要，不仅需要对一种物品的年销售额进行预测，还需要对其季节性变化进行预测。很多公司采用非常先进的计算机软件进行这类预测。当然，库存是基于预测进行购置的，并存储以备需要时使用。

5.2 采购需求确定

要进行采购，首先需要解决采购什么、采购多少及什么时候采购的问题。而要解决这个问题，就是要解决采购部门所服务的企业内部客户究竟需求什么、需求多少，以及什么时候需要的问题。需要根据企业过去的物料需求资料、生产计划等得出物料的需求规律，根据需求规律预测企业下一个生产周期的物料需求品种、需求量及需求时间。在此基础上，采购人员可以主动制订物料采购计划，开展采购作业。

在确定采购需求量时，采购人员要综合考虑企业各个时期的经营计划、销售计划、生产计划、物料消耗定额和物料需求报表等多种因素，综合运用统计分析、推导分析和经验估计等多种方法。

5.2.1 采购需求统计分析法

传统的企业采购需求分析是要求下面各个单位每月提交一份采购申请表，提出每个单位自己下个月的采购品种数量，样例如表 5-2 所示。然后采购部门就把这些表汇总，得出下个月总的采购任务表，再根据此表制订下个月的采购计划。

表 5-2 采购申请表样例

部门名称：　　　　申请日期：　年　月　日　　　　申请单编号：

要求送达日期	年　月　日	送达地点		
用途：			预计总成本	元
编号	货名	规格型号	数量	预计单价
送达事项：			检查事项：	
其他事宜				
部门主管意见及签名	签名（盖章）：	日期：　年　月　日		

（续）

采购计划主管意见及签名	签名（盖章）：　　　　日期：　年　月　日
采购经理意见及签名	签名（盖章）：　　　　日期：　　年　月　日

这种传统的方法简单，但存在以下几方面的不足：一是市场响应不灵敏。二是库存负担重、风险大。因为一个月采购一次，必然采购的批量大，供应的时间长。如果市场需求变化快的话，说不定采购量大的物料，采购回来以后就变成呆滞物料了。尤其是使用率小的物料，就可能变成库存负担。各部门还容易从本位出发，只考虑短期的需求，无形中增加了采购成本。它既占用了大量资金，而且还占用仓库，增加了保管费用，增加了经营成本，势必影响企业的经济效益。三是层层上报的体系使得采购需求的汇总较为费时和困难。

现在生产企业采购除零散采购需求之外，采购人员更多使用合适的需求分析法对企业的整个生产流程中所需要的物料进行分析，确定物料的需求或依据实际情况使用经济的订货方法确定采购需求。

5.2.2　推导分析法

所谓推导分析，就是根据企业的生产计划来进行需求分析，求出各种原材料、零部件的需求计划的过程。推导分析不能够凭空想象，也不能靠估计，一定要进行严格的推算。推导分析法逻辑原理图如图 5-3 所示。

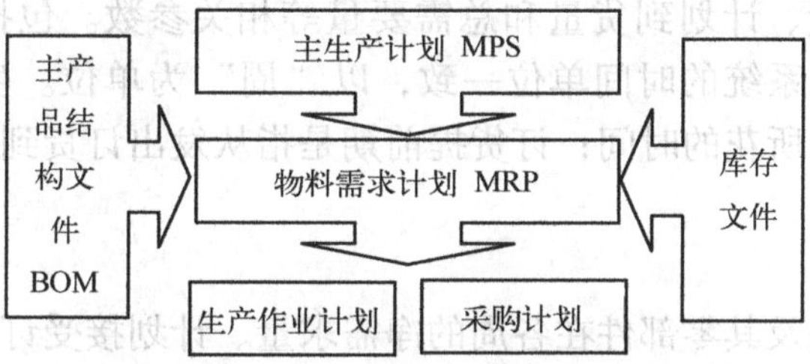

图 5-3　推导分析法逻辑原理图

推算所依据的主要资料和步骤过程如下：制订主产品生产计划，制定产品的结构文件，了解各个部件、零件和原材料的现有库存量及消耗速率、确定物料需求。

现代制造企业一般都通过 ERP 中的采购计划自动生成系统自动实现推导分析。系统根据总生产进度计划中规定的最终产品的交货日期，编制所构成最终产品的装配件、部件、零件的生产进度计划、对外的采购计划，以及对内的生产计划。

1. 制订主产品生产计划

主生产进度计划是 MRP 系统最主要的输入信息，也是 MRP 系统运行的主要依据。它一般表示的是主产品的产出时间进度表。主产品一般是独立需求物品，依据市场的订货合同、订货单或市场预测来确定其未来一段时间（一般是 1 年）的总需求量和需求时间等。

主生产进度计划来自企业的年度生产计划。年度生产计划覆盖的时间长度一般是 1 年，在 MRP 中用 52 周来表示。但是主产品的出产进度计划可以是 1 年（不一定），要根据主产品的出产时间来定，但主生产进度计划所覆盖的时间长度不得小于其组成零部件中最长的生产周期。

2. 制订产品的结构文件

主产品结构文件不是一份简单的物料清单，它还提供了主产品的结构层次、所有各层零部件的品种数量和装配关系。一般用一个自上而下的结构树表示，如图5-4所示。

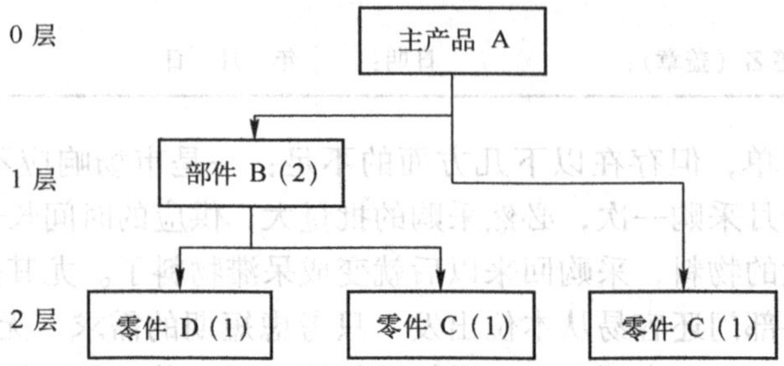

图5-4 主产品 A 结构树

在图5-4中，每一层都对应一定的级别，最上层是0级（即主产品级），0级的下一层是1级（对应主产品的一级零部件），这样逐级往下分解，一直分解到最末一级n级，一般是最初级的原材料和外购零配件。每一层的各个方框都标有3个参数，A是主产品的名称，B、C、D则是组成A的零部件的名称。每个方框内括号里的数字均表明零部件的数量。具体来说，主产品A由2个部件B和1个零件C装配而成，而部件B又由1个零件D和1个零件C装配而成。

3. 了解各个部件、零件、原材料的现有库存量及消耗速率

通过库存状态文件了解各个部件、零件、原材料的现有库存量及消耗速率。分析库存文件时，主要分析影响库存量、计划到货量和总需要量等相关参数。包括生产提前期和订货提前期，提前期的时间单位和系统的时间单位一致，以“周”为单位。生产提前期是指从发出生产任务单到产品生产出来所花的时间；订货提前期是指从发出订货到所订货物采购回来入库所花的时间。

4. 确定物料需求

输出文件包括主产品及其零部件在各周的净需求量、计划接受订货量和计划发出订货量3个文件。

（1）净需求量文件

净需求量是指MRP系统需要外界在给定期限内提供的指定物料的数量，它能够很好地回答生产系统需要什么物料、需要多少及什么时候需要等一系列的问题，然而并不是所有零部件每一周都有净需求，只有发生缺货（计划库存量小于0）时才可能发生净需求量。所以，净需求量的计算要分成下面两种情况。

1）当本周计划库存量大于0时，因为没有缺货，所以净需求量为0。

2）当本周计划库存量小于0时，又分成下列两种情况。

① 当本周计划库存量小于0而上周的计划库存量大于等于0时，则本周净需求量就等于本周的缺货量，即本周计划库存量的绝对值。

② 当本周计划库存量小于0而上周的计划库存量也小于0时，则本周净需求量就等于本周的缺货量与上周的缺货量之差，即本周计划库存量与上周计划库存量之差的绝对值。

（2）计划接受订货量文件

计划接受订货量是指为满足净需求量的需求，应该计划从外界接受订货的数量和时间。即为了保证某种物料在某个时间的净需求量，提供的物料最迟应当在什么时候到达，以及到达多少。

计划接受订货的时间和数量应与净需求量完全相同，即计划接受订货量 = 净需求量。

（3）计划发出订货量文件

计划发出订货量是指发出生产任务单进行生产或采购订货单进行采购的数量和时间。其中，发出订货的数量等于“计划接受订货”的数量，也等于本周的“净需求量”的数量；计划发出订货的时间要考虑生产或订货提前期，即为了保证“计划接受订货”或者“净需求量”在需要的时刻及时得到供应而需提前的一段时间，即：

计划发出订货时间 = 计划接受订货时间 − 生产（采购）提前期

= 净需求量时间 − 生产（采购）提前期

案例：阳光公司利用买进的部件组装有 1 个平面和 4 个腿的餐桌。桌面和桌腿的前置期分别为 2 周和 3 周，组装桌子的前置期为 1 周。公司收到的订单要求在第 5 周送 20 张桌子，第 7 周送 40 张。公司存货中有 2 张成品餐桌、40 个桌腿和 22 个桌面。那么，应该如何订购零部件呢？

【解决思路】

1）订单给出了成品桌子的生产计划，用层次 0 的总需求予以说明。减去成品桌子的现有存货得出净需求，然后减去 1 周的组装时间，得到开始时间。

2）1 个餐桌派生出 1 个桌面和 4 个桌腿的需求。桌子的产品结构文件如图 5–5 所示。

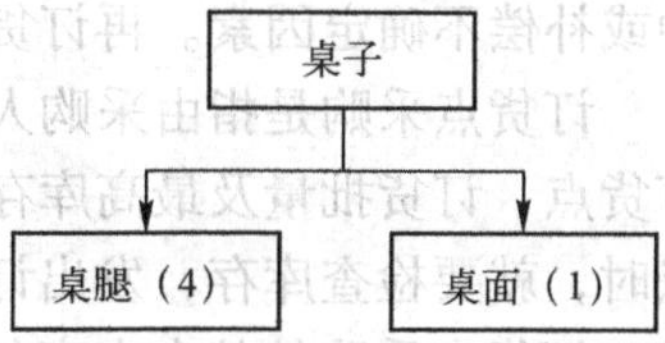

图 5–5　桌子的产品结构文件

3）确定物料需求。通过表 5–3 ～表 5–5 计算出主产品及其零部件在各周的净需求量、计划订货量和计划到达订货量。

表 5–3　桌子物料需求计算

层次 0：桌子							
周次	第 1 周	第 2 周	第 3 周	第 4 周	第 5 周	第 6 周	第 7 周
总需求量					20		40
存货量	2	2	2	2	2		
净需求量					18		
开始组装				18		40	
计划完工					18		40

表 5–4　桌腿物料需求计算

层次 1：桌腿							
周次	第 1 周	第 2 周	第 3 周	第 4 周	第 5 周	第 6 周	第 7 周
总需求量				72		160	
存货量	40	40	40	40			
净需求量				32		160	
下订单	32		160				
订单到达				32		160	

表 5-5 桌面物料需求计算

层次 1：桌面							
周次	第 1 周	第 2 周	第 3 周	第 4 周	第 5 周	第 6 周	第 7 周
总需求量				18		40	
存货量	22	22	22	22	4	4	
净需求量				0		36	
下订单				36			
订单到达						36	

采购计划及生产计划如下，第 1 周订购 32 个桌腿；第 3 周订购 160 个桌腿；第 4 周订购 36 个桌面，开始组装 18 个桌子；第 6 周开始组装 40 张桌子。

5.2.3 订货点采购数量确定法

订货点采购即根据物料的再订购点安排物料需求计划，一旦存货量低于再订货点即进行补充采购的一种采购方式。当需求量或完成周期存在不确定性时，必须使用合适的安全库存来缓冲或补偿不确定因素。再订货点 = 采购提前期消耗量 + 安全库存。

订货点采购是指由采购人员根据各个品种的需求量和订货提前期的长短，确定每个品种的订货点、订货批量及最高库存水准等，然后建立起一种库存检查机制，当发现货物已到达订货点时，就要检查库存，发出订货，订货批量的大小由规定的标准确定。

订货点采购的基本内容包括 3 个方面。

1）如何（How）订货，即确定订货的方法。

2）什么时候（When）订货，即确定订货点。

3）每次订货订多少（How many），即确定订货数量。

订货点采购包括两大类采购方法：一类是定量订货控制法，另一类是定期订货采购法。

1. 定量订货控制法

所谓定量订货控制法（Fixed Quantity System，FQS），也称订购点控制法，是指当库存量下降到预定的最低库存量（订货点）时，按规定数量（一般以经济批量 EOQ 为标准）进行订货补充的一种库存控制方法。定量订货模型如图 5-6 所示。

定量订货控制法的原则是实现库存费用和采购费用总和最低。

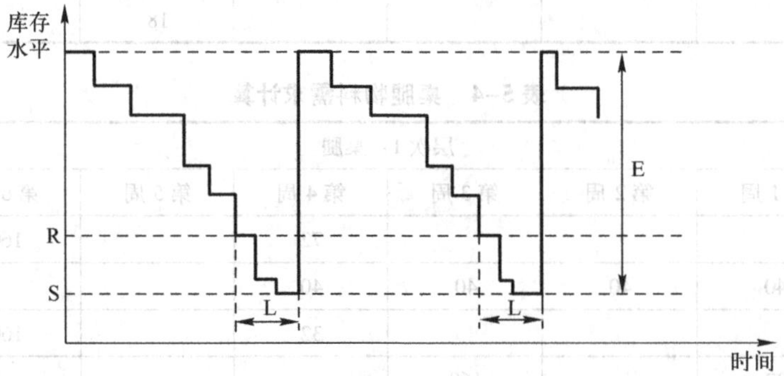

图 5-6 定量订货模型图

（1）订货点的计算

订货点 = 日需求率(平均每天耗用量) × 供货周期

上述公式表明，企业每天的货物耗用量为均匀或固定不变，并且到货间隔期可预知，那么该公式为成立。

根据考虑安全库存这一因素，对订货点公式进行修正，其修正后的订货点计算公式如下。

订货点 = 日需求率(平均每天耗用量) × 供货周期 + 安全库存

安全库存 = (预计最大消耗量 - 平均消耗量) × 采购提前期

（2）经济订货批量 EOQ 数量计算

经济订货批量就是通过平衡采购进货成本和保管仓储成本，确定一个最佳的订货数量来实现最低总库存成本的一种方法。

经济订购批量模型又称为整批间隔进货模型或 EOQ 模型（Economic Order Quantity, EOQ），由于存储策略是使存货总成本最小的经济原则来确定订货批量，故称为经济订货批量。

存货总成本 = 订货费用 + 保管费用 + 购入物资本身的费用

其中订货费用包括：采购手续费，如人工费用、通信联络等；验收费用，如验收人工费、检验仪器租用费和折旧费；进库费用，装卸搬运费等；采购过程中的费用，如估价、询价、招标和谈判等费用。保管费用包括资金占用费、仓储费用、折旧与损耗和保险费等。

所谓经济订货数量 EOQ，即综合分析订购和库存成本支出后得出的总费用最低的最优订货数量。经济订货模型图如图 5-7 所示。

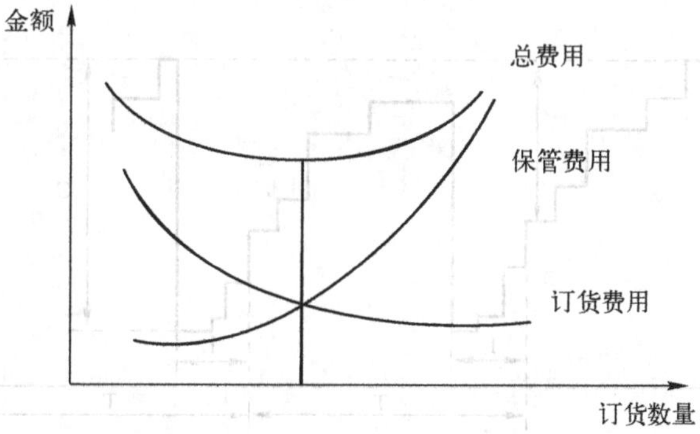

图 5-7　经济订货模型图

$$Q = \sqrt{\frac{2 \times DS}{P \times i}}$$

其中，Q 为订货量（平均每次），D 为年需求量，S 为平均每次订货费用，P 为库存物品的单价，i 为年保管费与库存物品金额的比率。

举例：某企业需要某种材料，已知每年采购总量为 8000 kg，平均每次订购费用为 5 元，保管费用为商品储备平均价值的 25%，单价为 2 元，则经济订货批量为多少？

$$Q = \sqrt{\frac{2 \times DS}{P \times i}} = \sqrt{\frac{2 \times 8000 \times 5}{2 \times 0.25}} = 400\ \text{kg}$$

特例：价格折扣情况下的采购批量。

假定某企业对某材料年需用量为 3000 t，一次订货费用为 10000 元，该种材料的单价为 1000 元，该材料的储存变动成本为 0.2 元，如果供货商承诺一次订购 700 t，价格可以优惠

2%，在这种情况下，应按经济批量订货，还是按 700 t 的折扣批量订货？

计算时需要比较的结果如下。

若按经济批量订货，则订货数量 EOQ 经计算为 547t。

1）按经济批量订货的总成本为：

$$C_1 = 1000 \times 3000 + (3000/547) \times 10000 + 1/2 \times 547 \times 1000 \times 0.2 = 3109500 \text{ 元}$$

2）按 700 t 的折扣批量订货的总成本为：

$$C_2 = 980 \times 3000 + (3000/700) \times 10000 + 1/2 \times 700 \times 980 \times 0.2 = 3051500 \text{ 元}$$

$C_2 < C_1$，故按 700 t 的折扣批量订货从经济上比较合理。

(3) 定量订货法特点

订货点不变，订购批量不变，而订货间隔期不定。

适用范围：定量订购库存控制法适用于品种数量少、平均占用资金大的、需重点管理的 A 类商品。

2. 定期订货控制法

所谓定期库存控制法（Fixed Interval System，FIS），也称固定订购周期法，是按预先确定的订货时间间隔按期进行订货，以补充库存的一种库存控制方法。

与定量订货方法相比，定期订货法不必严格跟踪库存水平，减少了库存登记费用和盘点次数。价值较低的商品可以大批量购买，也不必关心日常的库存量，只要定期补充库存。定期订货法的模型如图 5-8 所示。

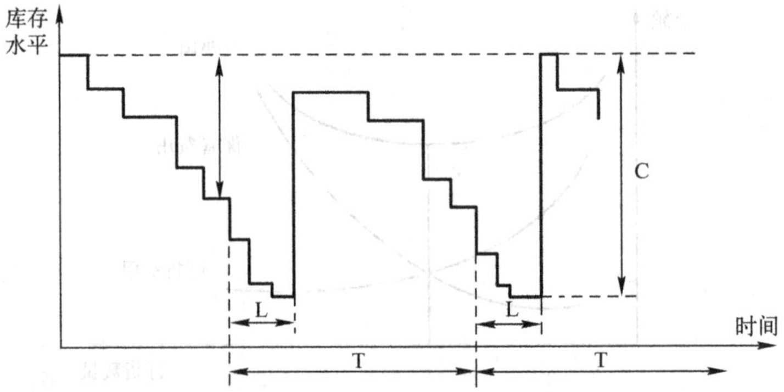

图 5-8 定期订货模型图

(1) 订货间隔期的确定

通过经济订货批量的学习可以知道，某货物全年的订货次数 n 计算公式如下。

$$n = \frac{D}{Q_0}$$

订货间隔期 T 如果用年来表示，则为订货次数的倒数，其计算公式如下。

$$T = \frac{Q_0}{D}$$

式中，D 是年需求量，以单位计；Q_0 是经济订货批量，以单位计；n 是全年订货次数，单位为“次/年”；T 是订货间隔期，单位为“年/次”。

(2) 最大库存量和每次订货批量的确定

定期订货法所需考虑的第二个关键问题是计算最大安全库存水平 M。这一水平是自动确定每次订货批量的基础。最高库存量应满足 3 个方面的要求：订货间隔期的要求、供货周期的要求和安全库存的要求。计算公式如下。

$$M=r\times(L+T)+S$$

式中，M 为最高库存量，以单位计；r 为日需求率，单位为"单位/日"；L 为供货周期，单位为"日"；T 为订货间隔期，单位为"日"；S 为安全库存，以单位计。

最大库存量确定后，每次的订货量也随之确定。每次的订货量 Q 的计算公式如下。

$$Q=r\times(L+T)+S-Q_1-Q_2+Q_3$$

式中，Q 为每次的订货批量，以单位计；r 为日需求率，单位为"单位/日"；L 为供货周期，单位为"日"；T 是订货间隔期，单位为"日"；S 为安全库存，以单位计；Q_1为现有库存量，以单位计；Q_2为在途库存量，以单位计；Q_3为顾客延迟购买量，以单位计。

举例：某种物料的订购周期为 10 天，每日需求量为 20 t，保险储备定额为 200 t。

1）如果企业采取定期订货法采购，每 30 天订购一次，订购当日的现有库存量为 450 t，已经订购但尚未到货的数量为 45 t，求订购批量。

2）若采用定量订购方式，试确定其订货点。

解：采取定期订货的订货批量。

$$\begin{aligned}Q&=r(L+T)+S-Q_1-Q_2+Q_3\\&=20\times(10+30)+200-450-45=505\ \text{t}\end{aligned}$$

3）采取定量订货的订货点。

$$Q=\text{日需求率}\times L+S=20\times10+200=400\ \text{t}$$

4）定期库存控制法的特点。

订货间隔期不变，订购货物量不定。

适用范围：定期订购库存控制法适用于品种数量大、平均占用资金少、只需一般管理的 B 类和 C 类商品。

5.3　采购计划

采购计划属于生产计划中的一部分，也是企业年度计划与目标的一部分。通常，销售部门的计划（即销货收入预算）是企业年度营业计划的起点，然后生产计划才随之确定。而生产计划则包括采购计划（直接原料成本）。由此可见，采购计划是采购部门为配合年度的销售预测或生产数量，对所需求的原料、零件等的数量及成本做出的详细计划，以利于整个企业目标的达成。采购计划一般又分为采购业务计划和采购战略计划。采购战略计划是对整个采购部门发展所做的计划，一般意义上所说的采购计划没特指时都是指采购业务计划。

经营计划、生产计划与采购计划的关系如图 5-9 所示。

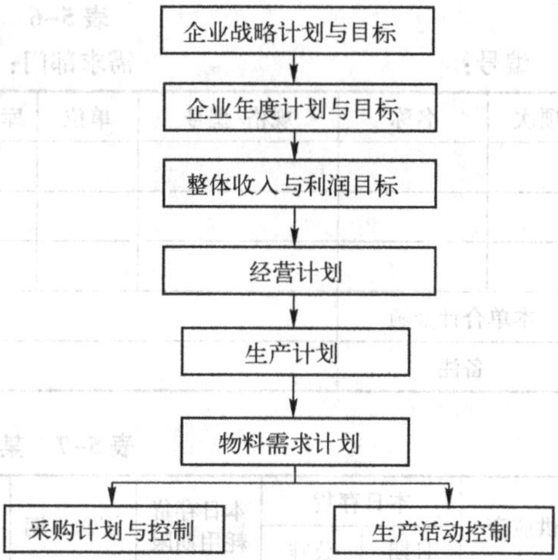

图 5-9　经营计划、生产计划与采购计划的关系

5.3.1 采购业务计划

1. 编制采购计划的目的

企业的经营开始于物料采购，经加工制成或经组合装配成为产品，通过销售获取利润。其中如何获取足够数量的物料，即是采购计划的重点所在。因此，采购计划是为维持正常的产销活动，在某一特定的期间内，应在何时购入何种物料及订购的数量是多少的估计作业。采购计划应达到下列目的。

1）预计材料需用数量与时间，防止供应中断。

2）避免材料储存过多，影响资金周转。

3）配合企业的生产计划及资金统筹安排。

4）使采购部门事先准备，选择有利时机购入材料。

5）确立材料耗用标准，以便管制用料成本。

2. 采购计划的编制

完整的采购计划一般应包括以下3部分内容。

1）前期计划的完成情况及存在问题的分析。

2）本期计划安排及依据。

- 根据企业年度经营计划，在对市场信息和需求信息进行充分分析和收集的基础上，依据往年历史数据对比预测制订的计划。
- 在对年度采购计划进行分解的基础上，依据上一季度实际采购情况、生产情况、库存情况及市场行情分析的基础上，制订当季或者下一季度的采购计划。
- 在对季度采购计划进行分解的基础上，依据各个部门每月经营所需物资的汇总情况，审核制订的采购计划。

在编写采购计划时应避免过于乐观或者保守；应考虑企业年度目标达成的可能性；分析销售计划、生产计划的可行性和预见性；注意物资需求计划与物资清单、库存状况的确定性；考虑保障生产与降低库存的平衡；注意物资采购价格和市场供需的可能变化。

采购计划可以采用表格形式，辅以必要的文字说明。示例如表5-6和表5-7所示。

表5-6 某电子公司采购计划表

编号：　　　　　　　　　　　需求部门：　　　　　　　　日期：　　年　月　日

项次	名称	规格/型号	单位	库存数量	数量	单价	总价	推荐供应商	需求日期
本单合计金额									
备注									

表5-7 某人造纤维公司采购计划表

供应商	本日存货		本日存货耗用期限	订购日期	L/C申请日期	L/C开出日期	装船			船到入库后总存量
	日期	公吨					公吨	开船日期	抵达日期	

3）实施措施或建议。在采购计划中应包含实施的具体措施或者保证该计划执行的建议。

5.3.2　战略性采购计划

战略性采购计划不同于上面所讲的采购工作计划的概念。战略性采购计划是采购管理部门的经营管理活动在一定时期内要达到的具体指标。在现代企业管理方法体系中，标杆法得到越来越多的应用。选取那些出类拔萃的企业作为企业的测定基准或标杆，以它们为学习的对象，迎头赶上，进而超过它们。在确定采购战略采购计划时，采购管理人员通过与优秀企业的比较，找出本企业采购管理中深层次的问题和矛盾，发现过去没有意识到的采购技术或进行管理上的突破，发挥出更大的创造性，将推动采购管理迈上一个新的台阶。

表 5-8 所示为某公司制订的 5 年采购战略计划方案。

表 5-8　某公司的采购战略计划方案

规划内容	年份				
	2015	2016	2017	2018	2019
年供应成本降低幅度	20%	20%	20%	15%	15%
BOM 库存（天）	45	40	35	25	20
BOM 外购比例	60%	65%	70%	80%	90%
标准件比例	30%	35%	40%	50%	70%
供应商早期介入比例	5%	10%	15%	18%	25%
ISO 9000 认证供应商的比例	40%	60%	75%	85%	95%
来料免检比例	50%	60%	70%	80%	85%
BOM 供应商数目	400	300	250	200	150
平均交货批次准时率	85%	90%	95%	97%	99%
平均交货周期（天）	20	15	12	8	5
JIT 供应商的比例	10%	15%	35%	50%	70%
集中采购比例	40%	60%	70%	80%	85%
招标采购比例	50%	70%	80%	75%	60%
网上采购比例	10%	30%	40%	50%	60%
绿色采购比例	2%	5%	8%	10%	15%
供应链管理比例	2%	5%	20%	25%	40%
废弃材料比例	4%	3.5%	2.8%	2.5%	1.5%
采购人员本科以上学历比例	40%	50%	70%	80%	90%
采购人员年培训小时	30	40	50	55	60
采购人员轮岗的比例	10%	12%	15%	15%	12%

5.4　采购预算

采购预算是指根据采购计划编制采购资金预算，并对其执行、调整等事项进行控制的活动。为了规范采购预算编制工作，加强对采购预算的管理，有效降低采购成本，企业应针对采购预算的编制、执行和调整等事项予以规定和指导，以便提高采购资金的有效利用率。

采购部按照采购预算进行采购，控制采购费用的支出。同时方便财务部门据此筹措和安排采购所需的资金，保证资金支付的准确性和及时性。

5.4.1 企业采购预算的类型

1. 原材料采购预算

生产企业在整个经营过程中，需要大量的原材料，其数量决定于产品的产销量和对外服务量。原材料采购预算的时间通常是一年或更短。预算的依据是生产或销售的预期水平、提供服务的预期水平，以及未来原材料的估计价格，这就意味着实际费用有可能偏离预算。因此，在编制预算时应根据外界条件的变化做出灵活的调整。

2. MRO 预算

MRO 采购包含在经营管理过程中，但它们并没有成为生产运作中的一部分。MRO 项目主要有办公用品、润滑油和机器修理零部件等。MRO 项目的数目可能很大，对每一项都做出预算并不可行。MRO 预算通常按以往的比例来确定，然后根据库存和一般价格水平的预期变化来进行调整。

3. 固定资产预算

企业的固定资产通常费用较高，占采购支出的较大部分，固定资产的预算不仅要考虑初始成本，还要考虑包括维护、能源消耗及辅助成本等的生命周期总费用。由于这些支出的长期性质，通常用净现值算法进行预算和做出决策。

4. 采购费用预算

采购费用预算的内容包括采购业务中发生的各项费用。通常，这项预算是根据预期的业务和行政工作量来制订的。这些花费包括工资、福利费用、供热费、电费、通信费、教育培训费、差旅费及购买办公用品等的费用。合理的采购费用有利于采购工作的进行，在制订采购预算时必须把此支出考虑在内，可比照上年计划与实际支出情况，做好本年采购费用预算。采购部门应定期对比计划与实际支出情况调整，控制采购费用并及时解决发现的问题。

5.4.2 企业预算的流程

通常制造企业是根据企业的销售计划来制订生产计划的，生产计划包括采购预算、直接人工预算及制造费用预算。可以说，采购预算是采购部门为配合年度的销售预测或生产数量，对需求的原料、物料和零件等的数量及成本进行的估计。具体编制流程如图 5-10 所示。

采购部根据以上预算编制流程，结合采购物资的具体内容，选择如表 5-9 所示的 6 种采购预算编制方法中的一种或多种，具体编制采购预算。采购预算表编制示例如表 5-10 所示。

表 5-9 采购预算编制方法表

方　法	具体说明
固定预算	• 根据预算期内正常的、可实现的某一业务量水平为基础来编制的预算 • 适用于固定费用或者数额比较稳定的预算项目
弹性预算	• 在按照成本（费用）习惯性分类的基础上，根据量、本、利之间的依存关系，考虑到计划期间内业务量可能发生变动，编制出一套适应多种业务量的费用预算 • 为了反映的是不同的业务情况下所应支付的费用水平
增量预算	• 增量预算是在上期成本费用的基础上根据预计的业务情况，再结合管理需求，调整有关费用项目
零基预算	• 就是一切从零开始，不考虑以前发生的费用项目和其金额，从实际需要审议预算期内各项费用的内容及开支标准是否合理，在综合平衡的基础上编制费用预算

（续）

方 法	具体说明
定期预算	• 以不变的会计期间作为预算期 • 多数情况下该期间为一年，与本企业的会计期间相对应
滚动预算	• 在编制预算时，将预算期与会计期间脱离，随着预算的执行不断地补充预算，逐期向后滚动，使预算期间始终保持在一个固定的长度（一般为12个月）

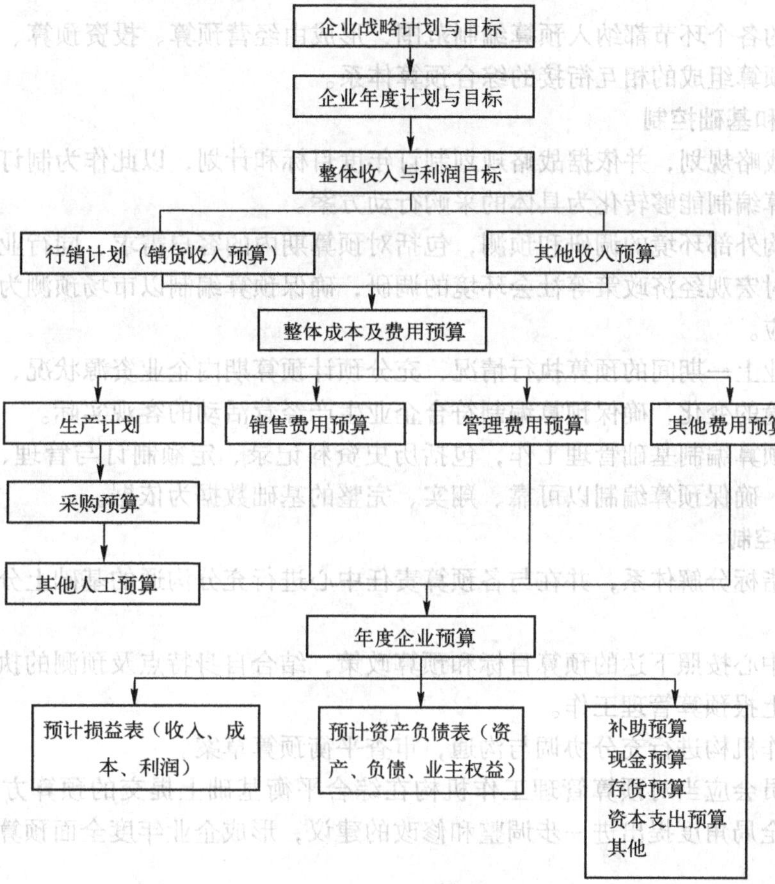

图5-10 企业预算编制流程

表5-10 某企业年度采购预算表

编制单位： 编制时间： 年 月 日

年度预算总额													
季度预算	第一季度			第二季度			第三季度			第四季度			备注
项目	1月	2月	3月	4月	5月	6月	7月	8月	9月	10月	11月	12月	累计
物资A													
物资B													
物资C													
物资D													

采购经理： 填表人：

5.4.3 采购预算编制过程控制

采购预算管理人员必须做好预算编制工作，在预算编制过程中注意以下几个控制点。

1. 全面性控制

明确企业各个部门单位的预算编制责任，使企业各个部门和单位的业务活动全部纳入预算管理。

将企业经营的各个环节都纳入预算编制范围，形成由经营预算、投资预算、筹资预算和财务预算等一系列预算组成的相互衔接的综合预算体系。

2. 编制依据和基础控制

制订明确的战略规划，并依据战略规划制订年度目标和计划，以此作为制订预算目标的首要依据，确保预算编制能够转化为具体的采购行动方案。

深入开展采购外部环境的调研和预测，包括对预算期内的客户需求、同行业发展等市场环境的调研，以及对宏观经济政策等社会环境的调研，确保预算编制以市场预测为依据，与市场和社会环境相适应。

深入分析企业上一期间的预算执行情况，充分预计预算期内企业资源状况、生产能力和技术水平等自身环境的变化，确保预算编制符合企业生产经营活动的客观实际。

重视和加强预算编制基础管理工作，包括历史资料记录、定额制订与管理、标准化工作，以及会计核算等，确保预算编制以可靠、翔实、完整的基础数据为依据。

3. 编制程序控制

建立系统的指标分解体系，并在与各预算责任中心进行充分沟通的基础上分解下达初步预算目标。

各预算责任中心按照下达的预算目标和预算政策，结合自身特点及预测的执行条件，认真测算，逐级汇总上报预算管理工作。

预算管理工作机构进行充分协调与沟通，审查平衡预算草案。

预算管理委员会应当对预算管理工作机构在综合平衡基础上提交的预算方案进行研究论证，从企业发展全局角度提出进一步调整和修改的建议，形成企业年度全面预算草案，提交董事会。

董事会审核全面预算草案，确保全面预算与企业发展战略、年度生产经营计划相协调。

4. 编制方法控制

企业应当本着遵循经济活动的规律，充分考虑符合企业自身经济业务特点、基础数据管理水平、生产经营周期和管理需要的原则。

选择或综合运用固定预算、弹性预算和滚动预算等方法编制预算。

5. 预算目标及指标体系设计控制

按照“财务指标为主体非财务指标为补充”的原则设计预算指标体系。

采购的战略规划和经营目标体现在预算指标体系中。

将预算指标体系与绩效评价指标协调一致，根据各责任中心在工作性质、权责范围及业务活动特点等方面的不同，设计不同或各有侧重的预算指标体系。

6. 预算编制时间控制

企业可以根据自身规模大小、组织结构和产品结构的复杂性、预算编制工具和工具运用的熟练程度全面预算开展的深度和广度等因素，确定合适的全面预算编制时间，并应当在预算年度开始前完成全面预算草案的编制工作。

【课后思考题】

1. 编制采购计划有什么意义?
2. 编制采购计划需要哪些基础数据?
3. 采购计划和采购预算分别对企业采购起到什么作用?
4. 某企业制造某种工业产品，每年需采购零件10000只，每次订购成本为100元，零件单价为16元，一次性购买520只及以上，折扣为10%，一次性购买800只及以上，折扣为20%，其中单位储存成本为价格的50%，求企业的最佳订购批量。

实训任务

制订采购计划

1. 实训目标

运用MRP编制呈现相关需求特征的生产物料的采购计划。

2. 实训任务

某公司利用买进的车架、车轮和车把组装自行车，车架、车轮和车把的前置期分别为2天、3天和2天，组装自行车的前置期为1天。公司预测第5天的自行车需求为50辆，第8天的自行车需求为30辆。公司存货中有5辆成品自行车、10个车架、20个车轮和10个车把。那么，应该如何订购零部件呢?

3. 实训步骤

1）学生分组：每5人为一个项目小组，每个小组选一位小组长。

2）各项目小组查阅MRP的相关资料，做知识准备。

3）各项目小组分析研究资料，确定任务解决的步骤和方法，以规范表格的形式完成任务的解决方案。

4）抽取某一组上台讲解本组任务解决的思路、步骤和结果，其他组补充和讨论。

5）教师对各组的任务完成情况进行点评及总结。

6）课后各组上交任务解决方案作业，作业内容应包括：完成任务的步骤和解决方案，并分析MRP的优缺点。

4. 实训考核

根据各小组任务解决方案的规范性和准确性评定各组任务完成的情况，作为课程的平时成绩。具体考评内容包含以下几项。

1）有没有按规范的表格格式完成任务。

2）主生产计划制订是否正确。

3）原材料采购计划是否以主生产计划作为主要依据制订的，是否正确。

4）有没有用“结论”概括原材料的采购计划。

第6章　供应商的选择与管理

本章导读： 供应商选择与管理是采购管理的核心工作之一。科学的供应商选择办法，以及选择与管理过程是采购商品质量的重要保障。如何激励现有供应商为企业提供更好的服务、实现与战略型商品供应商之间的长久合作伙伴关系，以及利用供应商开展产品创新等已成为企业降低产品成本、改进质量、追求发展的重要途径。

学习目标： 熟悉供应商选择的一般步骤与方法：会结合实际选择合适的考核指标，开展供应商的考评活动；熟悉供应商分类管理方法，理解双赢供应商关系管理的内涵。

引导案例

长城计算机公司的供应商管理

采购人员经常会遇到一个棘手的问题：目前采购A公司的产品，过段时间B公司的产品质量超过了A公司，且价格更低，该怎么办？选A选是选B？如果选B，那么和A的关系也就完了。到以后如果又有C超过B，还要不要刚建立的关系？

针对这样的问题，长城计算机公司的办法是实行A、B双轨制，供应由A、B两家供应商来完成。通过设定供应商考评标准给A、B打分。B的产品质量好、价格低，得分高，根据分数占比多买一些，A的产品少买一些，但要让A体会到选择的标准。

如何科学选取供应商、考核及管理供应商，就是本章将要学习的知识。

6.1　供应商的选择

供应商是企业外部影响企业生产运作系统运行的直接因素，也是保证企业产品的质量、价格、交货期和服务的关键因素。因此，现代企业已经认识到了供应商对企业采购的重要影响作用，并把建立和发展与供应商关系作为整个采购管理最为重要的一项工作。

供应商的选择对整个采购的作用不言而明，它直接影响了企业采购的质量，从而间接影响了企业产品的质量和企业的声誉，因此供应商的选择对企业而言是一项特别有战略意义的事件。

6.1.1　供应商选择的原则

供应商的选择，要遵循以下几个主要原则。

1. 质量第一原则

供应商开发的基本准则是“Q. C. D. S”原则，也就是质量、成本、交付与服务这四者中，质量因素是最重要的，首先要确认供应商是否建立有一套稳定有效的质量保证体系，其次要合理制订企业采购品的质量技术参数，并尽可能量化指标。

2. 策略差异原则

供应商的选择不能够一概而论，各自的精细程度、具体标准和发展策略都应该根据其特点进行分类，制订不同的选择策略。否则面对众多的供应商，在一些无关痛痒的采购品供应商的事情上耗费了太多时间与精力，可能该重视的采购品供应商的事情没管理好，精力时间又有限，使得采购部工作头绪混乱，采购人员手忙脚乱，效果还不佳。因此，要根据不同类型的供应商及产品特性，对供应商采取差异化的选择及管理策略，制订不同的选择规则和流程。比如核心采购品供应商需要开展供应市场分析、供应商详细背景调查、供应商日常跟踪、供应商评价与激励等；但普通的如办公用品供应商，选择时可能只需要简单的价格调查加上规范化的操作流程就可以了。

3. 新老结合、动态管理原则

供应商的选择要注意新老结合，降低风险。对供应商进行动态评价管理。供应商是一个发展的个体，企业也是一个发展的个体，今天适合的供应商，有可能明天就不适合了，所以企业应该根据自己的发展战略和发展需要，调整供应商选择、评价和发展策略，才能够让供应商发挥最大功效。对于供应商的重要信息一定要定期复合，及时跟踪，最快地做出有利于自身的调整。建立规范的供应商考评制度，对供应商的级别要进行动态调整。

4. 集体决策原则

供应商的选择涉及企业的生产、技术、计划、财务、物流和市场等部门。对于技术要求高、重要的采购项目来说特别需要设立多职能部门参与的供应商选择工作小组。供应商的选择绝不是采购员个人的事，而是一个集体的决策过程。企业必须建立一个由各部门有关人员参加的小组以控制和实施供应商评价，进行讨论决定。选择小组的组员应包括研究开发部、技术支持部、采购部、物流管理部、市场部和计划部，组员必须有团队合作精神，具有一定的专业技能。评价小组必须同时得到制造商企业和供应商企业最高领导层的支持。

6.1.2　选择供货厂商时应考虑的因素

选择好的供应商需考虑的因素多种多样，不同的采购品项选择供应商时还会有不同的侧重点。一般情况下，供应商的管理人员素质、员工稳定性等因素都是选择时应考虑的主要因素，如图 6-1 所示。

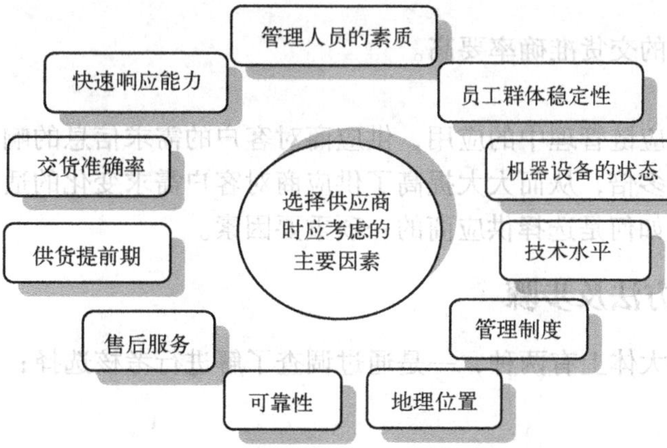

图 6-1　选择供应商时应考虑的主要因素

1. 管理人员的素质

有了优秀的领导人，企业才能健康稳定地发展。企业有了高素质、有能力的管理人员，企业的管理才有效率、充满活力，质量也才有保证。

2. 员工群体稳定性

企业员工的稳定能保证产品品质的稳定，流动性过大的员工群体，其产品品质会受到相当大的影响，影响采购品项的可获得性与可持续供应性，特别是在紧急订单的状态下。

3. 机器设备的状态

良好的机器设备更能保证产品品质。选择供应商时要考虑供应商企业是否拥有先进的技术设备，分析企业技术设备是处于行业领先、中游还是落后该淘汰的状态。

4. 技术水平

企业不单要有素质高的管理人员和良好的管理，还应有经验丰富、有创新能力的技术人员和良好的技术水平，只有技术不断改善创新，才能使产品品质更加有保障、材料成本不断下降。

5. 管理制度

激励机制的科学，管理渠道的畅通，以及各种管理制度的健全，能充分发挥人的积极性，从而保证供应商是优秀的、其产品品质是优质的、其服务是一流的。

6. 地理位置

供应商的地理位置对库存量有相当大的影响，如果物品单价较高，需求量又大，则距离近的供应商才有利于管理。采购方总是期望供应商与自己的距离近一些，或至少要求供应商在当地建立库存，地理位置近，送货时间就短，意味着紧急缺货时，可以快速送到。

7. 可靠性

可靠性是指供应商的信誉，在选择供应商时，应该选择一家有较高声誉的、经营稳定的、财务状况良好的供应商。同时，双方应该相互信任、讲究信誉，并能把这种关系保持下去。

8. 售后服务

良好的售后服务是建立和维护供需双方的战略合作伙伴关系的关键，同时，也为供需双方就产品质量等其他方面的信息交流提供了条件。

9. 供货提前期

为了应对一些紧急缺货情况的发生，供应商的供货都应当有一个合理的提前期。

10. 交货准确率

供应商供应的商品的交货准确率要高。

11. 快速响应能力

随着信息技术在供应链管理中的应用，供应商对客户的需求信息的响应力比传统管理下的供应商的响应力要高许多倍，从而大大提高了供应商对客户需求变化的适应能力，所以供应商对客户信息的响应能力如何是选择供应商的一项重要因素。

6.1.3 供应商选择方法及步骤

选择供应商的方法大体上有两种，一是通过调查了解进行考核选择；另一种是通过招标过程选择。

1. 考核选择

（1）初步了解供应商来源

开展初步供应商调查，通过各种信息来源了解供应商群体范围。了解供应源是有效采购的基本前提。一般情况下，主要的信息来源有商品目录、行业期刊、各类广告、商业介绍、供应商与销售代理商、互联网、销售记录，以及业务联系名录等。

（2）调查了解供应商，缩小选择范围

确定了供应商群体的范围之后，所面临的工作就是要选择具体的供应商。对于那些已经同企业有多年合作经历的供应商，了解其真实情况并不是一件难事。但是，不管是经验丰富的企业还是刚起步的企业，对于那些初次合作的供应商，企业了解起来还是困难重重。这里可以采用以下几种方法，如图6-2所示，选择一种或多种方法从多个侧面了解供应商的现实情况。

图6-2 调查了解供应商的具体方法

1）研究供应商自己提供的资料。每一个供应商都想把自己尽快地推销出去，要想把自己推销出去，必然就要对自己进行宣传，作为企业宣传策略的一种，供应商会印制一些宣传资料，通常都是一些精美的图表画册。为了获得更多的订单，供应商会把介绍自己企业的资料提供给有采购意向的企业。如此一来，企业就会拥有大量的相关资料。这就需要认证人员充分利用资源仔细研究各个供应商提供的宣传材料，大致确定可以进行进一步接触的供应商。

2）向有意向的供应商发放调查问卷。调查问卷是一种应用范围很广又很有效的方法，只是应用起来比较烦琐，需要耗费大量的人力、物力和时间。企业根据本身所处行业的物料情况，制订出详细的调查问卷，发给有意向的供应商。根据调查问卷的回复来确定被调查供应商的实力如何。

问卷调查是对开展供应商信息调查的主要方式之一，它是使用调查表来进行的。调查表是用于调查的最普遍的工具。一般来说，一份调查表是由向被调查者提问并请他（她）回答的一组问题所组成的。调查表是非常灵活的，它有许多提问的方法。调查表需要认真仔细地设计、测试和调整，然后才可大规模使用。调查问卷所表现出来的信息可以被用来作为供应商评价前的参考；可以作为印证供应商提供信息的真实性；可以用来了解供应商的实力及潜能；还可以作为制订企业采购政策的参考。

在问卷调查方法的实施过程中，最为关键也是最难的一点，就是要设计合理的调查问卷，即要合理、科学地设计调查问卷上的问题。企业必须精心地挑选要问的问题的内容、问题的形式、问题的用词和问题的次序。对问卷设计要依企业本身需要设计内容及格式、能确实掌握了解供应商的信息、考虑供应商填写的方便性及容易度、考虑企业对此资料容易整理、分析与运用、易于将填写的资料加以系统化，以及便于计算机化作业及管理、问卷内容应具体易懂。

供应商调查表样例如表6-1和表6-2所示。

表 6-1 供应商技术与加工能力调查表

填表人：　　　　　　　　　　　　　　　　　　　　　　　　填表日期：　　年　月　日

生产	生产计划：□以销定产　□以产定销　□准时交付　□其他	
	作息制度：□三班制　□二班制　□一班制　□双休制　□单休制　□轮休制	
管理	激励措施：□计件制　□计时制　□其他奖励机制	
	现场管理：□定置管理　□5S 管理　□可视化管理　□其他	
	能源状况：□无限制　□峰谷限制　□能源紧张　□其他	
	设备管理：□出现故障后再维修　□定期保养　□TPM 管理　□其他	
	生产设备完好率：□95% 以上　□85%～95%　□75%～85%　□75% 以下	
	在用工装完好率：□98% 以上　□95%～98%　□90%～95%　□90% 以下	
	工装配备率：□90% 以上　□75%～90%　□60%～75%　□60% 以下	
	按期交货率：□99% 以上　□95%～99%　□85%～95%　□85% 以下	
技术力量	核心能力：□研发/设计　□工艺　□制造　□其他	
	办公条件：□手工制图　□绘图仪　□ CAD　□其他	
	技术来源：□自行开发　□委托开发　□来料加工　□购买	
	技术人员占企业员工的比例	□5% 以上　□3%～5%　□1%～3%　□1% 以下
		其中：工程师　　人，技术员/助工　　人，高工　　人
工艺能力		
主要设备状况	设备名称、规格型号、设备数量、设备使用年限：	
评价	采购主管：　　　　年　月　日	
	采购经理：　　　　年　月　日	
	总经理：　　　　年　月　日	

表 6-2 供应商质量保证能力调查表

填表人：　　　　　　　　　　　　　　　　　　　　　　　　填表日期：　　年　月　日

序号	调 查 内 容	
1	质保人员占企业员工总数的比例：□3% 以上　□2%～3%　□1%～2%　□1% 以下	
2	体系认证情况（若已通过，请附证书复印件）	□通过了质量环境安全一体化认证　□通过了 ISO 9001 认证 □ISO 9001 认证正在进行中　□对体系认证不感兴趣
3	产品认证情况（若已通过，请附证书复印件）	□已通过 3C 认证 □已通过 CQC 标志认证 □已通过 CE 认证 □其他
4	检测手段：□齐全 □一般只检测本企业能检测的项目 □大部分由本企业检测，不能检测的按规定委外 □只检本企业能检的项目	

（续）

序号	调查内容	
5	进货检验方式：□免检　□按百分比抽检　□采取计数抽样检验　□全检	
6	过程检验方式；□首检三检制　□首检末检制　□三检制　□完全由检验员把关	
7	出厂检验方式：□不检　□按百分比抽检　□采取计数抽样检验　□全检	
8	产品的发运与防护	□每个零部件均有独立包装，整齐堆放货箱 □产品放在较好的防护架上发运 □产品堆在货箱里采取简单防护措施后发运 □产品随便堆在货箱里发运
9	供应商管理	□有合理制度但执行较差 □以价格最低原则选择供应商 □有合理制度并严格实施 □根据领导指示选择供应商
10	不合格品控制	□标识清楚，严格根据不合格性质由不同权限人评审 □标识清楚，由检验员评审处置 □标识清楚，但评审处置权限时有不按规定执行现象 □没有标识，由操作者处置
11	客户图纸管理	□专人管理，更改及时，作废图纸及时退回 □专人管理，更改及时，作废图纸自行处理 □无专人管理，更改较为及时，作废图纸自行处理 □无专人管理，常有更改不及时现象，作废图纸听之任之
12	计量管理	□台账齐全，定期校准 □台账齐全，本企业能校准的定期校准 □仅建立了本企业能校准的计量器具的台账 □无台账，出了问题后再校准
13	材料采购	□品牌直购　□一般在正规经销商处采购 □定点大型正规经销商　□随意零购
14	客户反馈信息处理	□及时有效，有书面的纠正措施交洽客户 □大部分能及时有效处理 □及时有效，一般无纠正措施记录 □大部分能处理
15	工艺文件	□关键和特殊过程有详细的作业指导书，其余为简单工艺卡 □全部为详细作业指导书 □全部为简单工艺卡 □全部为工艺流程卡
16	售后服务响应速度：□第一时间响应　□大部分能及时响应　□需多次督促	
17	售后服务范围：□为最终用户服务　□至需方　□只在供应商	
评价	采购主管： 年　月　日	
	采购经理： 年　月　日	
	总经理： 年　月　日	

3）向其他相关人员了解。企业可以充分利用所拥有的人力资源向曾经隶属于该企业但现在已经离开的企业员工进行采访，向他们了解供应商的实际情况。这种方法所获得的信息甚至比实地考察更有价值，但是该方法的使用要避免触犯法律，避免被人起诉进行不正当竞争。

4）向大型的调查或咨询公司购买相关资料。对于非常重要的采购项目，为了谨慎起见，同时也为了减少人力和时间的耗费，可以选择大型可靠的调查或咨询公司，向他们购买所需的相关资料。

5）实地考察供应商。通过实地考察进行深入的供应商调查，需要花费较多的时间和精力，调查的成本非常高，因此并不是所有的供应商都是必需的。它只是在以下两种情况下才需要：一是准备发展成为紧密关系的供应商；二是寻找关键零部件的供应商。

这种考察是深入到供应商企业的生产线、各个生产工艺、质量检验环节甚至管理部门，对现有的设备工艺、生产技术和管理技术等进行考察，看看所采购的产品能不能满足本企业所应具备的生产工艺条件、质量保证体系和管理规范要求。有的甚至要根据所采购的产品的生产要求，进行资源重组，并进行样品试制，试制成功以后，才算考察合格。只有通过这样深入的供应商调查，才能发现可靠的供应商，建立起比较稳定的物资采购供需关系。

（3）与供应商进行初步谈判

与供应商进行谈判是与供应商的正面接触，是企业初选供应商必不可少的环节。企业经验丰富的认证人员通过谈判就可以基本上弄清供应商的真实实力。

（4）发放认证说明书

经过以上几个环节基本上确定了参加本次采购项目的供应群体，后面所要进行的工作就是向他们发放认证说明书，包括图纸、技术规范和检验指导书等。

（5）供应商提供项目供应报告

意向供应商收到认证说明书及相关资料后，根据自己的情况拟制供应报告。报告的主要内容为：项目价格、可达到的质量和能提供的月/年供应量。意向供应商也可根据需要对项目技术进行适当改动。

通过以上过程，可以选定满足条件、较优秀、有实力的供应商。这样，就可以在其中进行挑选或让其参与投标，既为最终的供应商选择做好了准备，也节约了成本。

2. 招标选择

招标选择则是没有预先调查了解供应商，而是通过准备一份合适的招标书，设定供应商的要求条件；通过建立一个合适的评标小组和评标规则，组织好整个招标投标活动；从参加招标的供应商中选择合适的供应商。具体内容在本书“第14章　招标采购”中有详细讲述。

6.2　供应商的量化考评

通过对供应商量化考评，可以筛选达到技术和满足产品竞争需要的供应商；减少供应商数量，集中资源优化总成本；让优选的供应商参与和集成到产品开发阶段以降低成本，实施标准化，实现高质量，减少提前期；改变采购的短期思路，向长期、战略的供应管理思路发展；提升供应商的服务品质。

供应商量化考评并不是一次性的工作，而是企业应该经常进行的一项工作。它的频率取决于采购项目的类型、供应市场条件的变化及企业的运作情况。

6.2.1　量化考评供应商的步骤

供应商考评的一般步骤如下。

1）建立供应商选择和评估小组。

2）尽可能地收集供应商的名单和资料。

3）列出评估因素及确定权数。

4）进行量化打分。

5）综合评价并确定供应商。

6.2.2 供应商考评指标

为了确保物资保质、准时交货，鼓励供应商在质量、交货期、价格和优惠条件等多方面进行改善；促进工厂与供应商良好合作，建立稳定的供应商队伍；提高工厂的采购质量，降低采购成本。采购部应将订货总次数、总交货金额、质量优劣情况、退货率、发生交货延误率、发生数量差错率，以及各种原因未能及时履行交货时是否采取迅速、及时、合理的补救措施等的考核结果填入供应商考评表，并将其纳入供应商档案。

具体将这些考核指标分为以下几类，企业可以根据实际情况选择使用。选择时注意遵循全面系统评价体系的建立和使用；供应商评价和选择步骤、选择过程透明化、制度化和科学化；评估体系应该稳定运作，标准统一，减少主观因素；不同行业、企业、产品需求及不同环境下的供应商评价应是不一样的，应保持一定的灵活操作性。

1. 质量指标

质量指标主要考核物资是否符合采购合同所规定的质量标准，是否存在因包装、工艺和材料的缺陷而产生的质量问题，以及生产工艺质量是否能够保证产品或物资质量。质量的好坏可以用质量合格率来描述。如果在一次交货中一共抽检了 n 件，其中有 m 件是合格的，则质量合格率 p 的公式为：

$$p = \frac{m}{n} \times 100\%$$

显然，质量合格率越高越好。如果在 N 次的交货中，每次的产品合格率 p 都不一样，则可以用平均合格率来描述。

如果企业采取对不合格产品退货的措施，这时质量合格率也可以用退货率来描述。所谓退货率，是指退货量占采购进货量的比率。如果采购进货 n 次（或件、个），其中退货 r 次（或件、个），则退货率可以表示为：

$$退货率 = \frac{r}{n} \times 100\%$$

显然，退货率越高，表明其产品质量越差。

2. 供应指标

供应指标考核供应商是否根据采购合同内所规定的日期按时交付产品或提供物资，是否按照采购合同所规定的交付方式进行交付。

（1）交货期

交货期是其中一个很重要的考核指标参数。考察交货期主要是考察供应商的准时交货率。准时交货率可以用准时交货的次数与总交货次数之比来衡量。

$$准时交货率 = 准时次数/总交货次数 \times 100\%$$

（2）交货量

考察交货量主要是考核按时交货量，按时交货量可以用按时交货量率来评价。按时交货量率是指给定交货期内的实际交货量与期内应当完成交货量之比来衡量。

按时交货率 = 期内实际完成交货量/期内应完成交货量 ×100%

（3）交货工作质量

考核交货工作质量，可以用交货差错率和交货破损率来描述。

交货差错率 = 期内交货差错量/期内交货总量 ×100%

交货破损率 = 期内交货破损量/期内交货总量 ×100%

（4）信用度

信用度主要考核供应商对自己的承诺履行的程度。信用度可以用下列公式来描述。

信用度 = 期内违约次数/期内交易次数 ×100%

3. 经济指标

经济指标考核供应商是否按照采购合同中规定的价格进行供货，是否根据市场变化而调整价格并及时提供给工厂价格调整信息，所提供的物资价格是否高于同品牌，同型号产品的一般价格，以及价格是否有下降空间等。

1）价格水平。

考核供应商的价格水平可以与市场同档次产品的平均价和最低价进行比较，分别用市场平均价格比率和市场最低价格比率来表示。

平均价格比率 =（供应商的供货价格 − 市场平均价）/市场平均价 ×100%

最低价格比率 =（供应商的供货价格 − 市场最低价）/市场最低价 ×100%

2）报价行为。

3）降低成本的态度与行动。

4）分享降价成果。

5）付款。

4. 支持、配合与服务指标

售前服务是否周到、全面；售后服务是否及时、良好，出现问题是否能够及时处理解决。支持、配合与服务指标主要考核供应商的协调精神。在和供应商相处过程中，常常因为环境的变化或具体情况的变化，需要把工作任务进行调整变更，这种变更可能会导致供应商工作方式的变更，甚至导致供应商要做出一点牺牲。这时可以考察供应商在这些方面积极配合的程度。另外假如工作出现了困难或者发生了问题，可能有时也需要供应商的配合才能解决。在这些时候，都可以看出供应商的配合程度。考核供应商的配合度，主要靠人们的主观评分来考核。主要找与供应商相处的有关人员，让他们根据这个方面的体验为供应商评分。特别典型的，可能会有上报或投诉的情况。这时可以把上报或投诉的情况也作为评分依据之一。

1）投诉灵敏度。

2）沟通。

3）合作态度。

4）共同改进。

5）售后服务。

6）参与开发。

7）其他支持。

在实际工作中，采购部门可以根据候选供应商特点、采购对象等的不同，从以上各类指标中做一选取，制订适合具体实际的供应商考评指标体系。表6-3所示为某企业建立的物料供应商的具体的考核指标。对供应商进行考核得到评分后，根据供应商的得分情况对其进行分级，并进行相应的评价，具体如表 6-4 所示。

表 6-3 某企业的供应商考评表

供应商编号： 考核周期：天

供应商名称		联系人	
地址及邮编		电话	

考核项目	所占比例	考核指标	评分标准及指标计算方法	得分
价格	30%	平均价格比率（15%）	• 平均价格比率 =（供应商的供货价格/市场平均价格）×100% • 比率≤__%时本项得满分，每高__%，减__分，高于__%时，该项得分为 0	
		最低价格比率（15%）	• 最低价格比率 =（供应商的供货价格/市场最低价格）×100% • 比率≤__%时，本项得满分，每高__%，减__分，高于__%时，该项得分为 0	
产品质量	30%	质量合格率（15%）	• 质量合格率 = 合格件数/抽样件数 ×100% • 比率≥__%时，本项得满分，每低__%，减__分，低于__%时，该项得分为 0	
		退货率（15%）	• 退货率 = 退货数/交货数 ×100% • 比率≤__%时，本项得满分，每高__%，减__分，高于__%时，该项得分为 0	
交货情况	20%	交货准时率（10%）	• 交货准时率 = 准时次数/总交货次数 ×100% • 比率≥__%时，本项得满分，每低__%，减__分，低于__%时，该项得分为 0	
		按时交货率（10%）	• 按时交货率 = 期内实际未交货量/期内应交货量 ×100% • 比率≥__%时，本项得满分，每低__%，减__分，低于__%时，该项得分为 0	
服务情况	10%	配合度（5%）	• 出现问题时供应商配合程度，按非常好、好、一般、差、极差分别得 5、4、3、2、1	
		信用度（5%）	• 失信度 = 期内失信次数/期内合作总次数 ×100% • 比率≤__%时，本项得满分，每高__%，减__分，高于__%时，该项得分为 0	
管理情况	10%	管理制度是否完善，质量手册是否完整、全面		
最后得分				
考核人名单				

考核人姓名	所属部门	考核项目	考核意见	签字确认

填表人： 审核人：

表 6-4 评价及措施

等级	分数标准	评价	相应措施
A	90（含）～100 分	为优秀供应商，作为后续新产品的首选供应商，并优先考虑发展为长期供应商	可加大采购量或给予一定的奖励，质量和逾期率为满分，经管理小组进一步考察，认定特别优秀的供应商的物料可享受免检待遇
B	80（含）～90 分	为正常供应商，根据供应商的考核结果及其意愿，可以协助其发展为 A 级供应商	合格供应商可正常采购，要求其对不足部分进行修改

（续）

等级	分数标准	评　价	相应措施
C	70（含）～80分	为较正常供应商，根据供应商的考核结果及其意愿，可以协助其发展为B级供应商	要求其对不足部分进行整改，并将整改结果以书面形式提交，供应商评价小组对其提交的纠正措施和结果进行确认，并决定是否对其采购或减少采购量
D	70分以下	不合格供应商	需从《合格供应商名单》中删除，并终止向其采购

6.2.3 供货商定量考评常用的方法——线性权重法

线性权重法是目前供应商定量考评中最常使用的方法，基本原理是给每个准则分配一个权重，每个供应商的定量选择结果为该供应商的各项准则的得分和相应准则的权重的乘积之和，通过对各候选供应商的结果进行比较，实现对供应商的选择与评估。

如某企业采购某物品，有A、B、C共3家可考虑的供应商，针对该物品的特点，从质量、交货和服务3方面来评估供应商，通过调查以往资料，凭借一定的技术和经验，得出各要素的重要性，如表6-5所示。

表6-5　供应商评估要素权重表

评估要素	权　重	取　值
质量	W1	0.5
交货	W2	0.4
服务	W3	0.1

根据建立的量化指标考评体系，得到如下结果。

1. 质量

对3个供应商的质量考评指标收集数据，考评结果如表6-6所示。

表6-6　供应商的质量要素考评

供应商	考核期交货量	质量残次量（t）	质量合格率（%）
A	150	30	80
B	200	50	75
C	175	25	87

2. 交货

对3个供应商的交货考评指标收集数据，规定延期交货天数的计算10天及以下1天算1天，超过10天的，采用累进制，11～20天之间1天折算2天，21～25天之间1天折算3天，26天以上的天数1天折算4天。依据这个规定考评结果如表6-7所示。

表6-7　供应商的交货要素考评

供应商	延期天数	平均每单延期天数	准时交货率（%）
A	4，13，9，16	13	87
B	15，8，18，10	16	84
C	7，4，23，12	16	84

3. 服务

对 3 个供应商的服务考评指标收集数据，考评结果如表 6-8 所示。

表 6-8　供应商的服务要素考评

二级指标	权重	得分（满分 10 分）			加权得分		
		A	B	C	A	B	C
合作程度	2	8	9	7	16	18	14
文件准确度	2	7	8	8	14	16	16
响应速度	2	7	8	7	14	16	14
售后服务	4	8	9	8	32	36	32
合计	10				76	86	76

最终得到供应商考评结果如表 6-9 所示。

表 6-9　供应商考评的结果

一级指标	权重	得分			加权得分		
		A	B	C	A	B	C
质量	0.5	80	75	87	40	37.5	43.5
交货	0.4	87	84	84	34.8	33.6	33.6
服务	0.1	76	86	76	7.6	8.6	7.6
合计	1				82.4	79.7	84.7

6.3　供应商的关系管理

引例：某公司制订了年度供应商实地考察计划，要求每季度对所有 100 多家供应商进行实地考察，一年的工作量就是 400 多次拜访……

采购人员花费了大量时间，感觉力不从心。有些采购员要求加工资，有些想跳槽，如果你是该公司的采购员，有没有两全其美的办法呢？这就是接下来要学习的供应商分类管理。

6.3.1　供应商分类模块法管理

根据供应商分类模块法可以将供应商划分为普通商业型、重点商业型、优先型和合作伙伴型 4 种形式。供应商分类的模块法是依据供应商对本单位的重要性和本单位对供应商的重要性进行矩阵分析，并据此对供应商进行分类的一种方法。可以用下面的矩阵图表示，如图 6-3 所示。

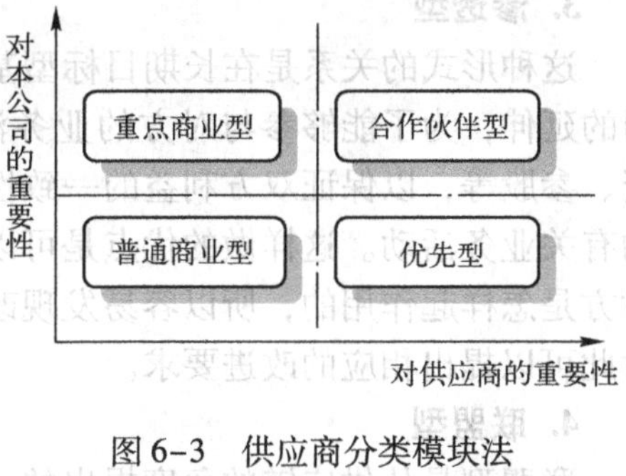

图 6-3　供应商分类模块法

在供应商分类的模块中，如果供应商认为本单位的采购业务对于他们来说非常重要，供应商自身又有很强的产品开发能力等，同时该采购业务对本公司也很重要，那么这采购业务对应的供应商就是“合作伙伴型”。合作伙伴型供应商交易数额较大，经常合作。

如果供应商认为本单位的采购业务对于他们来说非常重要，但该项业务对于本单位却并不是十分重要，这样的供应商无疑有利于本单位，是本单位的“优先型”。只要遇到采购产品属于该供应商产品类型，优先考虑该供应商。

如果供应商认为本单位的采购业务对他们来说无关紧要，但该采购业务对本单位却是十分重要的，这样的供应商就是需要注意改进提高的“重点商业型”。重点商业型供应商交易次数少，金额较大。

而那些对于供应商和本单位来说均不是很重要的采购业务，相应的供应商可以很方便地选择更换，那么这些采购业务对应的供应商也就是“普通商业型”。普通商业型供应商为数众多，交易次数频繁，每次金额较小。

6.3.2 供应商的目标分类法管理

企业与供应商之间的关系按管理目标差异大致可以分为 5 种：短期目标型、长期目标型、渗透型、联盟型和合作伙伴关系型。

1. 短期目标型

这种类型的供应商的主要特征是双方之间的关系是交易关系，他们希望彼此能保持较长时期的买卖关系，获得稳定的供应，但是双方所做的努力只停留在短期的交易合同上，各自关注的是如何谈判，如何提高自己的谈判技巧，不使自己吃亏，而不是如何改善自己的工作，使双方都获利。供应一方能够提供标准化的产品或服务，保证每一笔交易的信誉当买卖完成时，双方关系也终止了。对于双方而言，只与业务人员和采购人员有关系，其他部门人员一般不参与双方之间的业务活动。

2. 长期目标型

企业与供应商建立长期的关系是十分重要的，双方有可能为了共同利益而改进各自的工作，并在此基础上建立起超越买卖关系的合作。长期目标型的特征是从长远利益出发，相互配合，不断改进产品质量与服务水平，共同降低成本，提高供应链的竞争力。同时，合作的范围遍及企业内的多个部门。例如，由于是长期合作，可以对供应商提出新的技术要求，而如果供应商目前还没有这种能力，采购方可以对其提供技术资金等方面的支持。供应商的技术创新和发展也会促进企业产品改进，所以这样做有利于企业的长远利益。

3. 渗透型

这种形式的关系是在长期目标型基础上发展起来的。其管理思想是把对方公司看成自己公司的延伸，为了能够参与对方的业务活动，有时会在产权关系上采取适当的措施，如互相投资、参股等，以保证双方利益的一致性。在组织上也采取相应的措施，保证双方派员加入对方的有关业务活动。这样做的优点是可以更好地了解对方的情况，供应商可以了解自己的产品在对方是怎样起作用的，所以容易发现改进的方向。而采购方也可以知道供应商是如何制造的，对此可以提出相应的改进要求。

4. 联盟型

联盟型是从供应链的角度提出的。它的特点是从更长的纵向链条上管理成员之间的关系。另外，由于成员增加，往往需要一个处于供应链中核心地位的企业出面协调成员之间的关系，它常常被称为“盟主企业”。

5. 合作伙伴关系型

这种形式被认为是最复杂的关系类型，即把供应链上的成员整合起来，像一个企业一样，但各成员是完全独立的企业，决策权属于自己。在这种关系中，要求每个企业充分了解供应链的目标及要求，以便在充分掌握信息的条件下，自觉地做出有利于供应链整体利益的决策。

6.3.3　合作伙伴关系管理

前文对供应商的关系进行了分类，可以看出供应商关系管理的核心思想是合作伙伴关系的建立和维护。

1. 供应商合作伙伴关系的界定

供应商合作伙伴关系是企业与供应商之间达成的最高层次的合作关系，它是指在相互信任的基础上，供需双方为了实现共同的目标而采取的共担风险、共享利益的长期合作关系。

企业与供应商的关系不再是单纯的买卖交易、对手关系，而是一种更为紧密的合作关系。企业间保持长期直接的合作关系，达成一致观念，建立相互间的信任，确定共同目标和行动计划，强调资源共享，共同制订决策，共同面对市场，研发新产品，持续地改进产品质量，共同努力解决问题。

2. 合作伙伴关系的组成要点

（1）共同计划

制订明确具体的关系定位、合作目标及合作绩效衡量指标，制订建立伙伴关系的实施。

（2）共同的运作控制

与拟议中的伙伴供应商针对合作伙伴关系建立的可能性、计划实施、组织安排、关系维护和绩效考核等进行协商，签订战略合作伙伴关系文件，确认合作伙伴关系的正式建立。

（3）良好的信息沟通

一方面要建立企业内部各部门之间对伙伴关系的维护沟通协调机制，通过供应商会议、供应商访问等形式对计划实施进行组织和进度跟进，内容包括对质量、交货、降低成本、新产品和新技术开发等方面的改进进行跟踪考核，定期检查进度，及时调整行动；另一方面要组成跨组织的任务工作小组，行之有效地识别与解决合作过程中的问题，进行过程协调，评估不断改进给双方带来的收益。在公司内部还要通过供应商月度考评、体系审核等机制跟踪供应商的综合表现，及时反馈并提出改进要求。

（4）资源支持

公司可以通过多种方式（人、财、物）对合作伙伴关系提供支持：差旅费和会议预算、组建制订和执行协议的小组、提供适当的信息、提供有能力的人才，以及保障小组对内部客户进行关系培训等。在这一方面，高级管理层将起重要的作用。

（5）组织的柔性

主要是指当有人员发生变动时，保持合作伙伴关系的能力。当最初的参与者被调离或发生了其他人事变动时，也许合作伙伴关系将面临最大的挑战。只有那些人员变动时仍能保持组织连续性的公司，才能获得成功，也就是说，要求每个有可能变动的组织结构都能接受合作伙伴关系。

（6）持续地改进

合作伙伴关系是动态发展的，需要双方为形成并发展伙伴关系共同努力；需要提供公司间协同行动的机会，加强相互沟通，不断发现问题，解决问题，促进双方关系的健康发展。

3. 合作伙伴关系的结果

1）业绩与盈利水平提高，共享供应商的技术与革新成果，加快产品开发速度，缩短产品开发周期。

2）提高服务，降低成本。改善订单的处理过程，提高材料需求的准确度。缩短供应商的供应周期，提高供应灵活性。降低企业的原材料和零部件的库存水平，降低管理费用，加快资金周转。

3）提高原材料和零部件的质量。获得市场占有率、市场份额和知识产权等竞争优势。

4）与供应商共享管理经验，推动企业整体管理水平的提高。

4. 供应商合作伙伴关系建立方法

（1）建立供应商准入制度和退出制度，实现动态管理

企业根据自身的发展战略、采购策略、采购商品的特点及供应商现状等制订供应商开发计划，并根据开发计划进行供应商开发工作，定期储备和引入一定数量的供应商，营造供应环境中的竞争氛围，以提高供应水平。对于已合作的供应商开展日常考评和定期考评工作，并根据考评中发现的问题与供应商进行有针对性的合作，督促供应商改进工作，对于无法满足战略合作要求的供应商将其降级为普通供应商，对于符合企业供应商退出标准的供应商，在不影响供货的情况下果断让其退出，实现供应商发展同企业发展的动态匹配。

管理供应商的办法也需要进行检核和动态调整，以适应企业不断发展和内外部环境变化的需要，例如，供应商准入评价标准、供应商日常考评标准、供应商定期考评标准、供应商退出标准和核心供应商评定标准等。

（2）建立供应商会见制

发展供应商合作伙伴关系，需要双方遇事及时沟通，定期互动交流。可以通过供应商会议、供应商访问等形式对计划实施进行组织和进度跟进，内容包括对质量、交货、降低成本、新产品及新技术开发等方面的改进进行跟踪考核，定期检查进度，及时调整行动。有效的与供应商的会见制度是保障双方伙伴关系的基石。

（3）帮助供应商成长，建立双赢的供应关系

企业帮助供应商发展实际上是在帮助自己。帮助的方法有很多，比如可以让供应商参与早期的研发工作，让供应商早期参与研发平均可缩短30%～50%的产品开发周期，早期介入的供应商能进一步提高自己的开发能力，从而保持领先或独特的供应地位。

在合作过程中分享供应商的专业知识；利用供应商的能力以实现将非核心业务活动外包；提高供应商与供应链的绩效以取得更好的质量、送货条件或成本；建立双方合作互利共赢的关系。

（4）供应商的激励与控制

要保持长期合作伙伴关系，对供应商的激励与控制是必不可少的。要实施供应商的激励机制，就必须对供应商的业绩进行评价，使供应商不断改进。没有合理的评价方法，就不可能对供应商的合作效果进行评价，这将大大挫伤供应商的合作积极性和合作的稳定性。对供应商的评价要抓住主要指标或问题，如交货质量是否改善了，提前期是否缩短了，以及交货的准时率是否提高了等。通过评价，把结果反馈给供应商，和供应商一起共同探讨问题产生的根源，并采取相应的措施予以改进。定期评估供应商绩效，开展供应商管理控制。定期评估，同时将评估记录结果发给供应商，敦促其对不良事项进行改善。对于成长型的合作伙伴供应商，可以考虑成立供应链管理小组，派工程师驻厂辅导，多方协助供应商开展绩效改善。

【课后思考题】

1. 供应商选择应考虑哪些因素？
2. 如何对供应商进行考评？
3. 如何建立供应商合作伙伴关系？
4. 如何理解供应商动态管理？

实训任务

供应商选择

爱丽丝是库艾特克有限公司的一个分公司的采购代表，她和她的伙伴们负责公司中价值20000美元的原材料采购。其中管形材料是一种标准材料，如果不符合规格会引起设备故障并造成昂贵的组装线停工。金森是库艾特克有限公司现有的供应商，是过去10年来库艾特克有限公司的供应商之一，对爱丽丝而言是一个值得信赖的供应商伙伴，因为金森公司在产品质量方面值得信赖，送货承诺方面也做得很好。在对于交付承诺与实际接收的历史记录中，只有一次产品退回的记录。在现代采购理念中，许多系统正在逐渐地减少库存。一般都会选择离厂房很近的供应商，以尽量短的时间间隔直接把物品交付到使用地点。供应商金森对采购的及时观察和反馈节省了库艾特克有限公司相当大的一笔金额。在案例中，金森公司实际上代替了库艾特克有限公司执行了仓储职能。

现在库艾特克有限公司在采购70万美元的管形材料的新一轮订单中遇到了一些突如其来的问题。根据公司的年度报告，公司受到了市场价格下跌的诸多影响，因此采取降低成本的措施对公司来讲是至关重要的。在这期间公司希望能够成功地降低采购成本，实施一套集中采购的订货系统。在分公司需要的某型号管形材料的供应源中，又发现了一个新的可供选择的名为“迈特公司”的供应商。爱丽丝对该公司了解甚少，是完全陌生的供应商。之前没有过任何的历史记录，但是迈特提供的管形材料能够为采购商削减成本。面对如此现状，爱丽丝应该何去何从？是选择熟悉的金森还是选择承诺提供优等质量并以更低价格供应的迈特呢？

采购商从质量、价格、支付和服务等方面追踪考察供应商绩效。对金森的3年跟踪表明它是一个值得信赖的公司。本例中，爱丽丝认为金森公司有一个良好的供应商制度。又因为其销售代表能够在拜访中就一件不相关组件的库存过低问题而建议发出订单。这样的一系列行为为金森公司在诸多供应商中赢得了更多的青睐。对于新的供应商迈特公司，爱丽丝对其的了解仅仅限于知道它能够提供怎么样的产品，和它的生产源在3个分公司的所在地，价格更优于金森。在有限的时间内如何使采购方更了解这个“天外来客”呢？该供应商能满足采购方长期或短期的需求吗？能够积极地以采购方期望的方式来满足长期或短期的需求吗？对于这一系列问题，爱丽丝需要了解该供应商技术与工程能力、制造或分销能力、财务状况，以及管理状况等。

试根据以上材料，为爱丽丝设计供应商选择方案。

第7章　采购谈判

本章导读：采购谈判是妥善处理采供双方责任、权利和义务的重要过程。采购谈判前要做好充分的准备，做到知己知彼。遵循采购谈判的程序，就谈判内容反复磋商，谋求达成协议。谈判过程可以适当地运用一些谈判的技巧，促进谈判进行。

学习目标：理解采购谈判的目标；了解谈判准备阶段需要做的事情；掌握谈判的内容与程序；了解采购谈判策略和技巧。

引导案例

A公司的采购员和B公司的销售员在一次采购活动中的精彩较量。

A采购说："在所有的报价中，你们是价格量高的。"

（潜台词：虽然性价比不错，但价格一定有水分。）

B销售说："我们已经报的是最低价了，想着与你们初次合作，我才找领导批了这个低价。"

（潜台词：想吓我！我经常被采购吓唬，上次就吃过采购的亏。我才没有那么老实！）

A采购说："如果你们不能降价20%，我将选择其他家。"

（潜台词：其实10%也能接受，先杀他一下再说。）

B销售税："你饶了我们吧，怎么可能？"

（潜台词：可以给你降5%，但也不能说降就降。）

A采购说："你的产品只有在价格再降20%的情况下，我们公司才会考虑是否购买你们的产品。"

（潜台词：产品是要购买，降价才是硬道理，降多少无所谓，反正都是要降。）

B销售说："这样不行的，我们老总是不可能把这么高质量的产品，在这么低价的基础上再降价的。"

（潜台词：老总给我的提成不能在这里再减少了，最多降价不能超18%。）

最后经过几个回合的讨价还价和较量，A公司在原来价格上降低18%而购得该产品，B销售员也在不减少老总的提成的前提下，完成此次任务，可谓是双赢！

这样的故事每天都在发生，你来我往，深藏不露，又暗藏杀机。

（资料来源：刘志超. 采购与供应管理［M］. 广州：广东高等教育出版社，2011.）

7.1　采购谈判前期工作

采购谈判是指企业在采购时与供应商所进行的贸易谈判。良好的谈判是采购目标实现的重要影响因素。

采购谈判的前期准备阶段无疑是谈判中最重要的阶段之一，为一个重要的谈判花较长时间去准备是必要的，特别是对于高价值、高风险的关键型物品，而那些低价值、低风险的不重要的采购类型，准备阶段的时间可以大大减少。准备阶段一般包括确立采购谈判的目标、了解谈判的采购背景、了解市场信息、做好预测与分析，以及谈判人员安排等相关信息，并制订谈判策略。

7.1.1 确立采购谈判的目标

并不是每次采购都需要谈判，一般只有在采购涉及大量金额或技术，或其他重要条款需要协商、双方持续合作的需要，以及在提供产品、服务方面存在风险时，采购方与供应方才需要坐下来就具体事项商谈和协商。

采购谈判要实现的主要目标如下。

1. 降低采购成本

通过采购谈判可以以比较低的采购价格获取供应商的产品和服务，降低采购费用，还可以以比较低的进货费用获取供应商的交货，如时间、地点和运输方式等方面的不同选择就会直接影响采购的费用。

2. 保证产品质量

通过采购谈判可以争取保证产品质量。产品质量是采购最主要的谈判议题，在谈判过程中要尽可能地关注产品质量，让供应商确保产品的质量关，只有这样采购方才有可能获取可靠优质的产品。

3. 获取优惠

伴随着产品和服务的购买会有不同程度的优惠，如准时交货、免费送货、技术咨询、安装调试、现场指导和售后保障等。通过采购谈判尽可能地争取各方面的利益。

4. 希望在发生物资差错、事故或损失时获得合适的赔偿

当发生纠纷时，能够妥善解决，不影响双方的关系。采购过程中因双方谈判不同会出现事故带来的纠纷。如交货的延期、货品的丢失等纠纷，这最好通过采购谈判进行解决，达成共识，到出现事故时，有据可查，简约处理，这对采购谈判的双方都有利。

7.1.2 做好采购谈判前的准备

“凡事预则立，不预则废”，采购谈判也是如此，一场谈判是否能够取得圆满的结果，要依赖多方面的因素。准备工作做得如何，在很大程度上决定了谈判的进程及其结果，有经验的谈判者都十分重视谈判前的准备工作。一些规模较大的重要谈判，往往提前几个月或更长时间就开始着手做精心的准备。总体上讲，采购部门是否对谈判组织周密严谨，谈判前是否做了充分的准备，商品使用预测、供应商成本情况了解，以及有关的谈判背景、谈判内容、谈判的人员和分工等都需要提前考虑。

1. 预测

1）使用量预测。采购员要对企业本次采购需要量了解清楚，还要对未来需求量做出合理的预测。

2）什么需要供应商协助。预测在与供应商合作的过程中，哪些是需要供应商做的，比如质量要求、包装要求、运输要求及其他服务有什么特别要求。

3）掌握特殊重大事件，比如天气、灾害或罢工等对采购工作的影响。

4）价格趋势。谈判前尽可能去弄清楚对方商品或者服务等的价格水平，在了解的基础上，对对方的成本价格进行分析预测，了解其变化趋势。为制订采购底价奠定基础。

2. 学习

1）从企业过去采购的历史资料中学习产品的采购规格要求、数量及价格等，了解过去采购中有什么问题。

2）通过网络、电话访问和实地考察等途径开展供应商的调查，了解主流供应商的基本情况。

3）开展产品相关知识的学习，特别是如何清晰准确地描述规格。

4）对该产品的生产成本和价格资料进行收集与学习。

3. 分析

（1）采购优劣势分析

开展采购优劣势分析，分析双方优劣势，如表 7–1 所示。

表 7–1 采购优劣势分析

买方占优势	卖方占优势
1）采购数量占供应商的生产能力的比率较大	1）采购数量占供应商生产能力的比率较低
2）供应商生产能力的成长超过买方需求的成长	2）买方需求的成长超过供应商生产能力的成长
3）供应厂商生产能力利用率偏低	3）供应厂商生产能力利用率较高
4）卖方市场竞争激烈，而买方并无指定的供应来源	4）买方市场竞争激烈，而买方并无指定的供应来源
5）买方最终产品的获利率高	5）买方最终产品的获利率低
6）物料成本占产品售价的比率低	6）物料成本占产品售价的比率高
7）断料停工损失成本少	7）断料停工损失成本多
8）买方自制能力高，而且自制成本低	8）买方自制能力低，而且自制成本高
9）采用新来源的成本低	9）采取新来源的成本高
10）买方购运时间充足，而卖方急于争取订单	10）买方购运时间不充足，而卖方不急于争取订单

（2）成本分析

价格和成本实际上是每个谈判的核心要素。建立准确的成本模型有助于准确了解成本构成，这些信息在谈判中是非常有用的。一般来说，为了建立一个成本模型，必须了解价格与成本的关系，价格（总成本）主要由原材料的成本、直接劳动力成本、管理费用及利润构成。

可以要求供应商提供这种成本的细目，即使供应商照着做了，也要亲自评估和证实这些成本。也可以通过比较不同供应商的成本模型来推断较为真实的成本模型。

7.1.3 采购谈判要遵循的原则

为有效开展采购谈判，在谈判业务过程中，要把握以下几个基本原则。

1. 掌握谈判主题原则

采购谈判人员在采购谈判过程中要紧紧围绕预先设定的中心主题，抓住急需解决和确认的问题开展磋商，尽可能达成一致。谈判进入主题后，如果对方有意绕开则要适时进行引导，避免偏题带来时间与精力的浪费，有时更要避免钻入对方的圈套，不要舍本逐末。

2. 平等互利原则

谈判本身的特点要求参与各方遵循平等互利的原则。参与各方都能获得一定的利益，这既是谈判产生的动因，也是各方期待的目标，谈判不是一场球赛，非要争出个输赢不可。谈判中固然也有讨价还价，但那只是手段而不是目的。一次成功的谈判，各方都是胜利者。

3. 诚恳协商原则

在谈判中，谈判双方应在平等互利的基础上，经过相互充分协商，达成一致。但在实际谈判中，由于利益关系经常出现争议，有时谈判一方甚至采取强制、要挟和欺骗等手段，把己方意志强加于对方，这是不足取的。正确的做法是友好协商。无论是对方有无诚意，还是条款存在争议，只要有一线希望，遵循友好协商的原则都会促使谈判得到满意的结局。谈判往往是在冲突中实现各自的目标，因此切忌草率中止。

4. 最低目标原则

在谈判中，遵循最低目标原则是谈判获得成功的基本前提。也就是说，谈判双方在不违背总体经济利益的原则下，按照双方的意愿各自可做适当的让步。从心理学角度看，初次接触与合作，人们最忌讳的是过高的要求和苛刻的条件。只有在相互交往、加深了解之后，信任程度才会逐步加深，才能引发出诱人的合作前景。所以，谈判只要达到了最低目标就是成功的。

7.1.4 采购谈判议程与人员安排

所谓谈判议程，主要是说明谈判时间的安排和双方就哪些内容进行磋商。

1. 确定采购谈判议题

要进行一次谈判，首先就要确定谈判的主题，凡是与本次谈判相关的、需要双方展开讨论的问题，都可以作为谈判的议题。可以把它们一一罗列出来，然后根据实际情况确定应重点解决哪些问题。对于采购谈判来讲，最重要的也就是采购原材料的质量、数量、价格水平和运输等方面，所以应把这些问题作为谈判议题重点加以讨论。

2. 安排谈判时间

谈判时间的安排就是要确定谈判在何时举行，为期多久。若是系列的谈判需要分阶段进行的话，还应对各个阶段的谈判时间做出安排。一般来说，在选择谈判时间时要考虑下面几个方面的因素：一是准备的充分程度，要注意给谈判人员留有充分的准备时间，以防仓促上阵；二是要考虑对方的情况，不要把谈判安排在对对方明显不利的时间进行；三是谈判人员的身体和情绪状况，要避免在身体不适、情绪不佳时进行谈判。

3. 选择谈判队伍，确定分工

团队成员的选择取决于 3 方面：一是谈判的重要性和复杂性；二是谈判所需的专家意见和专业经验；三是取决于对方谈判团队的成员构成。一般团队成员应包含以下人员：首席代表、专业支持人员、熟悉采购的业务人员、精通经济法律的人员和记录人员等。

谈判团队成员应分别承担首席代表、“白脸”“红脸”“强硬派”和“清道夫”5 种角色分工，各自的责任如表 7–2 所示。

表 7–2 谈判角色职责表

谈判角色	责任
首席代表 由最具专业水平的采购经理或采购总监担任	在谈判中拥有领导权和决策权 指挥谈判 裁决与专业知识有关的事宜 精心安排小组中的其他人的工作
白脸 由被对方大多数人员所接受的人员担当	对对方的观点表示同情或理解 做出试图让步的姿态 给对方以安全感的假象，使他们放松警惕

（续）

谈判角色	责任
红脸 由让对方感到如果没有他（她）会比较容易达成一致的人员担当	必要时提出终止谈判 削弱对方提出的任何观点和论据 尽力暴露对方的弱点
强硬派 在每件事情上都采取强硬态度，使问题复杂	用延时战术来阻挠谈判进程 允许他人撤回已提出的未确定的报价 观察并记录谈判的进程 使谈判小组的讨论集中在谈判目标上
清道夫 将所有的观点集中，整体提出	设法使谈判走出僵局 防止讨论偏离主题太远 指出对方论据中自相矛盾的地方

4. 确定谈判地点

一般而言，谈判地点的选择无外乎有 3 种情况：己方所在地、对方所在地，以及双方之外的第三地。3 种地点选择各有利弊。

在己方所在地进行谈判的主要优点是：以逸待劳，无须熟悉环境或适应环境这一过程；随机应变，可以根据谈判形势的发展随时调整谈判计划、人员目标等；创造气氛，可以利用地利之便，通过热心接待对方，关心其谈判期间生活等问题，显示己方的谈判诚意，创造融洽的谈判氛围促使谈判成功。其主要缺点是：要承担烦琐的接待工作；谈判可能常常受己方领导的制约，不能使谈判小组独立地进行工作。

在对方所在地进行谈判的主要优点是：不必承担接待工作，可以全心全意地投入到谈判中去；可以方便实地考察对方的生产经营状况，取得第一手的资料；在遇到敏感性的问题时，可以推说资料不全而委婉地拒绝答复。其主要缺点是：要有一个熟悉和适应对方环境的过程；谈判中遇到困难时难于调整自己，容易产生不稳定的情绪，进而影响谈判效果。

在双方之外的第三地进行谈判，对于双方来说在心理上都会感到较为公平合理，有利于缓和双方的关系。但由于双方都远离自己的所在地，因此在谈判准备上会有所欠缺，谈判中难免产生争论，影响谈判的成功率。

7.2 采购谈判的内容与程序

7.2.1 采购谈判的内容

采购谈判是建立在双方的利益既有共同点又有分歧点的基础上的，既具有合作性又有冲突性，这种双重性必须结合具体的采购内容来进行有效的谈判。采购谈判内容主要包括产品质量、价格和交货期等内容的谈判。具体如表 7-3 所示。

表 7-3 采购谈判内容

采购谈判内容	具体说明
质量	产品的名称规格或图纸、产品所用材料的规格或标准、包装材料的要求、供应商出厂检验的标准和质量报告内容、采购方进货检验的标准、每批交货允许的次品率、目标次品率，以及拒收的条件和程序等
交货期	交货周期、供应商的安全库存量、订单周期、最小订单量、标准包装量、允许的订单数量的变动幅度和运输方式等

（续）

采购谈判内容	具 体 说 明
价格	产品单价货币种类、允许的汇率浮动幅度或汇率换算比例、折扣比例、价格条款、运费保险费、进口关税和付款条件等
包装	包装可分为“内包装”及“外包装”。内包装是用来保护、陈列或说明商品的，而外包装则用于仓储及运输过程中对商品的保护。采购人员应该选择外包装坚固、内包装精美的商品，并向供应商明确包装材料的要求
订货量	一般来说，在采购谈判时，可以只是透露小于实际的订购数量，后面谈好了价格再提高数量，获取折扣
折扣	折扣通常有新产品引进折扣、数量折扣、付款折扣、促销折扣、无退货折扣、季节性折扣及经销折扣等多种，有的供应商可能会以全无折扣作为采购的起点，有经验的采购人员会引述各种形态折扣，要求供应商让步
付款方式	付款方式通常包括预付款、货到付款等
送货条件	送货条件包括按指定日期及时间送货、免费送货到指定地点、负责装卸货并整齐码放，以及在指定包装位置上编好超市店内码（或印上国际条码）等
售后服务保证	对于需要售后维修的产品，采购人员应要求供应商提供1～3年的免费售后服务，并将保修卡放置在包装盒内，保修卡应标明本地的维修商地址及电话，并且今后一旦发生更换，供应商应在第一时间通知采购人员
退换货	由于供应商产品质量的问题、供应商的判断错误或供应商的业务人员的误导，造成买进的商品库存过高或商品滞销，要求供应商进行退换货

一般来说，凡是与本次采购相关的、需要双方展开讨论的问题，都可以作为洽谈的内容。采购人员可以把它们一一罗列出来，然后根据实际情况，确定应重点解决哪些问题。

7.2.2 采购谈判的程序

采购谈判的流程大体分为6步，如图7–1所示。

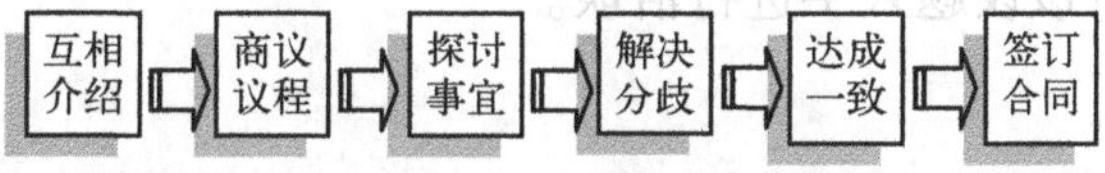

图7–1 采购谈判的流程

1）双方谈判小组成员互做介绍。

2）商议谈判议程和程序规则。

3）探讨谈判所涉及的范围，即双方希望在谈判中解决的事宜。

4）要谈判成功，双方需要达成一致意见的共同目标。在可能的情况下，双方需要确定并解决阻碍谈判达成共同目标的分歧。

5）达成一致。达成一致必须以声明的形式或其他行为的形式表示，并传达到供应商。

6）签订合同。买卖双方通过采购谈判，双方达成一致后，交易即达成。在物料交易过程中，一般都可通过书面合同来确认。由于合约双方签字后就成为约束双方的法律性文件，双方都必须遵守和执行合约规定的各项条款，任何一方违背合约规定，都要承担法律责任。因此，合约的签订也是采购谈判的一个重要环节，如果这一环节发生事故或差错，就会给以后合约的履行留下引起纠纷的把柄，甚至会给交易带来重大损失。只有对这一工作采取认真、严肃的态度，才能使整个采购谈判达到预期的目的。对这一环节工作的基本要求是：合约内容必须与双方谈妥的事项及其要求完全一致，特别是主要的交易条件都要订得明确和肯定。拟订合约时所涉及的概念不应有歧义，前后的叙述不能自相矛盾或出现疏漏差错等。

7.3 常用采购谈判的技巧

7.3.1 入题技巧

谈判双方刚进入谈判场所时难免会感到谨慎，尤其是谈判新手在重要谈判时往往会产生忐忑不安的心理。为此，必须讲究入题技巧，采取恰当的入题方法。

1. 迂回入题

为避免谈判时单刀直入，过于暴露，影响谈判的融洽气氛，谈判时可以采用迂回入题的方法，如先从题外话入题，从介绍己方谈判人员入题，从“自谦”入题或者介绍本企业的生产、经营及财务状况入题等。

2. 先谈细节，后谈原则性问题

围绕谈判的主题，先从洽谈细节问题入题，条分缕析，丝丝入扣，待各项细节问题谈妥以后，也便自然而然地达成了原则性的协议。

3. 先谈一般原则，再谈细节

一些大型的经贸谈判由于需要洽谈的问题千头万绪，双方高级谈判人员不应该也不可能介入全部谈判，往往要分成若干等级进行多次谈判。这就需要采取先谈原则，再谈细节的方法入题，一旦双方就原则问题达成了一致，那么洽谈细节问题就有了依据。

4. 从具体议题入手

大型谈判总是由具体的一次次谈判组成的，在具体的每一次谈判中双方可以首先确定本次会议的谈判议题，然后从该议题入手进行洽谈。

7.3.2 阐述技巧

谈判入题后，接下来就是双方进行开场阐述，这是谈判的一个重要环节。

1. 开场阐述的要点

开场阐述要点具体包括：一是开宗明义，明确本次会谈所要解决的主题，以集中双方的注意力，统一双方的认识。二是表明我方通过洽谈应当得到的利益，尤其是对我方至关重要的利益。三是表明我方的基本立场，可以回顾双方以前合作的成果，说明我方在对方所享有的信誉；也可以展望或预测今后双方合作中可能出现的机遇或障碍；还可以表示我方可采取何种方式为共同获得利益做出贡献等。四是开场阐述应是原则的，而不是具体的，应尽可能简明扼要。五是开场阐述的目的是让对方明白我方的意图，创造协调的洽谈气氛，因此，阐述应以诚挚和轻松的方式来表达。

2. 对对方开场阐述的反应

具体包括：一是认真耐心地倾听对方的开场阐述，归纳弄懂对方开场阐述的内容，思考和理解对方的关键问题，以免产生误会。二是如果对方开场阐述的内容与我方意见差距较大，不要打断对方的阐述，更不要立即与对方争执，而应当先让对方说完，认同对方之后再巧妙地转开话题，从侧面进行谈判。

7.3.3 提问技巧

通过提问的方式来摸清对方的真实需要，掌握对方心理状态，表达自己的意见观点。

1）提问的方式：婉转式提问，如“你为什么这么认为?”；探索性提问，如“如果我们……，你方会如何考虑?”；引导式提问，如“你是不是更喜欢…”；奉承型提问，如“你或许愿意与我们分享……”等。

2）提问的时机：在对方发言完毕时提问；在对方发言停顿、间歇时提问；在自己发言前后提问；在议程规定的辩论时间提问。

3）提问的其他注意事项：注意提问的速度；注意对方的心境；提问后给对方足够的答复时间；提问时应尽量保持问题的连续性。

7.3.4 答复技巧

答复不是一件容易的事情，回答的每句话都会被对方理解为是一种承诺，都负有责任。因此答复时应注意：不要彻底答复对方的提问；针对提问者的真实心理答复；不要确切答复对方的提问；降低提问者追问的兴趣；让自己获得充分的思考时间；礼貌地拒绝不值得回答的问题；找借口拖延答复等。

1）不要轻易承诺。“我要回去请示一下老板。”

2）含糊答复问题。“好像是这样。”

3）让自己获得思考时间。“这个问题等一下给你答复。”

4）礼貌拒绝不值得回答的问题。“先生真幽默。”

5）找借口拖延答复。“哦，老板叫我过去一下。”

7.3.5 还价技巧

1）还价要有弹性，开低走高。

2）欲擒故纵。价钱杀不下来索性不谈了，佯装结束谈判，借此迫使对方让步。

3）疲劳轰炸、死缠不放。不断唇枪舌剑磨价钱，谁能坚持谁就是最后的胜利者。

4）百般挑剔。即把产品数落一番，指出毛病一箩筐，借此挫伤供应商的士气，杀价目的或许可以实现。

5）博人同情。采购方有时可以利用本公司的一些困难或问题，博得对方理解，甚至是同情，从而达成目标。

6）循循善诱。即施以哄劝，希望供应商提供较便宜的价格，保证给他介绍大客户，予以利诱，使其立场软化，降低价格。

7）化零为整。采购人员在还价时可以将价格集中起来，化零为整，化大为小，这样可以在供应商心理上造成相对的价格昂贵感，以收到比用小数目进行报价更好的交易。这种报价方式的主要内容是换算成大单位的价格，加大计量单位。

8）善用高层。就是采购谈判人员应善用上级主管的议价能力。通常如果对议价的结果不太满意，采购人员可以请求高层采购经理邀约供应商的业务经理面谈，或直接由采购方的高层主管与对方的高层主管直接对话。因为，高层主管不但议价技巧与谈判能力高超，且社会关系及地位崇高，甚至与供应商的经营者有相互投资或事业合作的关系。

9）敲山震虎。在价格谈判中，巧妙地暗示对方存在的危机，暗示对方不利的因素，从而使对方在价格问题上处于被动，有利于自己提出的价格获得认同，这就是这种还价法的技巧所在。但必须“点到为止”，让供应商体会到采购方不是在幸灾乐祸，趁火打劫，这样有利于双方的合作，而且还价也就显得天经地义。

10）釜底抽薪。为了避免供应商在处于优势下牟取暴利，采购人员可以要求供应商提供所有成本资料。以国外货品而言，则请总代理商（供应商）提供一切进口单据，用来查核真实的成本，然后给予合理的利润作为采购的价格。

7.3.6 采购谈判需要注意的问题

在会谈阶段还应注意的问题是文化对采购谈判的影响，以及语言和肢体语言对采购谈判的影响。

1. 文化对谈判的影响

忽视文化因素对谈判影响是危险的，不管是国际采购谈判还是国内采购谈判，都需要考虑文化对谈判的影响。不同区域的文化及不同的文化背景在谈判中的差异是很大的，特别是有的文化是相互冲突或对立的，不要寄希望于其他文化和自己所处的文化是相同的，因此消除误解最重要的手段是去了解对方的文化。

2. 语言对谈判的影响

谈判过程中要正确使用语言，要做到以下几点。

（1）准确易懂

在谈判中，所使用的语言要规范、通俗，使对方容易理解，不至于产生误会。

（2）简明扼要，具有条理性

可以让对方迅速记住有特色的内容，及时把握要领，也不会使对方感到厌烦。

（3）第一次要说准

在谈判中，当对方要自己提供资料时，第一次要说准，不要模棱两可，当对资料不甚熟悉时，应延迟答复，避免脱口而出。

（4）语言要富有弹性

谈判过程中使用的语言应当丰富、灵活、富有弹性。对于不同的谈判对手，应使用不同的语言。如果对方谈吐优雅，我方用语也应十分讲究，做到出语不凡；如果对方语言朴实无华，那么我方用语也不必过多修饰。

3. 肢体语言对谈判的影响

任何沟通都由 3 部分构成：说什么、如何说，以及说话的时候如何表现。研究表明“说什么”对交流总体影响程度很小，“如何说”排在其后，“说话的时候如何表现”对沟通影响的程度最大。这包括所表现出的行为和态度的类型。例如，与强硬和傲慢态度相对照的可以是热情的、开放的、感兴趣的和友好的态度。很显然，谈判时的表现会很大程度上影响谈判能力。肢体语言是表现的最重要的部分，谈判时，它也有助于了解对方的感受或理解对方的所作所为。

【课后思考题】

1. 谈判工作开展前要做些什么准备？
2. 谈判一般分为哪几个阶段？各阶段的重点工作是什么？

3. 采购谈判主要围绕哪些方面内容来谈？
4. 结合实际，谈判中可运用的谈判技巧有哪些？
5. 谈判结束后的工作是什么？

实训任务

采 购 谈 判

意大利与中国某公司谈判出售某项技术采购。由于谈判已进行了一周，但仍进展不快，于是意方代表罗尼先生在前一天做了一次发问后告诉中方代表李先生："他还有两天时间可谈判，希望中方配合，在次日拿出新的方案来"。次日上午中方李先生在分析的基础上拿出了一套方案比中方原要求（意方降价40%）改善5%（要求意方降价35%）。意方罗尼先生讲："李先生，我已降了两次价，计15%，还要再降35%，实在困难"；双方相互评论，解释一阵后，建议休会下午两点再谈。

下午复会后，意方先要求中方报告新的条件，李先生将其定价的基础和理由向意方做了解释并再次要求意方考虑其要求。罗尼先生又讲中方要求太高。谈判到16:00时，罗尼先生说："我为表示诚意向中方拿出最后的价格，请中方考虑，最迟明天12:00以前告诉我是否接受。若不接受我就乘下午2:30的飞机回国。"说着把机票从包里抽出在李先生面前显了一下。中方把意方的条件理清后（意方再降5%），表示仍有困难，但可以研究。谈判即结束。

中方研究意方价格后认为还差15%，但能不能再压价呢？明天怎么答？李先生一方面与领导汇报，与助手及项目单位商量对策，另一方面派人调查是否有明天下午2:30的航班。

结果该日下午2:30没有去欧洲的飞机，李先生认为意方的最后还价及机票是在演戏，判定意方可能还有条件。于是在次日上午10点给意方去了电话，表示："意方的努力，中方很赞赏，但双方距离仍存在，需要双方进一步努力。作为响应，中方可以在意方改善的基础上，再降5%，即从30%，降到25%。"

意方听到中方有改进的意见后，没有走。只是认为中方要求仍太高。

（资料来源：www.58cyjm.com）

实训要求：

1）上述案例中，采用了一些什么谈判技巧，效果怎样？哪方做得好些？

2）分小组就上述谈判内容开展模拟谈判。

第 8 章　采购合同管理

本章导读：一份规范的采购合同能有效保障采供双方的权利，是解决采购纠纷的法律依据。在采购合同管理中要谨慎对待每一条款，开展好采购履行监控，做好采购合同的变更与解除，处理好采购合同的纠纷与索赔。

学习目标：了解采购合同的作用与签约时的注意要点；熟悉采购合同的组成与条款；掌握采购合同的管理；熟悉采购合同变更与解除的要求；掌握采购合同纠纷处理与索赔的流程。

引导案例

采购合同不足分析

某企业签订的某货物的采购合同中，“未按期交货的违约责任”条款如下所示，仔细研读，你觉得它有什么不足之处？

10.1 未按期交货的违约责任

10.1.1 如果乙方未能按合同规定的时间按时足额交货（不可抗力除外），在乙方书面同意支付延期交货违约金的条件下，甲方有权选择同意延长交货期还是不予延长交货期，甲方同意延长交货期的，延期交货的时间由双方另行确定。延期交货违约金的支付甲方有权从未付的合同货款中扣除。

10.1.2 如果乙方未能按合同规定的时间或双方另行确定的延期交货期按时足额交货（不可抗力除外），每逾期 1 天，乙方应向甲方支付逾期交货的违约金。逾期交货违约金的支付甲方有权从未付的合同货款中予以扣除。若乙方逾期交货达 30 天（含 30 天）以上的，甲方有权单方解除本合同，乙方仍应按上述约定支付延期交货违约金。若因此给甲方造成损失的，还应赔偿甲方所受的损失。

8.1　采购合同基础知识

采购合同是指出卖人转移标的物的所有权于买受人，买受人支付价款的合同。采购合同属于买卖合同的一种，是社会经济生活中普遍存在的合同之一，它是明确平等主体的自然人、法人和其他组织之间设立、变更或终止在采购物品过程中的权利义务关系的协议，是确立物品采购关系的法律形式。有时也称之为采购协议。采购人员应了解采购合同的主要条款，以利于采购谈判及合约的签订与管理。

8.1.1　采购合同签订的原则

签订采购合同时，要注意遵循以下几个原则。

1）合同的当事人必须具备法人资格。

2）合同必须合法。也就是必须遵照国家的法律、法令、方针和政策签订合同，其内容和手续应符合有关合同管理的具体条例和实施细则的规定。

3）签订合同必须坚持平等互利、充分协商的原则。

4）签订合同必须坚持等价、有偿的原则。

5）当事人应当以自己的名义签订经济合同。委托别人代签时，必须要有委托证明。

6）采购合同应当采用书面形式。

8.1.2　采购合同的作用

采购合同可以清楚记载双方的权利与义务，避免空口无凭。采购合同的作用主要有以下几个。

1. 可确定采购双方应履行的事项

采购行为若仅凭当事人的口头约定，则缺乏具体的凭据。一项交易行为，如其交易内容很单纯而在短时间内即可完成交货者，发生问题的可能性当然不多。但是交易条件繁杂而完成交易期限较长时，倘无书面的合同为凭，则双方对于彼此应履行的事项，可能发生认知上的差距，所以必须订立书面合同书，以确定双方的权利与义务。

2. 可作为解决采购纠纷的依据

合同内会明确规定采购双方间的权利与义务，以及发生纠纷的解决方法，所以一旦供应商不能依规定交货或双方履行合约行为发生差异时，便可根据合约书条文，迅速采取补救之道。

3. 可作为法律上的书面证据

采购行为发生纠纷，而采购双方未能协商解决必须诉诸法律诉讼方式时，除非合同内容违法者外，合同将优先被法院采纳为证明文件。

4. 可订立自治条款

国外采购，采购双方所涉及者，常是两个或两个以上不同国家的法律，并无统一的法律制度共同遵守，因此乃以当事人间所订立的自治条款为重要规律，作为履行合约的重要依据。比如指明诉讼的法院所在地。

8.1.3　采购合同签约时的注意要点

在合同管理过程中，采购合同签约前必须加强合同的审核，确保合同内容符合相关法律法规和企业需求，具体的注意要点如下。

1）企业对外发生采购行为，除即时结清方式外，其余均应当订立书面合同。

2）严格审核合同需求与国家法律法规、产业政策、企业整体战略目标的关系，保证两者协调一致。

3）考查合同是否以生产经营计划、物资需求等为依据，根据确定的供应商、采购方式和采购价格等情况拟订采购合同，准确描述合同条款，明确双方权利、义务和违约责任，按照规定权限签署采购合同。

4）合同文本必须由业务承办部门起草，法律部门审核；重大合同或法律关系复杂的特殊合同应当由法律部门参与起草；对于影响重大、涉及专业技术或法律关系复杂的合同，应当组织法律、技术和财会等专业人员参与谈判，必要时可聘请外部专家参与相关工作。

5）国家或行业有合同示范文本的，可以优先选用，但对涉及权利、义务关系的条款应当进行认真审查，并根据实际情况进行适当修改。

6）通过统一归口管理和授权审批制度，严格合同管理，防止通过化整为零等方式故意规避招标的做法和越权行为。

7）由签约对方起草的合同，企业应当认真审查，确保合同内容准确反映企业诉求和谈判达成的一致意见。特别留意“其他约定事项”等需要补充填写的栏目，如不存在“其他约定事项”时需注明“此处空白”或“无其他约定”，防止合同后续被篡改。

8）合同审核人员应当对合同文本的合法性、经济性、可行性和严密性进行重点审核。关注合同的主体、内容和形式是否合法，合同内容是否符合企业的经济利益，对方当事人是否具有履约能力，合同权利和义务、违约责任和争议解决条款是否明确等。

9）建立合同会审制度，针对影响重大或法律关系复杂的合同文本组织财会部、内部审计部、法律部及业务关联的相关部门进行审核，内部相关部门应当认真履行职责。

10）慎重对待审核意见，对审核意见准确无误地加以记录，必要时对合同条款做出修改并再次提交审核。

11）合同文本必须报经国家有关主管部门审查或备案的，应当履行相应程序。

12）严格规定各类采购合同及不同金额范围合同的签署权限，以免因权限不明晰而发生越权等行为，造成合同风险。

8.2 采购合同的内容

8.2.1 采购合同的组成

采购合同的订立是在交易双方自愿、互利基础上签订的，一经签订就具有法律效力，并受法律保护。采购合同作为一种经济合同，其内容一般包括：合同的标的，标的数量和质量，价款和酬金，履行的地点、期限和方式，违约责任，以及合约附则等。

采购合同一般由头部、正文、尾部和附则组成，具体组成如图 8-1 所示。

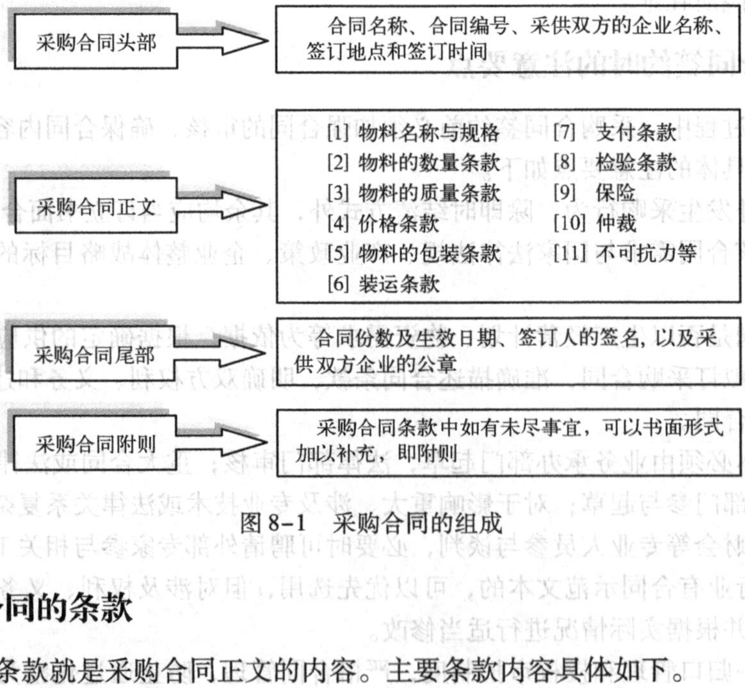

图 8-1 采购合同的组成

8.2.2 采购合同的条款

采购合同的条款就是采购合同正文的内容。主要条款内容具体如下。

1. 数量条款

数量是指采用一定的度量制度对物料进行量化，以表示出物料的重量、个数、长度、面积和容积等。

数量条款的主要内容包括交料数量、单位和计量方式。必要时还应清楚说明误差范围。

2. 质量条款

品质是指物料所具有的内在质量与外观形态的综合，包括各种性能指标和外观造型。

质量条款的主要内容有技术规范、质量标准、规格和品牌等。

3. 价格条款

价格是指交易物料每一计量单位的货币数值。

价格条款主要内容有价格术语的选用、货币类型、单价和总价等。

4. 包装条款

包装是为了有效地保护物料在运输存放过程中的质量和数量的要求，并利于分拣和环保，把物料装进适当容器的操作。

包装条款的主要内容有包装材料要求、环保要求、包装方式、包装费用和分拣运输标志等。

5. 装运条款

装运是指把物料装上运载工具并运送到交料地点。

装运条款的主要内容有运输方式、装运时间、装运地与目的地、装运方式，以及装运通知等。

在 FOB、CIF 和 CFR 合同中，供应商只需要按合同规定把物料装上船或其他运载工具，并取得提单就算履行了合同中的交料义务。提单签发的时间和地点即为交料的时间和地点。

6. 支付条款

支付是指采用一定的手段，在指定的时间和地点，使用确定的方式支付货款。

主要条款内容包括支付手段、付款方式、支付时间和支付地点。

7. 检验条款

在一般的买卖交易过程中，物料的检验是指按照合同条件对交货进行检查和验收，涉及质量、数量和包装等条款。

主要包括检验时间、检验机构、检验工具、检验标准及方法等。

8. 保险条款

保险是企业向保险公司投保，并交纳保险费，物料在运输过程中受到损失时，保险公司向企业提供经济的补偿。

条款的主要内容包括：确定保险类别及其保险金额，指明投保人并支付保险费。国际惯例，凡是按 CIF 和 CIP 条件成交的出口物料，一般由供应商投保；按 FOB、CFR 和 CPT 条件成交的进口物料由采购方办理保险。

9. 仲裁条款

仲裁条款以仲裁协议为具体体现，是指买卖双方自愿将其争议事项提交第三方进行裁决。

仲裁协议的主要内容有仲裁机构、适用的仲裁程序、适用地点和裁决效力等。

10. 不可抗力条款

不可抗力是指在合同执行过程中发生的、不能预见的、人力难以控制的意外事故，如战争、洪水、台风和地震等，致使合同在执行过程中被迫中断。遭遇不可抗力的一方可因此免除合同责任。

不可抗力条款的主要内容包括：不可抗力的含义、适用范围、法律后果，以及双方的权利义务等。

表 8-1 所示是一份采购合同范本。

表 8-1 采购合同（合同范本）

合同编号：

签订地点：

采购方（甲方）：

供应方（乙方）：

甲乙双方经过友好协商，确认下列条款，订立本合同。

第一条 标的名称、商标、型号、生产厂家、数量及金额

名　称	商标品牌	规格型号	生产厂家	数　量	单　位	单　价	金　额

共计金额（大写）：

第二条 质量标准

乙方保证，所提供产品的质量达到国家法律法规规定的标准、招标文件和乙方投标文件注明的技术标准，或合同注明的技术标准。

第三条 供货人对质量负责的条件及期限

1. 乙方承诺质量保证期：乙方提供的产品自通过甲方验收合格之日起，保修期为________年。

2. 在保修期内乙方负责对其提供的硬件设备、软件和系统进行维护或维修，不收取任何费用。保修期结束后乙方依然负责对所售产品进行维护或维修，其间产生的材料费用由甲方承担。在保修期结束后，若甲方要求进行升级或改造，乙方保证提供相应的服务，此项费用由甲方承担。

3. 如果乙方提供产品在保修期内出现质量问题，乙方收到甲方维护要求后，必须在 24 小时内做出响应，否则，甲方可自行组织维修，费用由乙方承担。上述维修乙方应该在 24 小时内解决问题，使其恢复正常使用，达到本合同规定的质量标准。

遇有严重技术问题，重大故障，需要现场维护，乙方应在________小时内到达甲方现场。

第四条 交（提）货时间

乙方于本合同签署之日起，在________日内，将甲方采购的物品全部送达甲方指定地点。

第五条 交（提）货地点、方式

交货地点：________________________。

乙方应在交货前　　日内，以电话或传真方式通知甲方，向甲方提供交货计划（内容包括合同号、设备名称、型号规格、数量、重量和体积的约数、交货时间、地点、运输安排），甲方应及时做好准备，办妥一切接货手续，在货物到达后________日内提运完毕。

第六条 检验方式及检验期限

1. 本合同所有物品运抵约定地点后，由甲方进行开箱检验，乙方负责提供必要协助。如发现残缺或损伤，应由乙方在 3 日内负责补足或更换，其相关费用由乙方负担。验收证实符合合同要求后，由甲方出具验收合格报告，视为乙方交付货物合格。

2. 货物验收标准。

（1）单证齐全：应有产品合格证（或质量证明）、使用说明、保修证明、发票和其他应具有的单证。

（2）质量符合合同约定的质量标准。

第七条 甲方就检验结果提出异议的期限

对货物外在表面质量异议期为甲方验收完毕后 1 个月内，对货物的内在质量异议期为甲方发现内在质量问题后 6 个月内。

第八条 采购产品的必备品、配件、工具数量及供应办法

必备品：

配件：

工具数量：

供应办法：

第九条 结算时间及方式

1. 预付款。甲方于本合同签署之日起，在________日内，将合同总成交价的________%，即人民币（大写：________________），作为预付款（必要时作为定金）支付给乙方。乙方在收到上述款项后，以传真方式向甲方确认。

（续）

2. 发货款。乙方按合同规定在发货时，将有关运输提单或自提单、商业发票、装箱单和质量证书，以可靠方式送递给甲方。甲方收到以上单据的次日起________日内，将合同总成交价的________%，即人民币（大写：________），作为发货款支付给乙方。乙方在收到上述款项后，以传真方式向甲方确认。

3. 交货款。在采购产品通过甲方的验收之后，甲方在________日内，将合同总成交价的________%，即人民币（大写：________），作为货款支付给乙方。乙方在收到上述款项后，以传真方式向甲方确认。

4. 质量保证金。甲方预留________%的合同款作为质量保证金，即人民币（大写：________），质量保证期满后返还。

5. 甲方和乙方应以书面方式相互通知各方的开户银行、账户名称等。开户银行的账号如有变更，变更一方应在合同规定的相关付款期限前10天内以书面方式通知对方，如未按时通知或通知有误而影响结算者应负逾期付款的责任。乙方应同时开具符合甲方要求的正规发票。

第十条 合同担保

本合同需提供担保，另立担保合同，作为本合同附件，或双方约定担保条款如下。

第十一条 违约责任

1. 甲方违约处理。

（1）如甲方不按照本合同第九条规定准时支付款项时，应从最迟付款日的次日起，每日向乙方偿付逾期付款总额的万分之________的违约金。此项违约金额以逾期付款总额的百分之________为限度。

（2）如因甲方原因致使设备安装顺延，乙方技术人员由此滞留在安装地点的一切费用均由甲方负责。

2. 乙方违约处理。

（1）乙方应按照合同要求如期交付货物，每逾期1日，应按照合同总价款的千分之一向甲方支付违约金，逾期超过________日的，甲方有权解除合同，乙方应退回甲方已付货款，向甲方支付总价款的________%作为违约金，并赔偿甲方的一切损失。

（2）乙方所交产品品种、数量、规格和质量不符合合同规定的，乙方应在接到甲方通知后3日内按照甲方要求维修、更换或者退货，承担由此而产生的实际费用，赔偿给甲方造成的一切损失，逾期则按照本条乙方违约责任的第（1）款规定承担违约责任。

（3）乙方提前交货的，需取得甲方许可，甲方提前接货后，仍可按照合同规定的交货时间付款。

（4）乙方交付的标的物，负有保证第三人不得向甲方主张任何权利的义务，否则应承担由此给甲方造成的一切损失。

（5）乙方应按照合同规定履行各项义务，如有违约，应赔偿由此给甲方造成的一切损失。

第十二条 争议解决方式

本合同在执行中发生争议或纠纷，甲乙双方应协商解决，协商不成时，可向甲方住所地人民法院提起诉讼。

第十三条 双方约定本合同生效、变更及解除的条件

甲乙双方约定，本合同自签字盖章之日起生效。合同的变更必须经过甲乙双方共同签字认可，并需要在合同更改的地方加盖公章后，才为有效变更。

甲乙双方的任何一方由于不可抗力的原因不能履行合同时，应及时向对方通报不能履行或不能完全履行的理由，在取得有关主管机关证明以后，允许延期履行、部分履行或者不履行合同，并根据情况可部分或全部免予承担违约责任。

第十四条 双方约定的其他事项

第十五条 在合同执行期间，如有未尽事宜，应由甲乙双方协商另订附则，附于本合同之内，所有附则在法律上均与本合同有同等效力。

第十六条 本合同一式四份，甲乙双方各执两份，同等有效。

供应方（公章）	采购方（公章）
地址：	地址
法定代表人：	法定代表人：
传真：	传真：
开户银行：	开户银行：
开户银行账号：	开户银行账号：
授权签字：________	授权签字：________
签订日期：	签订日期：

8.3 采购合同履行监控与违约处理

8.3.1 采购合同的履行监控

采购合同的履行监控是采购经理的重要工作之一。其目的主要有 3 个方面：促进合约的正常执行，满足企业的物料需求，保证合理的库存水平。

1. 监控内容

采购合同履行监控要注意以下内容。

1）在合同监控过程中，要注意供应商的质量和货期的变化情况。需要对合同的条款进行修改的，要及时提醒相关人员办理，以利于采购合同的履行。

2）注意把采购合同及各种经验数据分类保存。有条件的，可以采用采购管理信息系统进行管理，将采购合约进展情况录入信息系统中，借助计算机自动处理跟踪合同。

3）供应商的历史表现数据对采购合同的下达及跟踪起到重要的参考价值，因此采购经理应注意利用供应商的历史情况决定对其实施的过程办法。掌握供应商绩效数据的多寡是衡量采购主管经验水平的一个指标。

2. 监控措施

执行合同履行监控的具体措施如下。

（1）加强检查

强化对合同履行情况及效果的检查、分析和验收，全面适当地履行本企业义务，敦促对方积极履行合同，确保合同全面有效地履行。

（2）实施有效监控

对合同对方的合同履行情况实施有效监控，一旦发现可能违约或违约行为，应当及时提示风险，并立即采取相应措施将合同损失降到最低。

（3）合理处理合同问题

对于合同没有约定或约定不明确的内容，双方应通过协商对原有合同进行补充。无法达成补充协议的，按照国家相关法律法规、合同有关条款或者交易习惯确定。

对于显失公平、条款有误或存在欺诈行为的合同，以及因政策调整、市场变化等客观因素已经或可能导致企业利益受损的合同，应按规定程序及时报告，并经双方协商一致，按照规定权限和程序办理合同变更或解除事宜。

对方当事人提出中止、转让或解除合同而造成企业经济损失的，应向对方当事人书面提出索赔。

（4）加强合同纠纷管理

在履行合同过程中发生纠纷的，应当依据国家相关法律法规，在规定时效内与对方当事人协商并按规定权限和程序及时报告。

合同纠纷经协商达成一致意见的，双方应当签订书面协议；合同纠纷经协商无法解决的，根据合同约定选择仲裁或诉讼方式解决。

企业内部授权处理合同纠纷的，应当签署授权委托书。纠纷处理过程中，未经授权批准，相关经办人员不得向对方当事人做出实质性答复或承诺。

8.3.2　采购合同的变更与解除

现代商业环境要求企业能快速适应商业环境。因此，长期合同的各方可能需要变更或修改合同，以满足不断变化的商业需求。

其中一种选择是各方同意终止原合同并进入一个全新的合同。各方当事人在原合同下的权利终止，各方将只能够依照新的合同条款进行。

但这可能是昂贵的、耗时的和不切实际的。但凡涉及庞大而复杂的商业合同，当事人往往只希望改变某些条款，同时保留大多数原始条款。在这种情况下，更适合改变现有的合同，以落实各方的新的商业需求。

合同的变更有两种形式：合同条款的变更或工作范围的变更。后者是大多数人在使用该条款时会想到的。合同条款（或条件）的变更也被称为合同修订。其结果是一样的，双方在签署合同时同意和接受改变的条款。

当一方要求变更或解除合同时，在新的协议未达成之前，原合同仍然有效。但要求变更或解除合同的一方应采取书面形式及时通知对方，对方在接到通知后 15 日内（另有规定或当事人另行商定期限者除外）予以答复，逾期不答复的视为默认。

变更或解除合同的日期，以双方达成协议的日期为准，需报经上级主管部门批准的，以批准的日期为准。另外，签订合同有笔误需要修正的，需经双方协商同意后才生效。

8.3.3　采购合同纠纷处理流程

所有合同，无论写得多么详细，准备得多么充分，仍会很容易发生某种形式的纠纷和分歧。事实上，想要预见到买卖双方可能发生的每个分歧之处来达成谈判是不可能的。总的来说，合同的性质越复杂，涉及金额数目越大，越有可能在将来因为解释合同中的术语和条件意见不同而发生纠纷。因此，采购主管必须要预见这些冲突发生的潜在因素，并在冲突发生时做好采取适当的解决办法的准备。

因采购合同具体条款的解释或合同履行产生争议时，一般可采取以下 4 种处理方法解决纠纷：与供应商协商解决、请第三方协调解决、由仲裁机构进行仲裁，以及通过法律途径解决。

采购合同纠纷首先应通过协商解决。如友好协商、第三方协调不能解决时，合同的任何一方可将争议提交本地仲裁委员会，并由该委员会依照相关仲裁规则进行仲裁。关于仲裁的受理机构，国内的由工商行政管理局设立的经济合同仲裁委员会仲裁管理；涉外的由中国国际贸易促进委员会附设的对外经济贸易仲裁委员会和海事仲裁委员会受理。一般仲裁的程序为提出仲裁申请、立案受理、调查取证、先行调解和开庭裁决。

进行仲裁期间，除争议事项外，采购人员应通过洽谈等方式督促双方继续履行各自本合同中规定的义务和权利，确保损失的最小化和权益的最大化。根据仲裁的结果判断本企业的合法权益是否得到有效维护，在考虑机会成本较低的情况下，可以选择向人民法院提起诉讼，以维护我方的合法权益。

具体采购合同纠纷处理的流程如图 8-2 所示。

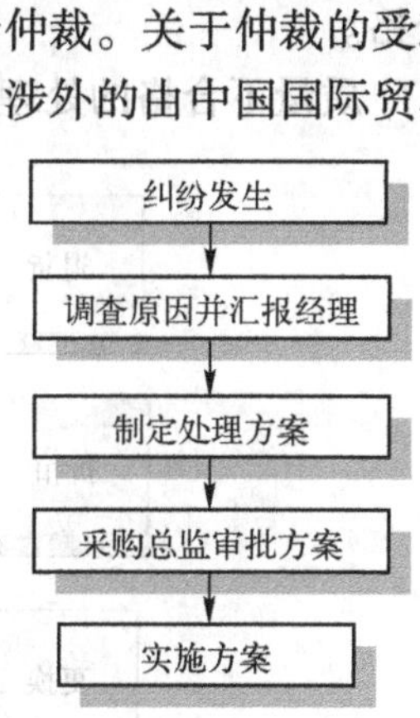

图 8-2　采购合同纠纷处理的流程

采购人员发现供应商违约行为或接到供应商违约通知后，应立即向采购经理汇报，并进行原因调查。确认纠纷情况和违约行为后，采购部应制订相应的处理方案交给采购总监审批。经采购总监批准后，采购人员实施处理措施。对于因双方争议而无法执行处理的情况，采购部应立即通知法律部进行协助处理。采购部会同法律部共同制订采购合同纠纷的法律处理措施，并提交采购总监和总经理审批后执行。

8.3.4 采购合同纠纷处理措施

采购合同纠纷的处理措施在具体的纠纷下会有所不同，分类表述如下。

1. 本企业货款支付不及时处理带来的纠纷

逾期未付的表现：在接到供应商的逾期未付款通知后，采购部人员应立即查阅采购合同条款，确认超过付款期限后向财务部门汇报，并证实未付货款。货款支付不及时的处理措施如下。

1）若查明原因为商业汇款延误造成的，应由采购部人员立即与供应商进行沟通，并向其出示汇款凭证。

2）若确认为逾期未付款项，则应按照合同条款偿付对方相应的违约金。

2. 供方未按时交货的纠纷处理

在合同约定收货日期的24时之前，没有收到供货方的相关货物到达的信息，即视为没有按时交货。这种情况的处理应按照以下4点进行。

1）通知供应商按合同支付逾期交货违约金。比如合同规定供应商应从最迟交货日的次日起，每逾1日，应按逾期交货价款总值的5‰计算，且供应商所支付逾期交货违约金应不超过采购合同总金额的10%。

2）若在规定的交货日期后宽限期内仍未能接收到货物，则视为发货方不能交货，采购方有权要求发货方赔付全部货款合同规定比例的违约金。

3）支付逾期交货违约金并不免除供货方交货的责任及合同所规定的其他各项义务。

4）供应商应承担因交货不及时导致我方人员滞留在交货地点的一切费用。

3. 采购物资质量不合格的纠纷处理

在质量保证期内，采购物资存在规格、型号等与合同不符，或证实物资有缺陷，包括潜在的缺陷或不符合质量标准的部件等，均认定为质量不合格。供应商在收到本厂要求更换有缺陷物料的通知后在规定日期内，没有补足或更换设备、或交货还不符合要求，也视为质量不合格。

质量不合格的处理措施如图8-3所示。

退货	◎ 退货，供应商应将实际发生的货款退还本企业，并承担由此发生的一切损失和费用
折扣	◎ 根据货物、物料低劣程度、损坏程度，以及造成损失的金额，通过协商，降低供应商物资的供货价格，给予本企业一定的折扣
更换	◎ 在质量保证期内更换部件、修补缺陷，要求供应商用符合规格、质量和性能要求的新部件、零件或设备更换有缺陷的部分和修补缺陷部分，供货方需承担一切费用和风险。同时，应相应地延长质量保证期

图8-3 质量不合格的处理措施

4. 违反保密义务的纠纷处理

承担保密义务的一方，在双方约定的范围和时间内没有履行采购合同中所列的保密条款，由于故意或过失的原因导致相关秘密事项的泄漏，均视为违反保密义务。如果发生违反保密义务的纠纷，应采取以下处理措施。

1）机密泄漏给对方带来直接损失或可衡量的间接损失时，义务承担方应向权利方支付相应损失的赔偿金，并立即采取措施停止对权利方的继续侵害。

2）义务承担方应及时对泄密人员进行内部纪律处分，并将处分情况及时告知权利方。

5. 不可抗力造成的纠纷处理

采购合同中的不可抗力是指本合同生效后，发生不能预见并且对其发生和后果不能防止或避免的事件，具体包括以下 3 类内容：自然灾害，包括地震、台风、水灾等；人为因素，包括火灾、战争等；其他不可预见且避免的事故。

不可抗力引发的纠纷处理措施如下。

1）发生不可抗力的一方应立即通知对方，并在 15 天内提供不可抗力的详情及有关证明文件。

2）发生不可抗力事件时，合同双方通过协商的途径制订合理的解决方案，并尽一切努力减轻不可抗力产生的后果。

3）不可抗力事件持续达到 15 天时，合同双方应尽快协商解决本合同是否继续执行或终止的问题。

8.3.5 采购索赔

1. 明确产生索赔的原因

在采购合同履行的过程中，若发生供应商违约的情况且给采购方造成经济损失的，采购人员可根据具体情况和合同约定向供应商提出索赔。具体的索赔原因主要包括以下几种。

1）供应商的品质达不到正常使用要求，导致采购方不得不安排人员进行全检挑选，或者导致采购方组装后的半成品需返工或报废的。

2）供应商不能在规定的时间内交货，致使采购方不能在客户要求的期限内交货而导致遭受客户罚款或丧失最佳的市场机会的。

3）供应商的原材料或零件的隐含缺陷在交到客户或消费者手中后才暴露，而导致客户逐步取消订单或逐步丧失市场份额的。

4）供应商的原材料或零件（如电源线等）不能满足安全要求，在消费者使用时发生火灾、水灾和触电等恶性事故而致使消费者的财产受到严重损失或人身安全受到损害的。

2. 确定赔偿额

赔偿额的确定原则有 3 点，采购人员应灵活掌握。

1）以供需双方约定的违约金为准，或按供需双方约定的违约赔偿额的计算方法确定。

2）企业按实际损失要求违约方承担赔偿责任，赔偿额不应超过违约方订立时预见到或应当预见到的因违约可能造成的损失。

3）一方违约后，另一方知道却不采取适当措施，致使损失扩大的，不得就扩大的损失要求赔偿。因防止损失扩大而支出的合理的费用，由供应商承担。

3. 明确理赔方式

采购人员可要求供应商通过以下 3 种方式进行赔偿。

1）将赔偿金转换为等值的采购方购买的物料，发送给采购方。

2）从供应商的货款中扣除。

3）供应商直接将赔偿金交付给采购方。

4. 索赔通知与协商

发生索赔情况，采购人员可制作索赔通知，并通过适当的方式传达给供应商，并就赔偿额、赔偿方式等进行协商。双方协商一致后，依据相应财务手续办理索赔，并做好记录。以下是一份索赔通知单范例。

索赔通知单范例

××公司：

本公司于________年________月____日向贵公司采购下列货品，因□交期延迟 □品质不良，造成本公司蒙受________________元的损失，兹提交 □损失计算表一份，□品质检验报告一份，□本公司客户索赔函复印件一份，连同原采购合同复印件一份，望贵公司给予谅察赔偿，敬请贵公司同意。

□以________个月期票支付

□由其他货款中扣除

□以现金支付

××股份有限公司

年　　月　　日

【课后思考题】

1. 你认为采购合同的作用及主要条款有哪些？
2. 简述采购合同履行监控的过程。
3. 采购合同发生争议时有几种处理方式？
4. 采购合同签约时重点应该注意什么？

实训任务

任务1：合同纠纷案例分析

湖南省某实业有限公司（简称湖南公司）到四川收购了一批干辣椒，价值5万元，准备用于出口。因收购时没有组织好运输，故在当地与四川省某储运公司（简称四川公司）签订了仓储合同，约定湖南公司将这批干辣椒在四川公司仓库中存放7天（8月20日至26日），待原告派车来运。湖南公司支付了仓储费后即回去组织车辆来运。8月23日，四川公司仓库因电线老化，雷击起火，致使湖南公司装在麻袋中的干辣椒被火烧掉近一半。四川公司工作人员在废墟中将剩下的干辣椒清理出来，堆放在露天里就各自回去睡觉了。半夜忽然下起了暴雨，装辣椒的麻袋经过火灾后很不结实，有的干脆散放在地上，经暴雨一冲，且在雨水中浸泡了7个多小时，第二天四川公司工作人员上班时，干辣椒已面目全非，根本不能食用了。四川公司见此情景，遂以发生火灾为由拍电报给湖南公司，要求湖南公司来人处理。湖南公司来人了解情况后，要求四川公司赔偿损失，四川公司以不可抗力为由拒绝赔偿。于是湖南公司诉诸法院，请求法院依法裁决。

要求分析如下问题。

1）本案中的火灾与暴雨是否分别构成不可抗力？请说明理由。

2）不可抗力发生后双方当事人享有哪些权利？应承担哪些义务？

3）本案应如何处理？

任务 2：采购合同纠纷处理

1. 实训目标

能熟练运用互联网搜集采购合同纠纷资料和素材，培养较好的采购纠纷问题分析能力和总结能力。

2. 实训任务

1）收集相关采购合同纠纷资料和素材。

2）熟悉采购合同内容与条款。

3）分析纠纷发生的种类和原因。

4）总结实际工作中如何避免类似事情的发生。

3. 实训步骤

1）学生分组：每 5 人为一个项目小组，每个小组选一位小组长。

2）制作 PPT。

3）各小组派一位代表上台讲解本组收集的案例及纠纷解决的思路、步骤和结果。

4）教师对各组的任务完成情况进行点评及总结。

4. 实训考核

根据各小组任务完成结果的规范性和准确性评定各组任务的完成情况，作为课程的平时成绩。

第9章 采购价格与成本管理

本章导读： 采购部相关人员必须进行必要的采购价格调查，经常分析或收集资料，明确采购物资的实际成本，以确定采购价格。能够运用某种信息收集方式全面了解采购价格，具备采购成本分析及有效降低采购成本的能力。

学习目标： 了解采购价格的种类和影响采购价格的因素；会科学开展采购价格决策；熟悉采购成本的构成，掌握成本分析方法；熟悉降低采购成本的途径与方法。

引导案例

SW 公司采购成本的劣势

在供应商管理方面，SW 公司没有建立基于事实和数据的供应市场分析方法，获取潜在供应商信息的渠道较为狭窄。同时也没有一套成体系的方法对供应商加以评估，供应商资格认证的评审依据不充分，供应商的认定有时只凭领导意志决定，供应商管理更多的是基于个人关系而不是客观的评估程序。缺乏对主要供应商的管理能力，当供应商流失或变更时不能主动应变。没有与关键供应商达成深层次的合作关系，不注重长期供应商的关系管理，采购过程中只注重谈判、比价和压价，缺乏从关注谈判向建立战略合作伙伴关系转变，更没有从一味压价向建立双赢机制转变。与大部分供应商的沟通与合作尚停留在交易层面，缺乏对供应商的评估体系，也没有建立基于评估结果的供应商激励机制（如供货量的重新调整）和淘汰机制。极少为供应商提供增值机会来实现长期合作。

零部件采购成本偏高。零部件采购跨越产品的开发、研制、批量生产和成熟退出等阶段。但是，零件众多、供应商、货号变化、成本变化，以及供应数量的因素，增加了零部件采购成本管理的难度，致使零部件采购成本偏高。

采购的商品非最低性价比。在采购过程中，采购部门能够对各个供应商的报价进行充分了解及掌握，力争采购到价格最低的商品。但是，在保证价格低的情况下，不能保证质量，采购部门往往处于价格和质量的两难之中，往往采购到的商品不能够达到最佳性价比。

针对 SW 公司的问题，你觉得该公司应做哪些方面的改进呢？

（资料来源：梁雯，叶春森．采购管理［M］．合肥：合肥工业大学出版社，2013.）

9.1 采购价格概述

采购价格是指采购适当价格，即在既定物料品质、交期或其他条件下，所能得到的最低价格。采购价格的高低直接关系到企业最终产品或服务价格的高低，因此，在满足其他条件的情况下，力争最低的采购价格是采购员最重要的工作。

供应商的价格是由其成本与利润构成的。供应商成本是指提供产品或服务的成本。它包括原材料、劳动力和一般管理费用分摊等成本。将供应商的利润加入其中就得出采购价格。

9.1.1　采购价格的种类

依据不同的交易条件，采购价格会有不同的种类。一般有：到厂（送达）价、现金价、出厂价、毛价、净价、期票价、现货价和合约价等。

1. 到厂（送达）价

到厂价是指供应商的报价，负责将物品送达采购方的工厂或指定地点，其中所发生的各项费用全部由供应商承担。以国际贸易而言，即到岸价（FOB）加上运费（包括在出口供应商所在地至港口的运费）和货物抵达采购方仓库之前的一切运输保险费。其他还有进口税、银行费用、利息及报关费等。这种到厂价通常由国内的代理商以人民币报价方式（形成国内采购）向外国原厂进口货品后，再售予采购方，一切进口手续都由代理商办理。

到厂价 = 到岸价(FOB) + 运费 + 运输保险费 + 进口税 + 银行费用、利息及报关费

2. 现金价

现金价是以现金或相等的方式（如电汇 T/T 或即期信用证 Sight L/C）支付货款。但是“一手交钱，一手交货”的方式并不多见。现金价可使供应商免除交易风险，采购方享受现金折扣。例如若交易条件为 10/2 ，即表示 10 天内付款可享受 2 % 的折扣。

3. 出厂价

出厂价是指供应商的报价不包括运送责任，即由采购方雇用运输工具，前往供应商的制造厂提货。该情形通常出现在采购方拥有运输工具或供应商加计的运费偏高时，或当处于卖方市场时，供应商不再提供免费的运送服务。

4. 毛价

供应商报价非特殊强调都是毛价，包含税。有些产品若有特殊用途，国家政策可以免税，如工业用空调。

5. 净价

净价是指采购方不再支付任何货款以外的交易费用。例如在采购方的信用证条款中，通常会载明 All banking charges outside China are for seller's account；另外供应商有时也以货价为其净收入，不支付额外费用，因此在其报价单上会载明 The above offered price is FOB net without any commission or rebate。

6. 期票价

期票价即采购方以期票或延期付款的方式来采购物品。通常供应商会加计延迟付款期间的利息于售价中。如果供应商希望取得现金周转，会将加计的利息超过银行现行的利率，以迫使采购方舍弃期票价而取现金价。

7. 现货价

现货价是指每次交易时，由供需双方重新议定价格，若有签订买卖合约，以完成交易后即告终止。在众多的采购项目中，采用现货交易的方式最频繁，买卖双方按交易当时的行情进行，不必承担预立契约后价格可能发生巨幅波动的风险或困扰。

8. 合约价

合约价是指买卖双方按照事先议定的价格进行交易，合约价格涵盖的期间依合约而定，短则几个月，长则一两年。由于价格议定在先，经常造成与时价或现货价的差异，引起买卖时发生利害冲突。因此，合约价必须有客观的计算公式或定期修订，才能维持公平、长久的买卖关系。

9.1.2 影响采购价格的因素

各种各样的因素影响供应商的定价决策，其中主要因素如表9-1所示。影响采购价格的因素也会随着采购对象、时间等的不同而变化，因此采购人员需要找出主要因素，并且尽可能地预测趋势如何变化。

表9-1 影响供应商定价的因素

主要因素	具体描述
供应商成本	这是影响采购价格的最根本、最直接的因素。供应商将花费多少钱提供产品或服务，这包括原材料、劳动力及间接费用分摊等成本
供求关系	当市场上某种商品供不应求时，价格上涨；供过于求时，价格下降
竞争状况	如果处于竞争激烈的市场，价格的高低可能更多地取决于竞争对手的价格水平
生产季节与采购时机	当企业处于生产的旺季时，对原材料需求紧急，在此不得不承受更高的价格。避免这种情况的最好办法是提前做好生产计划，并根据生产计划制订出相应的采购计划，为生产旺季的到来提前做好准备
规格与品质	价格的高低与采购材料的品质也有很大的关系。如果采购物料的品质普通或质量低下，供应商会主动降低价格，以求赶快脱手
交货条件	交货条件也是影响采购价格的非常重要的因素，交货条件主要包括运输方式、交货期的缓急等。如果货物由采购方来运输，则供应商就会降低价格，反之就会提高价格
付款条件	在付款条件下，供应商通常都规定有现金折扣和期限折扣，以刺激采购方能提前取货或现金付款
采购数量	如果采购数量大，就会享受供应商的数量折扣，从而降低采购的价格。因此，大批量、集中采购是降低采购价格的有效途径

9.1.3 采购价格决策的过程

1. 采购价格调查

在大型企业里，原材料的种类不下万种，但限于人手，要做好采购价格调查并不容易。因此，企业要了解“帕累托定律”里所说的“重要少数”，选定主要原材料20～30种、属于大量采购项目的常用材料，以及器材等影响经济效益深远的开展价格调查。

（1）通过常用的渠道收集价格信息

- 杂志、报纸等媒体。
- 信息网络或产业调查服务业。
- 供应商、顾客及同业。
- 参观展览会或参加研讨会。
- 加入协会或公会。

（2）处理调查资料

将采购市场调查所得资料加以整理、分析与检讨。在此基础上提出报告及建议，即根据调查结果，编制材料调查报告及商业环境分析，对本企业提出有关改进建议（例如提供采购方针的参考，以求降低成本，增加利润），并根据科学调查结果，研究更好的采购方法。

2. 预估底价

所谓底价，是指采购物品时打算支付的最高价格。

（1）制订底价的益处

制订底价以作为决定采购价格的依据，可以获得以下益处。

- 控制预算。采购项目所制订的底价，依据行情资料，且不能超过预算。由于采购项目通常在底价以下决定，预算自然得到控制。
- 防止围标。如果采购项目不制订底价，只以报价最低者即委以交货或承包工程。报高价的结果，其损失将无法计算；而低价的结果，将使物料或工程品质降低，延期交货也难以避免。
- 提高采购作业效率。有了底价，采购人员在询价时即有所依据。只要是在底价以下的最低报价，即为得标供应商，采购人员即可依照有关手续签约订购；若无底价作为规范，则采购人员必须不断议价，因此也会影响订约交货的时效。

(2) 采购底价的制订方式

底价的制订，不能单凭主观印象或以往的底价，这样既不客观也不合理。采购者可以应用价格分析或成本分析来确定底价。成本分析确定底价可以通过收集的资料数据自行计算得到，也可以请专业人员进行底价估算工作。

为更好地理解成本分析预估底价方法，现举例如下。

某产品材料的需要量 M：钢板 = 0.2 kg，材料的单价 a(单价) = 100 元/kg，t(生产标准时间) = 0.03 小时，b(单位时间的工资率) = 800 元，C(单位时间的费用率) = 600 元，r(生产该产品预期利润率) = 8%，d(修正系数,如为了急订单加班、连夜赶工等) = 6%，则该产品底价应为多少?

计算：$P = C + F$（预期利润）

$$C = M \times a + (b + c)(1 + d)$$

$$F = C \times r$$

该产品底价 $P = C + F = C \times (1 + r)$

$= (M \times a + (b + c)(1 + d))(1 + r)$

$= (0.2 \times 100 + 0.03 \times (800 + 600) \times (1 + 0.06)) \times (1 + 0.08)$

$= 69.68$ 元。

3. 采购定价

采购定价主要经历询价、比价、估价和议价等阶段，具体如图 9-1 所示。

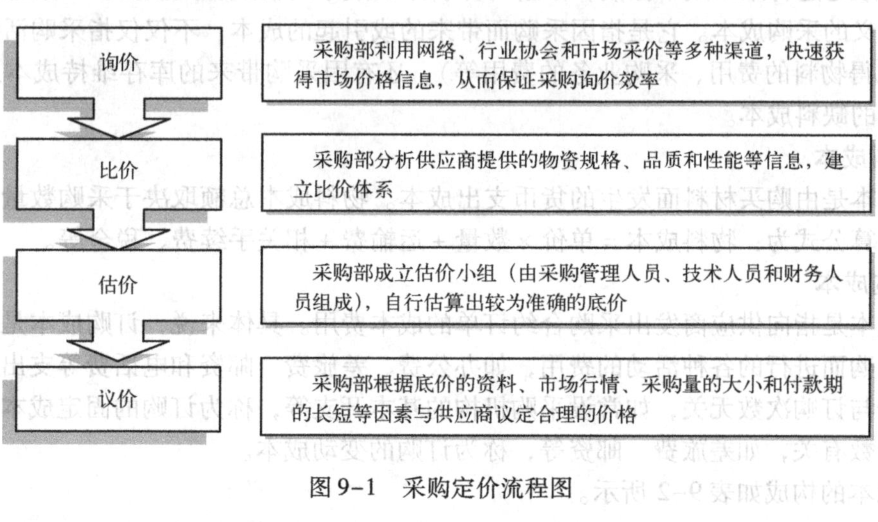

图 9-1　采购定价流程图

9.1.4 采购价格决策时应注意的问题

企业采购部、财务部及产品管理部等相关部门应共同建立健全采购定价机制，在价格决策时，应注意以下一些问题。

1）采取协议采购、招标采购、询价及比价采购，以及动态竞价采购等多种方式，科学合理地确定采购价格。

2）对标准化程度高、需求计划性强、价格相对稳定的物资，通过招标、联合谈判等公开的竞争方式与供应商签订框架协议。

3）采购部应当定期研究大宗通用重要物资的成本构成与市场价格变动趋势，确定重要物资品种的采购执行价格或参考价格。

4）建立采购价格数据库，定期开展重要物资的市场供求形势及价格走势商情分析。

5）建立严格的询价议价体系，确保采购谈判过程中确定合理的采购价格。

6）处理好质量与价格的关系，将商品的价格同商品的服务、运输条件、结算条件和品牌价值等综合考虑。

9.2 采购成本分析

采购价格和成本这两者之间的区别明显。价格指的是卖方给买方提供一系列收益而向买方收取的费用。成本指的是买方组织为了获得所购买的商品或服务而支付的费用。成本常常不只是支付给销售商的采购价格，还包括一系列与购买、安装、维护、运营、保险及处置相关的成本。此外还值得注意的是，销售商也是有成本的，即在生产和供应商品与服务时，他们所投入的资金和资源。因此，通常情况下，采购方不会期望购买价格等同于商品的生产成本，否则供应商就没有利润可言了，也就无法生存下去了。

9.2.1 采购成本构成

为了有效地进行采购成本控制，了解与分析采购成本的构成至关重要。一般意义上，主要分析的是狭义的采购成本。它是指因采购而带来的或引起的成本，不仅仅指采购活动的成本费用（包括取得物料的费用、采购业务的费用等），还有因采购带来的库存维持成本及因采购不及时而带来的缺料成本。

1. 物料成本

物料成本是由购买材料而发生的货币支出成本。物料成本总额取决于采购数量和单位。

它的计算公式为：物料成本 = 单价 × 数量 + 运输费 + 相关手续费、税金等。

2. 订购成本

订购成本是指向供应商发出采购合约订单的成本费用。具体来说，订购成本是指企业为了实现一次采购而进行的各种活动的费用，如办公费、差旅费、邮资和电话费等支出。订购成本中有一部分与订购次数无关，如常设采购机构的基本开支等，称为订购的固定成本；另一部分与订购的次数有关，如差旅费、邮资等，称为订购的变动成本。

订购成本的构成如表 9-2 所示。

表 9–2　订购成本的构成

	分　类	成 本 构 成	解　释
订购成本	订购变动成本	采购手续费	如人工费用、通信联络等
		验收费用	验收人工费、检验仪器租用和折旧费
		进库费用	装卸搬运等
		采购过程中的费用	如估价、询价、招标和谈判等费用
	订购固定成本	订购固定成本	如常设采购机构的基本开支等

3. 商品维持成本

商品维持成本是指为保持商品在一定的数量上而发生的成本，它可以分为固定成本和变动成本。固定成本与存货数量的多少无关，如仓库折旧、仓库员工的月工资等仓储费用；变动成本与持有数量的多少有关，如资金占用费（物料资金的应计利息）、折旧与损耗（物料的破损和变质损失）和物料的保险费用等。

4. 缺货成本

缺料成本是指由于物料供应中断而造成的损失，包括停工待料损失、延迟发货损失和丧失销售机会损失，还包括商誉损失，如果损失客户，还可能给企业造成长期损失。

（1）保险存货成本

许多企业都会考虑保持一定数量的保险存货，即缓冲存货，以防在需求提前等情况下的不确定性。但是困难在于确定需要多少保险存货，保险存货太多意味着多余的库存，而保险存货不足则意味着断料、缺货或失销。

企业保持保险存货是为了在需求率不规则或不可预测的情况下有能力供应。准备这些追加存货时要不失时机地为生产及内部需要服务，以保证企业的长期效益。

保险存货维持成本的计算有两点需要指出：保险存货的风险大，储存成本高；保险存货水平的决策涉及概率分析。

（2）延期交货成本

延期交货可以有两种形式，或者缺货可以在下次规则订货中得到补充，或者利用快速延期交货。如果经常缺货，客户可能就会转向其他企业。如果缺货延期交货，就会发生特殊订单处理和送货费用。由于延期交货经常是小规模装运，可能需要利用快速和昂贵的运输方式运送延期交货的货物，送货费用相对要高。因此，延期交货成本可根据额外订单处理费用和额外运费来计算。

（3）失去客户成本

尽管一些客户可以允许延期交货，但是仍有一些客户会转向其他企业。当一个企业没有客户所需的货物时，客户就会从其他企业订货，在这种情况下，缺货就会导致失销。对于企业的直接损失是这种货物的利润损失。这样，可以通过计算这种货物的利润乘以客户的订货数量来确定直接损失。

除了利润的损失，还包括当初负责这笔业务的销售人员的人力、精力浪费等，这就是机会成本损失。这种损失有时很难估计，因为很难确定在一些情况下丧失销量的总的数量。如许多客户习惯电话订货，只是询问是否有货而未指出要订多少货，如果这种产品没有货，客户就不会说明需要多少，对方也就不会知道损失的总量，也很难估计一次缺货对未来销售的影响。

除了利润损失，还有由于缺货造成的信誉损失。信誉在采购成本控制中常被忽略，但它对未来销售及客户经营活动非常重要。

9.2.2 采购成本发生环节分析

按照成本发生的环节来划分，采购成本分别发生在开发过程、采购过程、企划过程、质量过程和服务过程中。具体如表 9-3 所示。

表 9-3 采购成本发生的环节

业务过程	采购成本
1. 开发过程	● 对供应商技术水平的审核所发生的费用。 ● 对原材料或零部件的审核及认可过程所发生的费用。 ● 原材料或零部件对产品的规格与技术水平的影响。 ● 供应商技术水平及参与本公司产品开发的程度。 ● 原材料或零部件的开发周期对本公司产品开发周期的影响。 ● 原材料或零部件及其工装（如模具）等不合格对本公司产品开发的影响
	● 原材料或零部件采购价格。 ● 市场调研与供应商考察、审核费用。 ● 下单、跟货等行政费用。 ● 文件处理费用。 ● 付款条件所导致的汇率、利息等费用。 ● 原材料运输、保险等费用
2. 采购过程	● 收货、发货（至生产使用点）的装卸、运输等所产生的费用。 ● 安全库存仓储费、库存利息和库存损耗费。 ● 交货不及时对本公司生产的影响及对仓库管理等的影响所产生的费用。 ● 生产过程中的原材料或零部件的库存费用。 ● 企划与生产过程中涉及原材料或零部件的行政费用等
3. 企划过程	● 供应商质量体系审核及质量水平确认（含收货标准）所产生的费用。 ● 检验成本。 ● 因原材料或零部件不合格而导致的对本公司的生产、交货的影响损失。 ● 不合格品本身的返工或退货成本。 ● 因使用不合格原材料或零部件导致的本公司产品不合格所造成的损失。 ● 处理不合格来料的行政费用
4. 质量过程	● 零部件失效产生的维修成本。 ● 零部件供应给服务维修点不及时造成的影响和由此产生的费用。 ● 因零部件问题严重而影响公司的产品销售所造成的损失，包括市场的丢失。 ● 因零部件问题导致本公司的产品理赔等所滋生的成本
5. 服务过程	● 服务过程发生的各项费用

由此可以看出，采购成本发生在企业运营的从新产品开发设计到售后服务的每一个环节，所以对企业采购成本的控制应该从企业系统角度、从整个供应链的角度出发，将成本控制的战略思想和具体的实施策略相结合。

9.3 采购成本控制

采购成本控制是指采购部通过对采购价格、采购数量和管理流程改善等各种方法对成本进行控制，以降低采购成本，提高企业竞争力。

9.3.1　采购成本控制的基础工作

1. 建立价格档案和价格评价体系

企业采购部门要对所有采购材料建立价格档案，对每一批采购物品的报价，应首先与归档的材料价格进行比较，分析价格差异的原因。如无特殊原因，原则上采购的价格不能超过档案中的价格水平，否则要做出详细说明。

价格档案应整齐、分类、完整，反映及时更新情况。重要采购物资的档案价格要有评价体系，更新不合理的档案价格。随时检查采购记录，比对档案价格和实际采购价格，发现问题，及时清查。比对重要物资的底价和档案价格，检查档案价格是否超过底价，发现超出后应及时清查并监督修正。采购部进行物资采购时需要填制采购申请表，其中的价格要严格执行财务部核定的物资采购最高限价。

2. 建立供应商档案和准入制度

对企业的正式供应商要建立档案，供应商档案除有编号、详细联系方式和地址外，还应有付款条款、交货条款、交货期限、品质评级和银行账号等，每一个供应商档案应经过严格的审核后才能归档。企业的采购必须在已归档的供应商中进行，供应商档案应定期或不定期地更新，并有专人管理。

同时要建立供应商准入制度。重点材料的供应商必须经质检、物料和财务等部门联合考核后才能进入，如有可能，要实地到供应商生产地考核。企业要制订严格的考核程序和指标，要对考核的问题逐一评分，只有达到或超过评分标准者才能成为归档供应商。

3. 利用标准采购价格考核采购人员的工作业绩

财务部对所重点监控的材料应根据市场的变化和产品标准成本定期定出标准采购价格，促使采购人员积极寻找货源，货比三家，不断地降低采购价格。

标准采购价格亦可与价格评价体系结合起来进行，并提出奖惩措施，对完成降低公司采购成本任务的采购人员进行奖励，对没有完成采购成本下降任务的采购人员，分析原因，确定对其惩罚的措施。

9.3.2　降低采购成本的途径

降低采购成本，通常从削减采购成本和优化采购支出这两方面人手。这两种成本控制手法目前尚没有形成系统的理论，但人们总结出了控制采购成本的一些途径，值得所有企业采购人员借鉴。这些途径不分优先顺序，以下列出一些常见的途径。

1. 利用新的采购技术

在采购过程中，引人电子采购、招标采购、网上招标和联合规模采购等技术，降低采购成本。比如对于大宗物料采购，一个有效方法是实行竞争招标，往往能通过供应商的相互比价，最终得到底线的价格。此外，对同一种材料，应多找几个供应商，通过对不同供应商的选择和比较，使其互相牵制，从而使公司在谈判中处于有利的地位，压缩采购进价，节约采购资金。企业开展电子商务采购，选定质优、价廉、服务佳的供应商，减少库存与资金占用，节省人力与管理费用，降低采购成本。

2. 改进物料来源

向制造商直接采购或结成同盟联合订购。向制造商直接订购，可以减少中间环节，降低采购成本，同时制造商的技术服务和售后服务会更好。另外，有条件的几个同类厂家可结成联盟联合采购，以克服单个厂家订购量小得不到优惠的矛盾。

3. 寻找更优秀的供应商

通过动态的供货商的开发与管理不断寻找优秀的供应商。较理想的状态是采用鲶鱼效应，即不断开发新的、更有威胁的供货商，让它像鲶鱼激活沙丁鱼一样，在供货商之间营造彼此竞争的氛围。主要商品和材料的供货商应有3家以上，而且每年应至少再发展一家。

实现供应商关系管理的信息化，在供应商关系管理的各个环节中都建立供应商信息库，并及时对信息库进行更新和维护。供应商信息库可保证同一信息在多次采购活动中的重复使用，从而大幅降低供应商关系管理的费用及其他成本支出。

对企业生产用的一些专门产品，在市场上不易找到类似价格比较，不易掌握其价格，这就需要运用成本核算方法，对供应商生产的材料成本进行核算与评估。采购人员通过核算与评估，掌握一个价格范围后再与供应商进行洽谈，可以确保所购材料价格的合理性，降低材料成本。

采购人员在开发和选择供应商时，应当考虑与供应商建立长期、稳定的合作关系，从而节约采购洽谈、合同签订等方面的成本，减少公司在采购方面的开支。

4. 对原设计检讨改进

对产品设计的材料及器件的选用改进，以合适的而不是最好的物料用于新产品中，使得产品在保持性能满足市场需求的情况下达到最低的成本。

产品的设计开发处在开始阶段，一旦新产品定型，其所使用的物料也就基本确定，通过对部件进行部分更改，改变新产品的成本。因为通常同类部件因其性能不同，价格差别很大，有时甚至会有成倍的差距，而如果设计人员在选材时忽视产品定位，一味追求高质量高性能，选用最好的部件，虽然可通过降价实现部分收益，但远没有在开始时就选用适合产品定位的器件效果来得好。

5. 寻找物料替代品

企业采购人员在开展采购活动时，应积极寻求能替代现有物料的产品，比如利用国产物料代替国外进口物料，以降低直接的物料采购成本，为企业节约大量的开支。寻求替代品必须保证不影响企业产品的质量和性能。

6. 价格与成本分析

价格与成本分析是专业采购的基本方法和工具，了解成本结构的基本要素对采购者是非常重要的。如果采购人员不了解所采购物品的成本结构，就不能算是了解所买的物品是否为公平合理的价格，同时也会失去许多降低采购成本的机会。

7. 采购产品尽可能标准化

为了降低采购成本，企业在产品研发的开始，就需要落实规格的标准化，设计规格通用零件和模具，以便大规模采购和生产，实现降低产品成本的目的。这只是企业标准化的冰山一角。为了大幅降低采购成本，企业应该把标准化的范围扩大，在作业程序上也尽快实施标准化。

8. 实施采购程序化控制

进行程序化控制，就是要明确不同采购环节之间如何衔接，每一环节采购人员要完成什么样的任务、履行什么样的职责，以及避免什么样的行为等。缺乏程序化控制，往往会导致采购活动的无序、分散及缺乏监督等，导致大量采购支出的浪费和采购效率的低下。

采购人员权责配备是否合理、恰当，直接决定了采购人员在采购活动中的沟通成本和协调成本。明确采购人员的职责，能够避免因权责不清带来的采购活动的执行成本。

采购员在工作中熟悉这些成本控制的途径，并结合企业的具体情况灵活运用，将能做好采购成本控制，帮助企业有效降低成本。降低采购成本既是企业的重要任务，更是采购部门的根本任务。

9.3.3 整体拥有成本法

在采购领域中，总成本一般包括采购价格及运送成本，另加间接手续费、检验、品质、重（返）工、维护、后续作业，以及所有其他采购相关的成本。整体拥有成本法是一个成本分析的工具，不但分析公司设备的采购价格，也分析其使用年限间的运作及相关成本，包括维修、停机时间和能源成本等，以及废物利用的价值。

1. 整体拥有成本的构成

整体拥有成本（Total Cost of Ownership，TCO）所包含的成本内容包括采购物品的价格与物品的运送成本，加上搬运、检验、品质、重（返）工、维修，以及其他与采购相关的成本，也包括报废成本在内。具体如表9-4所示。

表9-4 整体拥有成本的构成

	成本构成	解释
整体拥有成本	价格	采购物品的价格
	交易成本	如税收、外汇汇率成本和合同成本
	财务费用	如采用借用资金来支付采购
	采购成本	如交付成本、安装和调试成本
	运营成本	如能源、备件、耗材、超过使用年限的维护和维修的成本（如设备和机器）、操作人员培训，以及供应商支持等
	存储成本	和其他需要的搬运、装配或精加工的成本
	质量成本	如检查、返修或拒绝、销售损失、客户赔偿等
	报废成本	如拆卸、搬移和处置成本（减去一些“负成本”，资产存在净残值的情况）

整体拥有成本TCO主要应用在资产设备类（Capital Procurements）的采购，并且有后续保固维修服务需要的项目上，例如公司车辆、复印机和生产设备（如注塑机、冲床）等。因为资本资产，如建筑物、车辆、厂房或机器，通常可以使用很多年，在这期间除了购买或租赁的成本外，还会有很多其他成本发生。因此，在一项资产和另一项之间进行选择，或者对一项资产采购进行论证时，采购人员必须考虑到资产在整个生命周期内会发生的所有成本。除了设备本身的采购价格外，了解每一供应商所提供的整体拥有成本，可以发现，有时A厂商的价格虽然比较便宜，但是购买B厂商的设备其整体拥有成本反而较便宜，更是较好的选择。

2. 整体拥有成本法应用的益处与局限性

采用系统性的整体拥有成本的一些好处如下。

1）能够公平地比较各竞争选项（遇到类似的选项时）。

2）为该资产的全生命周期提供切合实际的预算。

3）在早期阶段提示采购的风险。

4）促进关于成本和资产管理方面问题的跨部门沟通，提高总成本意识。

5）支持资金价值的最优化。

使用整体拥有成本所存在的关键的局限性如下。

1）这种计算方法不是一门精确的科学，人们对未来成本的估计难免主观。例如，人们往往根据销售预测来计算，这是典型的过于乐观。

2）许多成本的产生是贯穿产品或资产的整个生命周期的，并不是所有这些都是很容易预测的（例如，开发成本、市场营销和广告、重新设计和更换，以及维修和保养）。

3）大量的干扰因素可能会影响产品或资产的生命周期成本，包括供应市场的变化（供应商失败）、价格波动和新技术的开发（如产品生命周期缩短）等。

4）即使是使用计算机系统，全生命周期成本的系统运用仍然是费时、劳动强度大和高成本的。

【课后思考题】

1. 采购价格受哪些因素影响？
2. 试述采购成本的构成。
3. 论述采购成本发生的环节。
4. 什么是 TCO？采购人员为什么要了解 TCO？
5. 降低采购成本的途径有哪些？

实训任务

某公司的采购成本分析及控制

某生产婴儿食品的大型公司过去每年花在采购方面的开支接近 8 亿美元。由于处在一个高利润的行业，因此该公司对采购成本的管理并不当回事，管理层认为这种详细的审查在一个蒸蒸日上的经济环境中显得也没什么必要。然而，当经济开始回调、市场增长减慢时，该公司终于意识到，它现在不得不花更大的力气以求保住利润了。由于过去几年的采购过程未经严格的管理，因此现在看来，采购方面无疑是挖潜的首要方向了。

该公司首先从保养、维修及运营成本入手，很快做出决定：请专家制订了一套电子采购策略。这一做法有助于通过集中购买及消除大量的企业一般行政管理费用来达到节省开支的目的。然而在最后的分析中，节省的效果却并未达到该公司的预期。

为了寻求更佳的节省效果，该公司开始转向其主要商品，如原料、纸盒、罐头及标签。公司分析了可能影响到采购成本的所有因素，包括市场预测、运输、产品规格的地区差异、谈判技巧，以及与供应商关系等。通过深入的调查，一些问题开始浮出水面。结果显示，在材料设计、公司使用的供应商数量和类型、谈判技巧，以及运输方面均存在着相当明显的缺陷。

1）公司采购的谈判效率奇低无比。人们对是否该争取有利的谈判地位并不关心，而且公司对供应商所处行业的经济状况或成本结构的研究也几乎是空白的。因此，采购经理极少对现状提出质疑。采购经理们通常习惯于在一个垂直一体化的卖家手中购买各种原料，而不是去寻找每种原料最佳的供应商。

2）公司几乎从不将自己的采购成本与竞争对手的采购成本进行比较。

3）公司缺乏将营销及购买部门制度化地集合在一起的机制。这也就意味着，公司没有对市场营销所需要的材料的成本和收益进行评估的系统。

4）公司节省成本的机制不灵活。即使当采购经理发现了节省成本的机会（可能需要改变机器规格或操作流程），他们也很难让整个企业切实地实施自己的想法。任何一次对系统的调整所耗去的时间都会比实际需要的时间长得多。

意识到未能进行采购成本管理而造成的诸多损失时，公司开始对这个问题进行全面的处理。（资料来源：http://www.dginfo.com/xinwen-64321/）

如果你在该公司工作，针对公司采购成本管理中存在的问题，写出你的采购成本控制方案。

第 10 章　采购过程管理

本章导读： 企业采购过程复杂多样，在整个业务过程中面临着多样的风险，如不及时加以防范，必将妨碍企业采购运作开展，给企业带来损失。

学习目标： 了解采购监控的目的及内容，掌握采购监控的方法；掌握采购风险的类别；了解采购风险的防范办法；实际工作中会进行采购风险的控制及采购贿赂的防范查办。

引导案例

齐齐哈尔第二制药有限公司采购风险

早些年，齐齐哈尔第二制药有限公司假药案曾轰动一时，造成了一系列的医疗惨案。事件的起因是齐齐哈尔第二药厂的采购员为图便宜，未向泰兴化工总厂索取资质证明，也没有到厂查看，购入假冒丙二醇并最终作为辅料用于生产“亮菌甲素”注射液。

纵观全过程，其材料采购环节控制失败是整个案件发生的源头，齐齐哈尔第二制药厂存在的采购风险主要体现在以下几个方面。

1）采购过程风险。采购过程应该具有严格的标准，采购人员应该按程序进行采购，非正常程序的采购都会导致采购过程风险。该制药厂的采购人员应根据采购计划和询价结果确定供应商，采购人员依据“请购单”准备采购作业，应查询请购单上料品的基本资料，如单价、了解过去采购及询价记录等。对于新的供应商，企业应要求对方提供样品进行检测，确认是否符合国家标准，如有必要，相关负责人应对生产厂家的资质、生产流程等进行实地考察。在本案中，采购员依据互联网和电话确定了供应商，没有按企业内部管理要求进行确定，为后面的惨案埋下了隐患。

2）采购价格风险采购价格的确定必须经过询价、比价、议价和定价过程，由采购人员或组织价格调查小组通过各种方式了解相关产品报价，建立材料价格档案，组织价格评价体系，进行价格比较，最后议定价格进行定价。本案中的采购员为了图便宜，而没有按照采购价格的科学性进行采购，导致采购风险。

3）采购质量风险，制药材料关系人的生命健康，质量标准事关重要。国家有明确的质量要求。本案中齐齐哈尔第二制药厂的采购员未获取供应商的丙二醇质量好坏的证据，同时也缺乏充分的市场调查，从而导致采购失败。

4）采购验收环节虚走形式。企业所订立的货物到达时必须由采购部门、领用部门和会计部门相分离的保管部门进行验收保管。所收货物的检验包括质量和数量两个方面。根据订货单和供货方发货单验收合格的货物入库后，仓库保管部门必须及时填制“收货单”一式数联，分别传送给采购部门和会计部门。该药厂在对材料进行检验的过程中，违反质量检验的基本要求，进行无“对照物”的检验，仅在形式上完成了检验，关键的质量控制活动未能有效实施，致使检验失败。

由此可知，企业在采购过程中，采购的监控没做好，没有洞察和防范采购过程可能出现的风险，小则给企业带来经济上的损失，大则带来企业声誉损失，在一些特定采购领域甚至危害人们的生命财产安全，构成犯罪的严重后果。

（资料来源：陈志霞．材料采购环节的风险防范——基于齐齐哈尔药厂的案例分析［J］．新西部，2008.03.）

10.1 采购监控的内容

采购监管与控制的主要目的是为了保证实现采购工作的目标。采购监管与控制是采购主管的重要职责，也是直线管理人员的重要职责。采购监管与控制的职责就是纠正偏差的过程，采取各种措施，把符合要求的采购活动纳入到正常的轨道上来，使企业稳定地实现采购的目标。它主要包括采购人员控制、采购流程控制和采购资金控制等。

10.1.1 采购人员的控制

企业采购人员是采购项目的责任人，要在增强职业素质、提高工作技能及加强职业道德约束等方面控制风险。主要有以下 3 个方面。

1. 建立健全采购岗位责任制

监督采购人员履行岗位职责和义务，遵守有关的法律、法规。加强内部控制管理，让风险意识和质量意识植根到每位员工的脑海中，贯彻落实到日常的每一项工作中。做好采购人员的选拔与聘用，培养和造就一批技术水平高的采购人员，从人力资源上为降低质量风险提供保障。

2. 加强职业道德约束

实施采购人员职业道德教育工程，通过多种形式的舆论宣传教育，创造良好的工作氛围，让采购人员时刻意识到高尚的职业操守是采购人员生存的基本原则。另外，创建浓郁而积极的企业文化，在潜移默化中增强采购人员的职业道德情操，减少采购风险。

3. 实行采购人员定期轮岗制度

对采购工作各个岗位进行分析评估，明确各个岗位职责，制订量化考核指标。对采购人员的技能素质、心理素质和潜质等进行分析。建立内部劳动力市场，通过轮岗制度，实现采购人员和岗位的最佳配置。从而实现既有利于发掘个人潜能，拓宽知识面，找到自己最适合的岗位，又有利于创造性发挥，进一步降低采购人员的采购风险。

10.1.2 采购流程的控制

1. 建立健全采购组织

企业采购活动的主体是企业采购机构，企业采购机构直接决定企业采购的效益。健全的采购管理组织是企业对采购实行统一领导，分级管理，防范风险的基础。企业要从组织建设上加强采购工作的领导，企业采购机构在运作过程中要力求规范运作。具体控制措施如图 10-1 所示。

2. 建立健全供应商选择和管理制度

供应商的选择和管理是企业采购防范风险的基础工作。一批适合于企业的供应商是企业的宝贵资源，它们不仅能使企业物品采购稳定可靠、质优价廉、成本降低，而且可以做到双方关系融洽、互相支持、共同协调，降低采购风险。

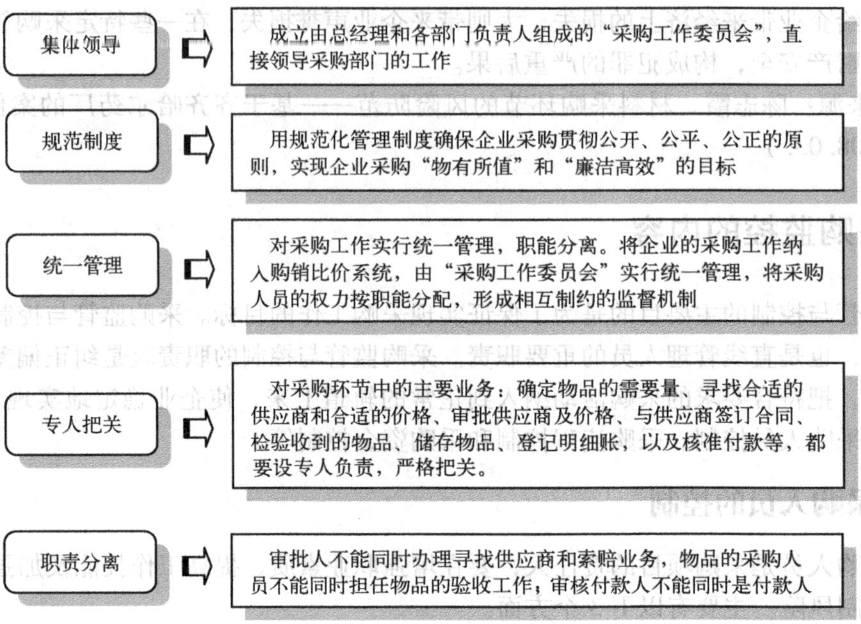

图 10-1　采购组织控制措施

企业要建立供应商的准入制度，科学确定供应商标准。在对供应商开展调查了解的基础上，挑选一批生产能力强、技术水平高、管理科学、服务周到的供应商作为企业正式的供应商，并为这些供应商建立档案。具体记录供应商的联系方式、地址、注册资金、营业执照号、供应物品的质量、规格、付款条件、交货条款、交货期限和银行账号等。

开展主要物品采购价格的调查，在了解本企业物品采购价格水平、本地区同行业物品采购价格水平和国内同行业物品采购价格水平的基础上，建立主要物品采购的价格档案。在实施采购时，对每一批主要物品采购的报价，都与档案的物品价格进行比较，分析价格差异产生的原因。如出现采购物品价格高过档案价格，要加以说明，并提请企业采购工作委员会讨论，进行价格评价后才付诸实施。发展多供应商、多地域的供应渠道，防止独家供应商带来的商务风险。

3. 建立健全采购作业标准和请示制度

要实行采购作业标准化，首先要明确规定采购人员的权限范围。采购人员在外面独立工作，应当具有一定范围的决策权和主动权。这样有利于调动采购人员的积极性，提高工作效率。但是，采购人员的权限也应当限制，避免滥用职权，给企业造成较大的损失。采购人员在处理超出权限范围的业务时，应请示有关主管人员，避免自作主张。例如，签订合同、改变原有作业程序和作业指标等，要向采购部门主管人员请示汇报。采购人员能够自主支配的资金的数额、住宿、送礼及请客的标准等，也应做出具体的规定。为了操作方便，企业也可以实行采购费用包干和凭票报账的方式。

其次要制订标准化采购操作流程，编制详细的采购作业手册。把采购作业过程分成若干步骤，每个步骤应该怎么做，达到什么要求，应该做什么记录。每个操作步骤又分成各种不同情况，在每种情况下应当怎样处理，达到什么要求，都分别做出具体的规定。这个操作手册既是采购作业操作手册，也是采购作业控制监督的标准。为了监控的需要，在各个步骤设立采购作业控制点，如时间、地点、作业指标和证明人等。设置流程记录，如原始单据、合同、采购人员工作记录和书面汇报材料等。

最后应建立采购评价制度，评定采购工作业绩，总结经验，纠正缺点，改进工作，同时也发挥监督作用，促使采购人员努力工作，降低采购风险。

10.1.3　采购资金的控制

企业要建立健全采购资金使用的管理制度，具体规定资金的领取、审批、使用的权限范围、审批制度和书面证据制度等。货款的支付应根据对方信用程度及具体的风险情况进行稳妥处理。

一般货款的支付，要等到货物收到并验收合格以后，再付全部货款。运输进货是采购过程中的重要环节，随机因素多、风险大，要加强对这个环节的控制，注意降低进货风险。在签订运输合同时，把进货风险责任人明确规定下来，把风险赔付方法写清楚。可以采取让供应商或者运输部门来承担责任的方法以监督控制供应商。如果是自提物品或自运物品，则必须要由承办人承担风险。承办人在每一步都要认真操作，防止发生风险。有贵重货物时，最好办理运输保险业务，把风险损失降低到最小。为应对突发的采购风险，企业要在调查经营需要物品的基础上，根据历史同期物品消耗情况与企业近期需要，编制库存规划，做到以需定存，保证库存结构合理，控制库存规模，避免发生自然灾害等所造成的采购风险。合理库存数量的确定，要从企业实际出发，根据保障任务的特点选择科学的计算方法。

10.1.4　采购信息的收集和使用

采购部门应建立采购信息数据库及其管理系统，开展采购过程中有关供应商的名称、地址、联系人、电话、供应商登记、供应的产品名称、数量、单价、保质期、规格参数、使用须知和注意事项等数据项内容的收集、整理与加工。使其在企业内部能够快速传递、信息共享。

当采购产品因其外标识遗失或模糊不清，且无法通过适当的方式确认其品名、规格型号、参数、是否失效、使用须知和注意事项等内容时，该产品禁止使用。

同时，有关采购合同的信息除了保存纸质文档外，还应保存电子档，便于合同的查询和跟踪。要求企业内部采购部的信息和仓库、财务信息数据共享，通过信息系统开展采购合同执行情况、采购入库情况和采购结算情况等的自动分析，提升采购管理效率。特别是利用ERP系统开展采购业务工作的处理，构建电子采购系统、电子招标采购系统等应受到采购部门的重视，通过这些采购信息技术的使用，能有效解决信息孤岛问题，加速采购信息在企业内外部的传递速度，有效提高采购效率。

10.2　采购业务过程的风险及防范

在市场经济条件下，企业客观存在着采购风险。在全球经济一体化的背景下，企业采购所面对的供应市场范围进一步扩大，不确定因素增多，采购风险不断增大，企业迫切需要加强采购风险管理，采取有效措施防范和处理采购风险，确保采购安全。

企业采购风险是指在采购过程中因采购人员工作失误、采购单位管理失控或供应商进行商业欺诈等违规、违法行为，造成企业采购政策不合理、采购程序不规范、评标过程不公正、采购成本过大、合同执行中超支、延期交货、所购入物品及接受的劳务非企业所需要、规格不适当、质次价高，以及履约纠纷等。采购风险是客观存在的，贯穿于采购的全过程，只能控制并尽可能地将其可能发生的损害降低到最低限度。研究采购风险的目的在于预防、控制和转移采购风险。

10.2.1 采购业务过程的风险归类

对采购业务过程中可能遇到的风险归类，如图10-2所示。

1. 外因型风险

（1）意外风险

政治变动和自然灾害会给企业采购带来意想不到的风险。政治变动是指由国际或国内政治环境变化而带来的不确定性影响企业采购的风险，如战争、政变、一国领导的换届、外交破裂和恐怖事件等。自然灾害如台风、地震、洪水、火灾、山体滑坡及病毒影响等来自大自然的破坏，也时刻威胁着企业的采购。自然灾害造成交通系统瘫痪，致使物品难以运输，不能够及时送达；或者破坏生产，使企业的生产线无法正常运转，制造不出需要的物品或者影响采购环境。

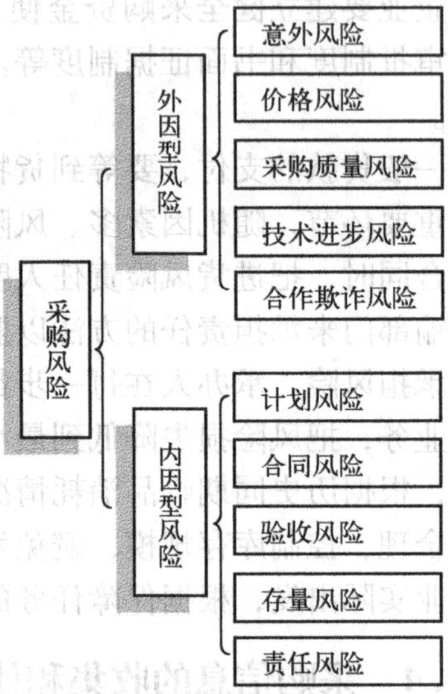

图10-2 采购业务过程中可能遇到的风险

（2）价格风险

随着世界经济一体化进程加速，任何企业都不能脱离国际市场，国际市场由于受地区战争、金融危机等诸多因素的影响，价格波动十分激烈，如石油价格。这种价格波动对企业的经营造成了极大的影响，如果处理不当，将会造成巨大的损失。

（3）采购质量风险

一方面由于供应商提供的物资质量不符合要求，而导致加工产品未达到质量标准或给用户造成经济、技术、人身安全和企业声誉等方面造成损害；另一方面因采购的原材料的质量有问题，直接影响到企业产品的整体质量、制造加工与交货期，降低企业信誉和产品竞争力。

（4）技术进步风险

随着新技术的广泛采用，使得某些原料或设备的更新换代速度加快，价格也迅速下跌，如计算机价格。采购人员即使在工作上并无行为过错，但企业仍可能承担由此带来的损失。一是企业制造的产品由于社会技术进步引起贬值，形成损耗甚至被淘汰，原有已采购原材料的积压或因质量不符合要求而造成损失；二是采购物资由于新项目开发周期缩短，如计算机新机型不断出现，更新周期越来越短，刚刚购进了大批计算机设备，但因信息技术的发展，所采购的设备已经被淘汰或使用效率低下。

（5）合同欺诈风险

一是以虚假的合同主体身份与他人订立合同，以伪造、假冒或作废的票据或其他虚假的产权证明作为合同担保；二是接受对方当事人给付的货款、预付款或担保财产后逃之夭夭；三是签订空头合同，而供货方本身是“皮包公司”，将骗来的合同转手倒卖，从中谋利，而所需的物资则无法保证；四是供应商制造合同陷阱，如供应商无故中止合同，违反合同规定等可能性所造成的损失。

2. 内因型风险

(1) 计划风险

因市场需求发生变动，影响到采购计划的准确性；采购计划管理技术不适当或不科学，与目标发生较大偏离，导致采购的计划风险。

对采购市场行情动态调查了解不够。企业管理部门审核计划时考虑资金不够，压缩关键技术参数，忽视专家和供应商的合理建议。采购时盲目攀比，超前消费，购买商品选最好的、最高档的、配置要齐全的，一味追求高、精、尖、时尚性和品牌性，而不从企业的利益出发，造成采购支出超过计划的风险。

(2) 合同风险

在合同签订的过程中，合同文件前后矛盾，用词不严谨，导致双方对合同条款的不同理解，形成相互扯皮或遗漏一些重要条款而导致的风险等。签订合同时务必要注意签字盖章与签约单位及其负责人（或授权人）是否相符，在现实的合同签订中，常常会因为一字之差而使合同无效，从而导致风险发生。

(3) 验收风险

在数量上缺斤少两；在质量上鱼龙混杂，以次充好；在品种规格上货不对路，不符合规定要求等。

(4) 存量风险

一是采购量不能及时供应生产的需要，生产中断造成缺货损失而引发的风险；二是物资过多，造成积压，大量资金沉淀于库存中，失去了资金的机会利润，形成存储损耗风险；三是物资采购时对市场行情估计不准，盲目进货，造成价格风险。

(5) 责任风险

一些采购人员不遵守职业道德，自私自利，在采购中暗箱操作、以权谋私、弄虚作假、收受回扣，损害企业利益，必然会因此面对相应的风险。

采购人员违反了规定的职责义务，超出了工作范围，并造成直接经济损失，就可能因此承担相应的责任。一方面是由于未能正确地履行义务和规定的职责，在工作中发生失职行为；另一方面是由于主观上的无意行为，未能严格履行自身的职责，并因此而造成直接经济损失。

采购人员有时尽管履行了自身的职责，但由于其本身掌握的专业技能不够全面的限制，带来给企业造成损失的风险。例如对财务结算不精通，付款失误造成的损失。

10.2.2 防范采购风险的主要对策

1. 应建立与完善企业内控制度，加强教育，提高素质

应建立与完善内部控制制度与程序，加强对职工尤其是采购业务人员的培训和教育，不断增强法律观念，重视职业道德建设，做到依法办事，培养企业团队精神，增强企业内部的风险防范能力，从根本上杜绝合同风险。

2. 加强对物资采购过程与签约的监督

(1) 加强采购过程检查

检查物资采购过程是否按照规范的程序进行，是否存在违反规定的行为发生。检查采购经办部门和人员是否对供应商进行调查，选择合格的供应商。检查是否每年对供应商进行一次复审评定。

（2）加强签约监督

检查合同条款是否有悖于政策、法律，避免合同因内容违法、当事人主体不合格或超越经营范围而无效；通过资信调查，切实掌握对方的履约能力；对那不讲效益、舍近求远和进人情货等非正常情况严格审定；审查合同条款是否齐全、当事人权利义务是否明确、是否以单代约、手续是否具备、签章是否齐全。

（3）加强对物资采购的全过程、全方位的监督

全过程的监督是指从计划、审批、询价、招标、签约、验收、核算、付款和领用等所有环节的监督。重点是对计划制订、签订合同、质量验收和结账付款4个关键控制点的监督，以保证不弄虚作假。全方位的监督是指内控审计、财务审计、制度考核三管齐下。科学规范的采购机制，不仅可以降低企业的物资采购价格，提高物资采购质量，还可以保护采购人员和避免外部矛盾。

1）加强对物料需求计划和物资采购计划的审计。审查企业采购部门物料需求计划和物资采购计划的编制依据是否科学；调查预测是否存在偏离实际的情况；计划目标与实现目标是否一致；采购数量、采购目标、采购时间、运输计划、使用计划和质量计划是否有保证措施。

2）做好合同签证审计。审查签订经济合同当事人是否具有主体资格，是否具有民事权利能力和行为能力。审查经济合同当事人意思表示是否真实。审查经济合同主要条款是否符合国家法律法规的要求。审查经济合同主要条款是否完备，文字表述是否准确，合同签订是否符合法定程序。通过审计签证，可以及时发现和纠正在合同订立过程中出现的不合理、不合法现象；提请当事人对缺少的必备条款予以补充；对显失公平的内容予以修改；对利用经济合同的违法活动予以制止，从而减少和避免经济合同纠纷的发生。

3）做好对合同台账、合同汇总及信息反馈的审计。当前，合同纠纷日益增加，如果合同丢失，那么在处理时会失去有利的地位而遭受风险。因此，建立合同台账、做好合同汇总，运用计算机管理手段，向相关部门提供及时、准确、真实的反馈信息，也是加强合同管理、控制合同风险的一个重要方面。

4）加强对物资采购合同执行中的审计。审查合同的内容和交货期执行情况，是否做好物资到货验收工作和原始记录，是否严格按合同规定付款。审查物资验收工作的执行情况，是否对物资进货、入库和发放全过程进行验收控制。对不合格品控制执行情况审计，发现不合格应及时记录，并采取措施。重视对合同履行违约纠纷的处理。合同履行过程中违约纠纷客观存在，若不及时处理，不仅企业的合法权益得不到保护，而且有可能使合同风险严重化。

5）加强对物资采购绩效考核的审计。建立合同执行管理的各个环节的考核制度，并加强检查与考核，对合同规定的采购任务和各项相关工作建立分解指标和责任，明确规定出工作的数量和质量标准，分解、落实到各有关部门和个人，结合经济效益进行考核，以尽量避免合同风险的发生。

10.3 采购贿赂查办与防范

供应商为销售物资，假借促销费、宣传、赞助费、科研费、劳务费、咨询费和佣金等名义，或者以报销各种费用等方式，支付给本企业采购人员现金和实物的行为，属于财物贿赂。

供应商对本企业采购人员提供国内外各种名义的旅游、考察等给付财物以外的其他利益的行为，属于其他手段贿赂。按照商业礼仪赠送小额广告礼品的行为不属于采购贿赂。

为加强企业廉政建设，杜绝员工在采购业务中发生收受贿赂、拿回扣的现象，避免企业经济损失，维护企业信誉，提高企业经济效益，采购部门需开展采购贿赂查办与防范工作。

10.3.1　供应商行贿处理

针对供应商的行贿行为，企业的处理方式如图 10-3 所示。

1. 供应商违反本规定以行贿手段销售物资的，应当停止对其采购，并进行相关调查
2. 情节严重者，3年内不能参加本企业的采购业务活动
3. 构成犯罪的，本企业有权向司法机关举报，依法追究刑事责任

图 10-3　供应商行贿处理办法

10.3.2　采购人员受贿处理

针对采购人员的受贿行为，处理方式如图 10-4 所示。

1. 本企业的采购人员利用职务上的便利，索取供应商财物或者非法收受供应商财物，为供应商谋取利益的，应令其将非法所得上交工商管理机构，并予以解雇，终生不得录用
2. 采购人员非法收受贿赂致使本企业遭受损失的，除上述各种处罚外，还应对企业损失进行赔偿
3. 数额较大或者数额巨大的，本企业有权移交司法机关，根据相关的法律法规进行处理

图 10-4　采购人员受贿处理办法

【课后思考题】

1. 采购监控主要从哪些方面开展？
2. 采购业务过程可能面临哪些风险？如何防范？
3. 采购贿赂主要有哪些形式？
4. 如何处理采购行贿与受贿？
5. 采购过程管理有何重要性？

实训任务

采购舞弊防范

在企业采购过程中，若管理松懈、制度不全或岗位监控不严等，很容易为采购舞弊提供滋生土壤。采购舞弊对企业带来的严重后果不言而喻，单单是深恶痛绝解决不了问题，还需要技术层面提出可行的办法进行防控。

请收集一些典型的采购舞弊行为的案例，从中总结采购舞弊的种类，并结合实际提出在实际工作中如何防范。

第 11 章　采购货物的验收

本章导读：采购货物的验收是对采购物资进行质量、数量、包装和规格的查验，然后接收，是保证采购物资质量的重要环节之一。采购部门需要会同质检部门及仓储部门做好采购货物的验收工作。采购验收工作关键是选择合适的检验方法、严格检验与接收的流程处理与监督。

学习目标：了解采购检验的内容和检验方法；熟悉采购货物检验的流程；掌握采购货物接收流程；会很好地组织采购货物的验收工作。

引导案例

某公司进料验收管理办法

1. 目的

使物料的验收及入库作业有所依循。

2. 范围

供应商送料，外协加工送货。

3. 工作内容

(1) 待收料

物料管理收料人员在接到采购部门转来的已核准的"订购单"时，按照供应商、物料类别及交货日期分别依次排列存档，并在交货前安排存放的库位以利于收料作业。

(2) 收料

1) 内购收料。材料进厂后，收料人员必须依"订购单"的内容，并核对供应商送来的物料名称、规格、数量和送货单及发票，清查数量无误后，将到货日期及实收数量填记在"订购单"上，办理收料。

如发现所送来的材料与"订购单"上核准的内容不符时，应及时通知采购部门处理，并通知主管，原则上非"订购单"上所核准的材料不予接收，若采购部门要收下该材料时，收料人员要告知主管，同时在单据上注明实际收料情况，并会签采购部门。

2) 外购收料。材料进厂后，物料管理收料人员即会同检验单位依"装箱单"及"订购单"开箱核对材料名称、规格并清点数量，然后将到货日期及实收数量填在"订购单"上。

开箱后，如发现所载的材料与"装箱单"或"订购单"所记载的内容不同时，则通知办理进货人员及采购部门处理。

当发现所装载的物料存在倾覆、破损、变质或受潮等异常情况时，经初步计算损失超过 5000 元以上者，收料人员应及时通知采购人员联系公证处前来公证或通知代理商前来处理，并尽可能维持异常状态以利于公证作业。如未超过 5000 元者，则依照实际的数量办理收料，并在"采购单"上注明损失数量及情况。由公证处或代理商确认后，物料管理收料人员开立"索赔处理单"呈报主管核实，送会计部门及采购部门督促办理。

（3）材料待验

进厂待验的材料，必须在物品的外包装上贴上材料标签并详细注明料号、品名规格、数量及入厂日期，且与已检验过的材料分开储存，并规划“待验区”以示区分。收料后，收料人员应将每日所收物料汇总填入“进货日报表”，作为入账清单的依据。

（4）超交处理

交货数量超过订购量部分应予以退回，但属于买卖惯例，以质量或长度计算的材料，其超交量在3%以下的，物料管理部门收料时，在备注栏注明超交数量，经请购部门主管同意后，可以收料，并通知采购人员。

（5）少交处理

交货数量未达到订购数量时，以补足为原则，但经请购部门主管同意者，可免补交。少交如需补足时，物料管理部门应通知采购部门联系供应商处理。

（6）急用品收料

紧急材料在厂商交货时，若货仓部门尚未收到“订购单”，收料人员应先咨询采购部门，确认无误后，即可办理收料作业。

（7）材料验收规范

为利于材料检验收料的作业，品质管理部门应就材料重要性及特性等，适时召集使用部门及其他有关部门，按所需的材料品质研究制订“材料验收规范”，作为采购及验收的依据。

（8）材料检验结果的处理

1）检验合格的材料，检验人员在外包装上贴上合格标签，以示区别，物料管理人员再将合格品入库定位。

2）不符合验收标准的材料，检验人员在物品包装上贴上不合格的标签，并在“材料检验报告表”上注明不合格原因，经主管核实并转采购部门处理及通知请购单位，再送回物料管理部门凭此办理退货。

（9）退货作业

对于检验不合格的材料退货时，应开立“材料交运单”，并附有关的“材料检验报告表”，呈报主管签字后，不合格材料可出厂。

（资料来源：梁军，杨明．物流采购与供应管理实训［M］．北京：中国劳动社会保障出版社，2007.）

11.1 采购货物检验

质量管理部负责统筹安排物资检验作业，检验物资的质量，并检查包装及外观情况。采购部负责控制采购物资检验过程、协助采购物资检验及处理检验异常情况等。技术部负责向质量管理部门解释相关技术标准并提供技术帮助。对于较为特殊的物资或设备，企业应组织质量管理部、技术部、采购部及使用部门一同参与检验。

11.1.1 采购货物检验的内容

货物检验是指根据商品标准规定的各项指标，运用一定的检验方法和技术，综合评定商品质量优劣，确定商品品级的活动，因此又称为商品质量检验。商品检验的内容包括包装检验、品质检验、卫生检验、安全性能检验，以及数量和质量检验。具体见表11-1所示。

表 11–1　采购货物检验内容

内　容	说　明
包装检验	根据购销合同、标准和其他有关规定，对进出口商品或内销商品的外包装、内包装及包装标识进行检验
品质检验	• 运用感官检验、化学检验、仪器分析、物理测试或微生物学检验等检验手段，对商品的品质、规格及等级等进行检验。品质检验包括外观质量检验和内在质量检验 • 外观质量检验主要对商品的外形、结构、花样、色泽、气味、触感、瑕疵点、表面加工质量及表面缺陷等进行检验 • 内在质量检验是对有效成分的种类、含量，有害物质的限量，商品的化学成分、物理性能、机械性能、工艺质量，以及使用效果等进行检验
卫生检验	对食品、药品、食品包装材料、化妆品、玩具、纺织品和日用器皿等进行卫生检查，检验其是否符合卫生标准
安全性能检验	包括易燃、易爆、易触电、易受毒害及易受伤害等方面的检验
数量和质量检验	包括商品的个数、件数、长度、体积、容积及重量等的检验。数量和质量检验是结算的依据

11.1.2　采购货物质量的检验方法

检验人员可以通过不同方法进行检验，通常可以采用以下 6 种方法，检验人员应根据物资的特性，选择合适的方法。各种方法具体介绍如表 11–2 所示。

表 11–2　采购货物检验方法一览表

检 验 方 法	具 体 说 明
视觉检验	在充足的光线下，利用视力观察货物的颜色、状态和结构等表面状况，检验时应注意整体外观、大小、形态及块形的完整程度，表面有无光泽、颜色深浅色调等。视觉检验法主要适用于食品、水果和蔬菜等商品的货物检验
听觉检验	通过摇动、搬运和轻度敲击等操作，听取声音，以判断物资的质量。听觉检验一般用于玻璃制品、瓷器、金属制品有无裂痕或其他内在缺陷；乐器、收音机、录音机和音响装置等要求无噪声的商品；食品的成熟度、新鲜度和冷冻程度等
触觉检验	利用手感鉴定货物的光滑度、细度、黏度和柔软度等，判定质量。人的手指和头面部的触觉感受性较强。触觉检验时，应注意环境的稳定及手指皮肤正常状态的保持
嗅觉、味觉检验	通过货物特有的气味、滋味，测定并判定质量。凡是质量好的商品均具有其特有的正常气味或香气，而劣质商品其特征便会有所不同，有的乏味，有的则有霉、臭等气味。嗅觉检验法适用于食品、家用化工用品和香精香料等商品的质量检验
测试仪器检验	利用各种专用测试仪器鉴定货物品质，如对含水量、密度、黏度和光谱等的测试
运行检验	对某些特殊货物，如车辆、电器等进行运行检验，确保其能够正常运行

11.1.3　采购货物检验的工作流程

1. 做好检验准备

采购部的采购专员应做好以下两项准备工作。

1）采购专员应在供应商发货或企业自提起运时，通知质量管理部检验人员及仓储部仓库管理人员做好采购物资检验准备。

2）采购专员应准备好相应的检验材料，包括供应商交货数量、种类和质量标准等。

仓储部的仓库管理人员应做好接货准备，一般情况下包括以下 3 个方面的准备工作。

1）了解采购物资的基本性质，做好装卸机械、操作器具及人员安排。

2）落实物资检验存放地点。

3）做好采购物资检验合格后入库的相应准备工作，包括储位准备、仓储存放耗材准备和入库单据准备等。

质量管理部应在接到通知后，立即做好采购物资检验准备。

1）准备所需的计量器具、工具和检测仪器仪表等，要准确可靠。

2）为特殊性物资检验，还必须配备相应的防护用品，采取必要的应急防范措施，以防万一。

3）研究物资质量要求文件，如有任何不清晰的地方应立即询问技术部。

2. 检验物资接运

仓储部选用合适的装卸搬运方式将采购物资存放到指定的检验区。

3. 核对单据

检验人员审核检验依据，包括订货合同和订货协议书。

检验人员核对供应商提供的检验凭证是否齐全，包括发票、质量保证书、发货明细表、装箱单、磅码单、说明书、保修卡及合格证等。

4. 数量点收

检验人员核对供应商所交物资是否是采购订单所列物资、品种和规格。

检验人员清点物资数量，确定数量是否相符，是否有超交或不按期交货的现象。

1）如果数量齐全，检验人员进行外观检验。

2）如果数量不符，报采购部，执行采购部决策。

5. 外观检验

检验人员对有包装的物资检验物资包装表面状况，对无外包装的物资检验表面状况。

检查物资和包装容器上是否贴有标签，标签上是否注明物资品名、物资编码、生产日期、生产厂家和数量等内容。

若发现所装载的物资存在倾覆、破损、变质和受潮等异常现象时，应首先初步计算损失。计算损失后，将物资外观检验结果登记在“采购检验报告单”上。

6. 质量检验

检验人员选择合适的检验方法对数量准确、表面完好的物资，按照质量检验规范，对采购物资进行质量检验。

检验人员应对检验合格的物资做出合格标记，通知仓储部办理物资入库手续；为检验不合格的物资做出不合格标记，做进一步处理。

检验完毕后，应按照检验结果填制“采购检验报告单”。

11.2 采购货物的接收

采购货物接收作业是指对所购货物通过质量、数量的检查或试验后，认为合格而收受的过程。

11.2.1 采购货物接收流程

作为采购人员在对所采购的物品进行接收时，主要遵循以下步骤。

1. 做好接收准备

在物品采购接收中，要做好采购物品接收前的准备工作。包括以下几个方面的内容。

1）注意交货接收时间。采购合同应写明时限要求，包括：生产过程所需的预备操作时间；供应物品的交货日期；特殊器材技术接收时所需的时间，或者采用分期交货的时间；如果发生延期交货的处理。

2）注意交货接收地点。交货接收的地点通常以合同指定地点为主。若预定交货地点因故不能使用，需移转其他处办理接收工作时，也应事先通知供应商。

3）数量接收。依合同所订数量加以点收。

4）交货手续。交货时由供应商提供清单，一式若干份，在交货当天或交货前若干天送交采购员。在清单上要注明交付物品的名称、数量、商标编号、毛重量、净重量，以及运输工具的牌照号码、班次、日期及其他需要注明的信息，以备采购企业人员做准备验收工作之用；同时，采购合同的统一号码、分区号码、合同签订日期及通知交货日期等，也应注明于该清单上，以供参考。

2. 采购物品接收

物品接收的工作过程如下。

（1）签收送料文件

货运员应持装箱清单2份及订单复印件1份（装在封口信封内）交付负责收货的采购员。

如货运公司未持供应商装箱清单，该清单必须附在所送物品包装箱内，货运公司人员由负责收货的采购人员陪同开箱取出，然后由采购人员签收。

（2）订单复印件查验

采购人员在供应商装箱清单上查验供应商代号和订单编号，有两种方式可用：经由前日打印的“物品订单明细表”；经由计算机输入供应商装箱清单上所载的订单编号。

采购人员同时还要检查计算机“已发单”档案内同一个供应商是否有“退货单”存在，可顺便办理退货取回。

（3）填写“收货清单"

通常收货清单上记载的资料有：供应商（名称或供应商代号）、物品（品名型号及目的地）、运送者（司机姓名/货运公司及车牌号码）和验收号码（已指定的物品验收号码）。

（4）粘贴接收标签

将打好编号的四联“物品接收标签”贴在供应商的装箱清单上。一份标签贴于供应商装箱单第一联上或货运公司装箱单上（如经由货运公司送货）。一份标签由仓库留底，贴在装箱单的第一联上。一份贴在订单复印件上。一份贴在收货清单上。

（5）发还文件

将装箱单第一联交还供应商/货运公司时，同时告知送货者到卸货区等候通知，准备卸货。

3. 接收结果处理

（1）通过接收结果

参加接收的人员必须在接收单上签字，使用部门据此安排生产；采购部门据此结案；财务部门据此记账、付款或扣款、罚款。

已接收入库的物品必须打上标志，以便查验接收经过，并易于与未接收的同类物品有所区别。

（2）短损的处理

如果接受过程发现短损，应立即向供应商要求处理或赔偿、索赔、办理内部报损手续等。

（3）不合格品的处理

凡不符合规定的物品，应一律拒绝接收。合同规定准许换货重交的，要等到合格品补齐后再予发还。

通常供应商对不合格的物品都延后处置，仓储人员应配合采购部门催促供应商前来收回。如果逾越时限，则不负保管责任，或做废弃处理。

（4）发放接收证明书

在物品接收之后，应给供应商接收证明书。如因交货不符而拒收，必须详细写明原因，以便洽谈办理其他手续。而接收结果应在约定期间内通知供应商。

（5）做好信用记录

做好供应商交货的品质等资料的记录并妥善保管，以便为供应商开发、辅导及考核提供依据。

11.2.2 采购货物接收关键点

采购货物接收的关键点包括以下几个方面。

1）确认供应厂商与采购合同是否一致；确定交运日期以作为延期罚款的依据；确定验收日期作为付款的起算日期。

2）确定货物名称与品质。收货人员要确认外包装上的货物名称与收货联是否一致，作为接收、拒收或拒付的依据；要配合相关检验人员对待收货物的品质进行检验，确保实体货物的品质符合采购合同的质量要求。

3）清点货物数量。收货人员要清点货物的实际数量，将实际数量输入计算机系统或记在收货卡上。对短交货物催促补齐，对超交的部分正常应退货。

4）检查外包装是否完好无损，特殊商品的外包装材料及规格是否符合订单合同的要求。

5）通知验收结果。将允许接收或拒收的验收结果填写在货物验收单上通知有关部门。货物控制部门可以进一步决定货物进仓的数量；财务部门则可根据验收结果决定如何付款。

6）退回不良物料。供应商送交的货物品质不良时，应立即通知供应商，将不良货物退回，或促请供应商前来用合格品交换，再重新检验。

11.3 某企业验收作业流程与标准

11.3.1 某企业验收作业流程

某企业为电子有限公司，为多个知名电视和个人计算机品牌代工生产，该公司依靠在制造、运营管理与研发的实力，在过去 20 年获得迅猛发展。现其采购专兼职人员有近 200 人，负责企业两万多种物资的采购活动。注重质量是企业发展的根基，企业采购部门也制订了标准的采购验收作业流程，注重采购品质量的检验，从源头把握产品质量，起到了较好的采购品验收效果。具体验收作业流程如图 11-1 所示。

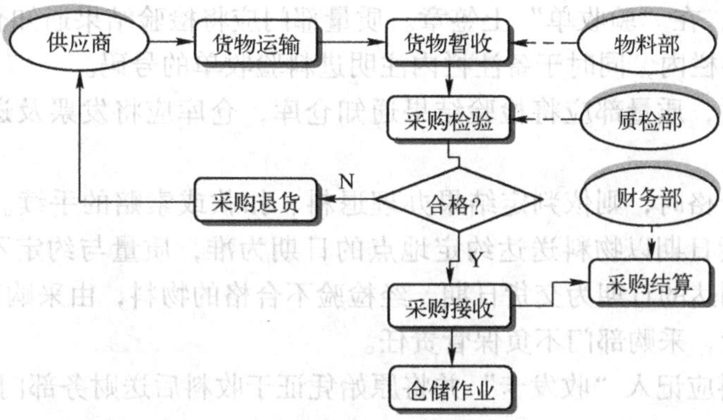

图 11-1　某企业的采购验收作业流程

11.3.2　某企业验收作业标准

为规范采购验收过程，该公司制订了如下作业标准。

物料的验收由采购部门、使用部门和质检部负责，各部门之间应协同工作，按以下作业标准要求高效完成采购验收工作。

1）采购部门在确定采购内容及交货期后应通知仓库。

2）仓库在收到经核准的订购单或请购/验收单时，应依采购类别、数量及日期等预做仓库储位安排及卸料工具（如堆高机、垫板）的准备。

3）供应商应于交货日备妥送料资料和发票（三联式）于指定地点交货。

4）供应商交料时，应依本企业进出厂规定及卸料方式作业，并且交料卡车、司机或随车人员均应接受执勤警卫的监督管理。

5）卸料完毕后，仓库人员应依请（订）购单据实计数并核对数量。供应商送交的物料如与约定不符，应拒收，并通知采购部门，但因事实需要，需会同用料部门及经办采购单位酌情办理如下。

- 质量较高符合需要时，应照原订价格验收的。
- 质量较低或规格不符的，且属急需，应由质量部门通知有关单位（采购）洽谈减价，必要时呈请一级主管核定后办理，其核减后的价格不得超过同一质量物料公平价格的 90%。
- 物料以件计算者，如实收的数量少于原订数量在 5% 以内，供应商无法如数补足时，应由仓库部门、用料部门会同采购部门按实收数量核付价款。
- 物料以度量衡计算者，如实收的数量多或少于约定数量在 5% 以内时，由采购部门按实收数量照约定单价核付价款。

6）点收无误后，仓库人员应立即开据进料验收单通知质量检验人员进行检验作业。

7）质量部门收到仓库转来的进料验收单时，应立即派员至物料暂存区依检验规范实施检验工作。物料的验收涉及质量及规范，必须加以化学分析或物理试验者，本企业有关单位无法分析或试验的，应委托其他机关办理。每宗物料数量过大，不便逐件检验者，应就交料的数量及物料均匀地抽验。

8）质量部门应就检验结果评定物料正常或异常，并就瑕疵品情形加以复检及说明，以作为最后收用与否的参考。

9）检验合格时，在“验收单”上签章。质量部门应将检验结果通知仓库办理入库，并转记物料库存账卡进料栏内，同时于备注栏内注明进料验收单的号码。

10）检验合格时，质量部应将检验结果通知仓库，仓库应将发票及送料有关凭证等转送采购部门办理请款。

11）若检验不合格时，则依判定结果办理退料、扣款或索赔的手续。依“与合约不符作业”规定办理。交货日期以物料送达约定地点的日期为准，质量与约定不符需调换者，其调换部分以最后调换到达的日期为交货日期。经检验不合格的物料，由采购部门通知供应商限期移去，逾期不移去者，采购部门不负保管责任。

12）收入的物料应记入“收发卡”并将原始凭证于收料后送财务部门，办理采购结算。

11.4 采购的质量控制

采购质量控制就是为保持采购产品的质量所采取的作业技术和有关活动，其目的在于为使用部门提供符合规格要求的满意产品。采购质量管理应当由采购质量控制部门、采购部门、生产部门、财务部门和供应商共同完成。

采购质量控制的重点是对供应商的控制，是指采购物料的质量要求能保证得到满足并且能够客观地得到证明，这就意味着采购方和供应商对它们之间的每一项业务，关于对交易的基本要求，如何实现这些要求，检验工作要符合规范，以及出现问题时的处理方法等方面达成一致意见。采购质量控制需要组织内部各个部门及供应商的相互沟通并且协调一致，一旦确定了质量标准，采购的产品就必须处于这个标准的控制之下。为了达到这个标准，采购质量管理部门必须承担采购质量标准的制订、评估、控制和保证等4项职能。其中，采购质量标准是要保证采购的产品能够达到企业生产所需要的质量要求，保证企业用之生产出来的产品满足顾客要求。

采购质量保证主要包括以下内容：明确的采购质量目标、采购质量计划和采购质量标准，严格的采购质量责任制，专职的采购质量管理机构，采购管理业务标准化和管理流程程序化，高效、灵敏的采购信息反馈系统，以及供应商的质量保证活动。其中，供应商的质量保证活动是采购质量保证体系的重点，也是开展全民质量管理的一个重要组成部门。

11.4.1 采购质量控制机构

为了使采购质量保证体系能够卓有成效地运转，使采购部门所采购的产品符合规定的要求，就需要建立一个负责采购质量的组织、协调、监督和检查工作的部门，作为采购质量保证体系的组织保证。该部门作为专职的采购质量控制机构，应能起到协调技术部门、使用部门与采购部门的作用，协调供应商和采购部门的作用，使各部门协调配合得更好。

采购质量控制专职机构在采购质量控制体系中的主要职责有：协助采购副总经理进行日常采购管理工作，开展采购质量控制宣传教育，组织采购质量控制活动，编制采购质量控制计划，督促检查采购质量计划的完成情况，制订降低质量成本的目标和方案，协同财务部门进行质量成本的汇集、分类和计算，协调有关部门的采购质量控制活动，研究和推广先进的采购质量控制方法，指导质量控制小组的活动，组织供应商的评估、采购产品的质量调配，以及进行采购质量评价等。

11.4.2　采购质量控制制度

通过对采购管理工作中有关质量控制的业务工作流程进行分析，使其合理化，并固定下来，成为采购过程的指导准则，这就是采购质量控制制度。建立采购质量控制制度可以使采购质量控制条理化、规范化，避免权责不清、相互推诿，所以，它既是采购管理质量保证体系的重要内容，也是建立采购质量控制体系的一项基础工作。

1）加强进货检验。加强进货检验的质量控制制度包括：进货的验收、隔离、标识；进货检验或试验的方法及判断依据；所使用的工具、量具、仪器仪表和设备维护及使用要求；对检验员和实验员的技能要求进行规定和培训。

2）做好采购质量记录。一是与接收产品有关的记录，如验收记录、进货检验与试验报告、不合格反馈单等；二是与可追溯性有关的质量记录，如发货记录、检验报告和使用记录等。

3）采购质量的检查。采购质量检查的主要内容有：是否与供应商建立并保持采购质量控制的书面程序；审查供应商的资格的供货能力，对按 ISO 9000 要求选择的供应商，要对其质量体系进行审核；对供应商要进行供货能力的评估和持续供货能力的评估，并保存供应商的档案。

4）制订采购文件。在制订采购文件前，首先要对采购的物料进行验证，对供应商进行验证，并保存好记录和验证合同，对采购物料的适用性进行认真审核。

5）制订详细的质量保证协议。要与供应商达成明确的质量保证协议，其中对质量要求要得到供应商的认可，质量要求要充分适当，综合考虑其有效性、成本和风险等方面的因素。质量保证协议通常包括供应商的质量体系、货物的检验、试验数据，以及过程控制记录、供应商进行全检或批次抽样检验的记录。企业对供应商的质量体系要进行评估，对接收的货物要进行检验。

6）制订采购物料验证方法的协议。采购物料验证方法协议的作用是对供应商提供的产品的验证方法做出明确意见，同时防止由于验证方法的不一致所产生的对产品质量评价的争议。

【课后思考题】

1. 采购货物检验从哪些方面入手？
2. 采购货物质量检验的方法有哪些？
3. 采购货物检验的工作流程是什么？
4. 如何处理采购货物接收？
5. 采购货物接收过程应注意些什么？

实训任务

某超市采购商品退货流程设计

1. 可以退货的标准

（1）生鲜食品

- 符合合同的退换货条件。

- 商品自身不符合商品的质量标准或合同规定的标准。
- 顾客投诉有质量问题的商品。
- 国家质检部门检查出有质量问题或不符合标准的商品。
- 包装破损、冷冻食品解冻后不能食用和超过保质期等。

(2) 家电类商品

- 有质量问题，符合《消费者权益保护法》的相关规定。
- 国家质检部门检查出有质量问题或不符合标准的商品。
- 符合合同的退货条件。
- 属于季节性的商品。

(3) 其他商品

- 有质量问题，符合《消费者权益保护法》的相关规定。
- 国家质检部门检查出有质量问题或不符合标准的商品。
- 符合合同的退货条件。
- 达到最小的退货金额的。
- 质量变质、包装损坏等。

2. 不能退货的例外

- 不符合退货条件的，如在商场销售过程中死亡的虾、蟹等。
- 家电类商品的包装、配件和说明书等不全或损坏的。
- 陈列的样品。
- 不是供应商原因而产生瑕疵的商品。
- 过期的商品（生鲜除外）。
- 已经用过或开包装的卫生用品，已经使用或开包装的电池、胶卷等消耗性商品。
- 不够组合包装的最小包装数量的。
- 因顾客因素而损坏的商品。
- 退货的总金额太小，达不到退货的标准。

实训要求：

1）设计退货作业的程序流程图。

2）为该商场设计一份退货申请单。

第 12 章　采购结算管理

本章导读： 采购结算是采购合同执行中的一个重要环节。采购结算管理是建立良好供应商关系的基础工作，也是双方履行合同规定的要约和承诺的重要内容。采购部门需要协同财务部门做好采购结算发票的审核、汇集和货款的支付等工作。

学习目标： 了解采购结算的方式和支付方式；熟悉采购结算业务流程；会进行发票的审核；了解采购结算过程可能遇到的问题并掌握解决的对策。

引导案例

汇票结算方式

美国 A 公司向我国 B 公司采购了一批汽车零部件，付款方式为 D/P 90 天。货物出运后，汇票及货运单据通过出口地的托收银行寄抵美国 A 公司指定的代收行，A 公司进行了汇票承兑。汽车零部件抵达目的港后，由于用货心切，A 公司于是出具了信托收据向本地代收的银行借得货运单据，先行提货转售。当汇票到期时，A 公司因经营不善，失去偿付能力。其代收行以汇票付款人拒付为由通知托收行，并建议由 B 公司直接向 A 公司索取。此时离汇票到期日还有 30 天。

思考：不同的采购结算方式有什么差异，存在什么样的风险？

12.1　货款结算的基础知识

采购结算是供应商关系管理的重要工作。通过加强采购订购、付款和结算管理，做好采购结算工作，确保按合同付款，能够合理运用企业资金，维护企业和供应商的利益。采购结算的主要工作任务是采购部负责采购订购、结算方式确定及结算单证传递等相关工作。财务部负责按照合同相关规定查验结算单证，并与供应商办理结算。

付款是供应商最关心的问题，如果企业对到期应付的货款找理由拖延，必然会引起供应商的不满，严重的还会导致供应商中断供货，甚至付诸于法律。因此，在采购物品验收后，采购部门应协助财务部做好发票的结清和付款工作。

12.1.1　采购结算的方式

采购人员在与供应商签订《采购合同》时，应明确规定货款的结算方式。一般情况下，不允许采用现金付款方式，可采用银行汇票、商业汇票、银行本票、支票、汇兑结算、委托收款、托收承付和信用卡结算等 8 种结算方式。

由于票据结算能给贸易双方带来诸多便利，因此在国际采购中大多使用以支付金钱为目的并且可以流通转让的债权凭证票据为主要的结算工具。它是由一人向另一人签发的书面无条件支付令，要求对方（接受命令的人）即期或定期或在可以确定的将来时间，向某人或指定人或持票人支付一定的金额。

1. 国内采购结算常用的支付方式

国内采购通常的结算和支付票据包括汇票、支票和本票，以使用汇票为主。

（1）汇票

汇票是由出票人签发的，要求付款人在见票时或在一定期限内，向收款人或持票人无条件支付确定款项的票据。

从以上定义可知，汇票是一种无条件支付的委托，基本的法律关系至少有3个当事人：出票人、付款人/受票人和收款人。

出票人是开立票据并将其交付给他人的法人、其他组织或者个人。在采购业务中出票人一般是供应商，对收款人而言是债务人，对付款人而言是债权人。

付款人也称受票人，即接受支付命令的人。在采购业务中通常为订货方或其指定的银行。

收款人又称“汇票的抬头人”，是指受领汇票所规定的金额的人。在采购业务中，一般是供应商或其指定的银行。收款人既可以保留汇票向受票人取款，也可以将汇票转让给他人。收款人有权控告已在远期汇票上承兑而又拒绝付款的受票人。

汇票从不同角度可以分成以下5种：按出票人不同，汇票可分为银行汇票和商业汇票；按有无附属单据，汇票可分为光票汇票和跟单汇票；按付款时间，汇票可分为即期汇票和远期汇票；按承兑人不同，汇票可分为商业承兑汇票和银行承兑汇票；按流通地域不同，汇票可分为国内汇票和国际汇票。

（2）支票

支票是以银行为付款人的即期汇票，可以看做是汇票的特例。它是由出票人（银行存款人）签发，委托办理支票存款业务的银行或者其他金融机构在见票时无条件支付确定的金额给收款人或持票人的票据。

支票出票人签发的支票金额不得超出其在付款人处的存款金额。如果存款低于支票金额，银行将拒付给持票人。这种支票称为空头支票，出票人要负法律上的责任。

开立支票存款账户和领用支票，必须有可靠的资信，并存入一定的资金。支票可分为现金支票和转账支票。支票一经背书即可流通转让，具有通货作用，成为替代货币发挥流通手段和支付手段职能的信用流通工具。运用支票进行货币结算，可以减少现金的流通量，节约货币流通费用。

支票一般分为现金支票、转账支票和普通支票3种。

支票的使用提示付款期为10天。由于支票是代替现金的即期支付工具，所以有效期较短。我国票据法规定，支票的持票人应当在出票日起10日内提示付款，如遇节假日则顺延；异地使用的支票，其提示付款的期限由中国人民银行另行规定。超过提示付款期限的，付款人可以不付款。支票一律记名，转账支票可以背书转让。支票签发日期、大小写金额和收款人名称不得更改，其他内容有误，可以划线更正，并加盖预留银行印鉴以证明。若支票发生遗失，可以向付款银行申请挂失；但挂失前已支付的除外。出票人签发空头支票、印章与预留银行印鉴不符的支票，以及使用支付密码但支付密码错误的支票，银行除将支票做退票处理外，还要按票面金额处以5%但不低于1000元的罚款。

（3）本票

本票是出票人向持票人签发的，保证即期或定期或在可以确定的将来的时间，对某人或其指定人或持票人支付一定金额的无条件书面承诺。根据我国票据法第七十三条规定，本票是由出票人签发的，承诺自己在见票时无条件支付确定的金额给收款人或持票人的票据。这里所指的本票是指银行本票，不包括商业本票和个人本票。

本票分为商业本票（Promissory Notes）和银行本票（Casher's Order）。商业本票的出票人是企业或个人，票据可以是即期的，也可以是远期的。商业本票一般不具备再贴现条件，特别是中小企业或个人开出的远期本票，因可信度不高，一般很难流通。银行本票的出票人是银行，只能是即期本票。

汇票、支票和本票是采购业务结算中最常用的结算工具。同为有价证券，它们具备相同的性质和票据功能；在实际操作中，在使用范围方面，本票只用于同城范围的商品交易和劳务供应，以及其他款项的结算；支票可用于同城或票据交换地区；汇票在同城和异地都可以使用。汇票和支票有3个当事人，即出票人、付款人和收款人；而本票只有出票人（付款人和出票人为同一个人）和收款人两个当事人。

2. 国际采购中常用的结算方式

在国际采购中支付的方式常用的有信用证、汇付和托收3种。

（1）信用证

信用证（Letter of Credit，L/C）是开证行根据进口商（开证申请人）的请求和指示，向出口商（受益人）开出的，保证在一定期限内凭出口商交付的符合信用证规定的单据付款的书面文件。

简单地说，信用证就是开证行根据进口商的请求和指示，向出口商开立的有条件的付款承诺。通过信用证这种支付方式，将银行的信用和付款责任纳入国际货款结算中来，对于出口商而言，能确保货款按期到账，有效地降低了国际商业欺诈的可能性；对于进口商而言，以取得符合信用证规定的货运单证为付款条件，既避免了预付货款的风险，又保证了货物在规定期限内发运，以免延误商机。由于信用证在很大程度上解决了买卖双方在付款和交货问题上的矛盾，目前已成为国际采购中的一种主要结算方式。

根据不同标准，可将信用证分为不同类型。

根据开证行对信用证的责任不同，分为不可撤销信用证（Irrevocable L/C）和可以撤销信用证（Revocable L/C）。不可撤销信用证是指信用证一经开出，在有效期内，未经受益人及相关当事人的同意，开证行不得片面修改和撤销信用证。如在信用证中没有标明“不可撤销”或“可撤销”字样，则一律视为不可撤销信用证。可撤销信用证是指开证行对已开出的信用证可以不必征得受益人及相关当事人的同意，有权自行撤销或修改相关条款的信用证。凡是可撤销的信用证，在信用证表面必须注明“可撤销”字样。在国际采购中，为保障进口商的利益，一般采用不可撤销信用证作为支付方式。

根据付款时间不同，可将信用证分为即期信用证（Sight L/C）和远期信用证（Usance L/C）。即期信用证是指开证行或付款银行收到符合信用证条款的单据后，即付款的信用证。远期信用证是指银行保证在受益人提交符合信用证条款的货运单据后一定时期内付款的信用证。

根据信用证项下的汇票是否附有货运单据，可将信用证分为两种，即跟单信用证（Documentary L/C）和光票信用证（Clean L/C）。根据受益人对信用证的权利是否可转让，可将信用证分为不可转让信用证（Non-transferable L/C）和可以转让信用证（Transferable L/C）。根据信用证有无另一家银行保兑，可将信用证分为保兑信用证（Confirmed L/C）和不保兑信用证

(Unconfirmed L/C)。除这些信用证类型外，其他特殊种类的信用证还包括循环信用证、对开信用证和对背信用证等。其中，循环信用证（Revolving L/C）是指信用证被全部或部分使用后，仍然恢复到原金额，可再使用的信用证。循环信用证的好处在于进口商无须多次开证，既节约了开证费用，又可简化出口商审证和改证的手续，因而通常被使用于分批均匀交货的长期合同结算中。对开信用证（Reciprocal L/ C）是指买卖双方互相开立信用证，互为开证申请人和受益人的信用证。该类信用证一般使用于易货贸易或来料加工和补偿贸易业务的结算，对双方履行进出口义务起到约束作用。对背信用证（Back to Back L/ C）是指中间商要求进口商开立以他为受益人的信用证，并以该信用证为保证，要求开证行向商品的实际供货商开立的信用证。对背信用证的开立通常是中间商转售他人货物，从中图利，或使用于转口贸易结算。该类信用证的使用存在巨大风险。首先，对背信用证的开证行的兑付风险加大。对背信用证的开立是以原信用证为保证的，由于原信用证与对背信用证的条款在受益人、金额、装运期限和付款有效期等方面存在差异，如果对背信用证的开证行在未经原开证申请人和开证行的同意的情况下，就接受不同条款的修改，则原信用证开证行有权拒付，对背信用证的开证行将失去原信用证的兑付担保，从而蒙受巨大损失。另一方面，对背信用证的开证行为减少了自身风险或避免麻烦，在其不能确保原证开证行兑付之前，对该证受益人（实际供货商）提示的单据总是千方百计地挑出不符处以首先拒付，因此，对背信用证的受益人在准备相关单据时要格外谨慎。

(2) 汇付

汇付（Remittance）是汇款人委托银行将其款项支付给收款人的结算方式。单位和个人的各种款项的结算均可使用汇付结算方式。采用汇付方式结算时，通常由汇款人（进口商）向汇出行提交汇款申请，委托该行办理汇款业务，并付款交费；汇出行（一般是进口地银行）接受委托申请后，根据汇款申请书的指示向汇入行（一般是出口地银行）发出付款通知书；汇入行根据付款通知书的指示向收款人支付货款。

汇付根据划转款项的不同方法及传递方式的不同，可以分为信汇（M/T）、电汇（T/T）和票汇（D/D）3 种。信汇是汇款人向银行提出申请，同时交存一定金额及手续费，汇出行将信汇委托书以邮寄方式寄给汇入行，授权汇入行向收款人解付一定金额的一种汇兑结算方式。信汇费用较低，但速度相对较慢，无须加注密码，签字确认即可。电汇是汇款人将一定款项交存汇款银行，汇款银行通过电报或电传传给目的地的分行或代理行（汇入行），指示汇入行向收款人支付一定金额的一种汇款方式。电汇具有速度快的优点，但汇款人要负担较高的电报电传费用，因而通常只在紧急情况下或者金额较大时适用。汇出行往往在电报上加注双方约定的密码以确保电报的真实性。票汇是指汇出银行应汇款人的申请，代汇款人开立以其分行或代理行为解付行的银行即期汇票，支付一定金额给收款人的汇款方式。票汇与电汇、信汇的不同之处在于，票汇的汇入行无须通知收款人取款，而由取款人持票登门取款。

(3) 托收

托收（Collection）是出口人在货物装运后，开具以进口方为付款人的汇票（随附或不随附货运单据），委托出口地银行通过它在进口地的分行或代理行代理出口人收取货款的一种结算方式。代收行收齐货款后将货款拨交托收行，再由托收行划转到出口人的账户上。

根据托收时是否向银行提供货运单据，托收可以分为两种，即跟单托收和光票托收。跟单托收根据交单条件的不同又可以分为付款交单（D/P）和承兑交单（D/A）两种。

相较于汇付方式而言，托收方式能做到钱货两讫，是一种进步，但对于采购业务的买卖双方而言同样存在较大风险，相对而言，供应商面临的交易风险更大。

- 在托收方式下，采购方可以免去开立信用证的手续和预付押金，又有预先借走货物的便利。但由于采购方需在付款后才能获取货运单证提货，可能出现货物不符合采购合同要求的情况，从而蒙受损失，因此采购方也需承担一定的风险。
- 托收属于商业信用。在托收方式下，银行只是接受委托人的委托代为收款，既不承担审核单证的义务，也不承担保证付款的责任。
- 托收方式是先发货后付款，采购方可能因各种原因（如破产、市场价格下跌和未获取进口许可证等）拒付赎单或承兑后拒绝付款或延期付款。在付款交单方式下，如果采购方不去付款赎单，虽然供应商仍保有对货物的所有权，但需要支付将货物另行处理的额外费用或面临降价或运回出口国等风险。承兑交单的风险比付款交单更大，因为采购方只需在远期汇票上承兑，即可获取物权凭证提货，如果在汇票到期日付款人不履行付款承诺，供应商将可能钱货两失。

采用托收方式进行货款结算，供应商需对采购方的资信情况有充分的了解，一般适用于有长期良好合作关系的贸易伙伴或供应商在进口国有办事处的情况，以便有效地降低风险。

12.1.2 支付方式

支付方式通常有预付（Payment in Advance）、货到付款（Payment on Delivery）和赊欠（Open Account or Credit）等几种方式。

1. 预付（或订货付款）

一些供应商，特别是所供应的产品或服务是高风险的供应商，常常会要求采购方提前付款（例如国际贸易中的不了解的新客户，或者之前曾有不良的拖延支付记录的客户）。采购方通常需要在合同签字时或者在下采购订单的时候就支付款项。这种方式对于供应商的现金流及风险管理来说是非常有利的，但是对采购方则是不利的。

2. 货到付款

通常是在下订单时付款，不同的是采购方只在确认收到并接受了商品或服务后才付款。

3. 赊欠

采购方和供应商之间有一个赊欠的往来账户，供应方允许采购方在物品交付或收到供应商发票后一段时间内支付款项（通常是30天或60天）。

由于市场的激烈竞争，对本地供应商绝大部分采用赊欠方式，付款期限越来越长，但一般不超过90天。如果供应商是跨国公司或国外的企业，由于双方的信用情况互相不太了解，一般要求采用预付款的方式，经过一段时间的合作，双方有了进一步的了解，经过与供应商协商，通常可以改成月结（30天）。对于市场紧俏的或供应商垄断的产品，供应商会要求货到付款，如果企业流动资金充足，采用货到付款经常能得到更优惠的价格。

所以，在签订合同时，需要明确支付方式，避免后期纠纷，明示以下几点。

1）应在什么时候支付商品的款项（例如，在收到商品的后一个月的月末，或在收到商品发票后一个月的月末付款，两者选最晚的一个）。

2）如果采购方出现延迟付款，应该支付什么样的利息（例如，用于弥补销售商因延迟付款遭受的直接损失的利息，只要没有超过法定的利息率）。

3）付款时间是不是协议中极其重要的条款，使得供应商在采购方没能按时付款时有权拒不履行合同（当然从采购方的角度看，最好合同能说明付款时间不是合同中的极其重要的条款）。

12.2 采购结算的业务处理

12.2.1 发票的审核

对于供应商提交的各种发票，应由采购部门进行预先审核，将有些在价格、条款或其他要点上与订单有出入的发票送交财务部进行复核。所有的付款发票必须经过审核无误后，才能办理付款手续。

1. 增值税专用发票的审核

对增值税专用发票的审核分为采购审核和财务审核，具体内容如表 12-1 所示。

表 12-1 增值税专用发票的审核

审核人	审核内容
采购	1）开票日期至请款日不得超过 80 天 2）审核数量、单价和金额
财务	1）审核“购货单位名称”必须为本公司名称全称，“地址、电话”“税务登记号”和“开户行及账号”等项目填写必须正确 2）应同时取得发票联（第二联）及抵扣联（第一联），并是否为运用防伪税控系统开具的专用发票，各联均加盖销货单位发票专用章或财务专用章，字轨号码一致，字迹清楚，不得涂改，各项目填写齐全、正确无误，票面金额与实际支付的金额相符，两联的内容和金额一致 3）不同商品或劳务名称应分别填写，汇总金额开立的发票及抵扣凭证应有“销货清单”作为发票附件，商品名称应与入库单相符 4）“数量”“单价”“金额”“税率”“税额”“合计”和“价税合计”各栏计算是否正确，“价税合计”中的大小写金额是否相符 5）是否符合增值税专用发票的其他管理规定

2. 普通发票的审核

对普通发票的审核分为采购审核和财务审核，具体内容如表 12-2 所示。

表 12-2 普通发票的审核

审核人	审核内容
采购	1）开票日期至请款日不得超过 80 天 2）审核数量、单价和金额
财务	1）审核发票开具的付款单位是否为公司全称 2）审核发票填开项目，如商品名称、规格、单位、数量、单价、金额，以及填开日期是否都填开齐全，如果商品种类多，在发票上无法全部列示，是否后面附了经过开票单位盖章确认的明细清单。需要注意的是，在审核定额发票时，必须重点审核是否准确填开日期，是否存在不开日期的情况 3）审核发票填开内容与发票类型及所盖印章的合理性 4）审核发票填开内容与所附附件的合理性

12.2.2　采购结算业务流程

1. 采购员汇总物资验收单

供应商交货时，采购部应会同仓储部、质检部根据采购订单要求进行验货和入库，并填写“物资验收单”等相关单据。采购专员应定期汇总物资验收单，作为采购结算的重要依据。

2. 采购入库核对

采购专员必须将物资验收单与采购合同、订单等进行对照与核对，确认单证所列内容都一致后，将各项数据进行整理和汇总。若物资验收单中存在栏目缺失，或与订单、采购合同中所列内容不符，采购专员应及时与仓储部、质检部、供应商联络和协调，积极追究原因。

3. 采购员填写应付账款单

采购专员对各项数据进行汇总无误后，填写应付账款单，示例如表 12–3 所示，列明应付款项明细。

表 12–3　应付账款单

日期	项目	往来单位	应付金额	应付明细备注	核对情况
备注	核对内容包括：原始单据是否齐全、原始凭证内容是否完整、是否经授权批准，以及是否带有现金折扣。如果核对无误，则在核对情况下相应的栏目内打勾				

主管：　审核：　制单：　对方确认：

4. 供应商确认应付款单

采购专员将应付账款单送采购主管审核并签署意见，经审核无误后，转给供应商进行确认。

如果供应商对应付账款单存在异议，采购专员应重新审核已经发生的订单情况，并再次进行确认。

5. 财务部复核

采购部将供应商确认过的应付账款单交与财务部，由会计人员根据采购订单、采购合同和物资验收单等进行审核，编制记账凭证，审核无误后交出纳人员查验。出纳人员在确认各类单据均符合财务规定、数据均一致后，办理结算。

6. 付款

根据合同规定的结算方式进行结算后，出纳人员付款，编写付款记账凭证。并要求供应商在几日内尽快提供发票等有关票据和证明文件。

12.2.3　采购结算可能遇到的问题与对策

在企业实际采购结算工作中，可能会遇到比如付款凭证不合法、不真实、不准确，发票填写信息错误或付款金额出错等问题导致结算过程出现纠纷；有的企业没有重视付款方式的合理选择，过多使用现金、预付款等付款方式，占用企业资金较多；有的选择的结算方式手续费过高，增加了企业的结算成本；有的财务人员未及时将应付账款登账，造成付款延误；有的对不合格品金额未扣除，造成多付款项；有的索赔管理机制不完善，出现纠纷时不知道如何解决等诸如此类的问题，影响了企业和供应商关系的和谐，有的还给企业带来经济或声誉上的损失。

要解决和防范上述问题的出现，在采购结算工作中，要做到以下几点。

1. 加强付款审核工作

企业应当加强对采购付款的审核工作，避免在付款过程中出现各类不符合规定的问题，具体措施如下。

- 完善付款流程和相关制度，明确付款审核人的责任和权限范围。
- 严格审核采购预算、合同及相关单据凭证，以及审批程序等相关内容，审核无误后按照合同规定合理选择付款方式，并办理付款。
- 严格审查采购发票等票据的真实性、合法性和有效性，并判断采购款项是否应该支付。
- 审查发票填制的内容是否和发票种类相符，发票加盖的印章是否与票据种类相符。
- 重视采购付款过程中的控制和跟踪管理工作，如果发现异常情况，应拒绝向供应商付款，避免出现资金损失和信用受损。

2. 合理选择付款方式

采购人员和财务人员在与采购谈判或签订采购合同时，必须根据国家有关支付结算的规定和企业生产经营的实际，合理选择付款方式，并严格遵循合同规定，防范由付款方式不当带来的法律风险，以保证资金安全。

- 国内采购结算，一般情况下，除了不足转账起点金额的采购可以支付现金外，采购价款均应通过银行办理转账。
- 国际采购结算中结算方式的选择尤为重要。信用证是国际贸易中最为常见的结算方式，信用度非常高，甚至可以抵押贷款，但开具过程审核严格，可能会因为审核不通过而耽误交货期限。电汇订金的比率需要双方谈判约定，灵活性较大，银行手续较少，风险比信用证大，可以和信用证结合起来运用，增加保险性。国际供应商要在收款之前保留对货物的控制权，则可以安排跟单托收的形式。

3. 加强付款审核追查

企业除了要做好付款方式的选择和付款前的各项审查工作外，还需要对采购付款结算之后的事项进行跟踪追查，确保采购结算过程的安全性。具体措施如下。

- 加强对预付账款和定金的管理。一旦涉及大额或长期的预付款项，企业应当定期进行追踪核查，综合分析预付账款的期限、占用款项的合理性等情况；如果发现有疑问的预付款项，应当及时采取措施，尽快收回款项。
- 付款时保留一定的尾款，并做好物资质量的跟踪工作。如果在物资使用或服务实施过程中发现问题，企业应当及时与供应商联系处理。

4. 强化质量监控，严格依照合同办事

在采购结算过程中，前期要加强对采购品项质量的严格检查、检验和接收的过程管理，杜绝不符合采购合同质量要求的商品进入企业。当发生质量问题时，严格依照合同规定，扣收质量保证金、损失补偿金等，严格追查，能在采购结算前发现的问题，扣除的金额直接从应付款项扣除。付款后发生的损失要积极开展索赔。当协商不能解决问题时，可以考虑仲裁或利用法律武器保障企业的合法权益。

【课后思考题】

1. 采购结算的主要方式有哪些？

2. 采购具体的支付方式有几种？
3. 采购结算中采购部门起什么作用？
4. 如何处理采购结算业务？
5. 采购结算中可能遇到什么问题？如何避免问题发生？

实训任务

熟悉各种银行结算方式的操作流程和使用要求。

第 13 章　采购绩效评价与控制

本章导读： 采购绩效评价是确保采购目标实现、改善部门关系、提供部门和个人奖惩与选拔参考依据、改进采购工作依据、激励与提升采购人员士气的重要手段。采购部门人员应很好地理解采购绩效评价的目的，主动参与其中。

学习目标： 理解采购绩效和采购绩效评价的概念；了解采购绩效评价的原则与作用；熟悉采购绩效评价流程；掌握采购绩效评价的指标及标准；掌握提升采购绩效评价的途径。

引导案例

刘经理的困惑

刘经理是某电子有限公司采购部经理，担任经理职位到现在刚满一年。一年来，她通过建立规范采购制度、优化采购流程、加强过程管理，使得采购部门的各项工作相比以前规范了不少，采购效率有所提高。但也感觉部门内部员工工作积极性尚没有得到最大化，到年终时对部门和员工工作成效的考核多是定性的认定，缺乏定量的数据支撑。因此她想建立一套采购绩效的考核制度来加强采购部门这方面的工作。

但考虑了很久，关于如何开展采购绩效评价，特别是从哪些方面考核、如何建立考评指标、评估的数据如何收集，以及如何保证评估的公正、公平性等问题她还是存在不少的困惑，阻碍了她对这一制度的推进。

那么，为实现刘经理的想法，该如何做呢？

13.1　采购绩效评价

绩效是“绩”与“效”的组合，“绩”就是业绩，体现企业的利润目标；“效”就是效率、效果、态度、品行、行为、方法和方式等。绩效是一个组织或个人在一定时期内的投入和产出情况，投入指的是人力、物力和时间等物质资源，产出指的是工作任务在数量、质量及效率方面的完成情况。

采购绩效是指采购效益和采购业绩，反映了采购产出与相应的投入之间的对比关系，是对采购效率进行的全面整体的评价。采购绩效是通过采购流程各个环节的工作所实现预定目标的程度。

采购绩效考核，是指采购部对照工作目标或绩效标准，采用一定的方法，考核采购部和采购人员工作任务的完成情况及工作职责的履行程度，并将上述考核结果反馈给采购部门人员的过程。对整个采购部门的评价主要是用来衡量采购部门的目标达成情况及采购部门的工作表现。对采购人员个人的评价则侧重个人业绩表现。二者构成完整的采购绩效评价。

13.1.1　采购绩效评价的原则与作用

1. 采购绩效评价的原则

1）绩效评价必须持续进行，要定期地审视目标所达到的程度。

2）必须从企业整体目标的观点出发来进行绩效评价。

3）评价必须持续不断而且长期进行。

4）评价尺度。可以用过去的绩效为尺度，也可以用过去的绩效作为评价的基础，还可以采取与其他企业的绩效进行比较的方式。

2. 采购绩效评价的作用

（1）督促采购工作目标实现

采购绩效评价是有效控制采购过程，使采购工作依计划、有目标地进行的基础。各企业可针对采购单位所应追求的主要目标加以评价，并督促其实现。

（2）改善部门合作关系

采购绩效评价使工作透明化，有利于采购部与其他部门、层次之间的联系与沟通。采购部门的绩效高低和其他部门能否密切配合有很大关系。所以采购部门的职责是否明确，表单、流程是否简单、合理，付款条件及交货方式是否符合公司管理制度，以及各部门的目标是否协调一致等，均可通过绩效考核与评价予以判断，并可改善部门之间的合作关系，增强企业整体的运作效率。

（3）展示采购工作的成绩

良好的绩效考核与评价方法能将采购部门的绩效独立于其他部门而突出显现，并反映采购人员的个人表现，作为各种人员考核的参考资料。依据客观的绩效评价，达成公平、公正、公开的奖惩，定能鼓舞采购人员的士气，使整个部门团结协作，形成合力。

（4）利于采购工作改善改进

采购绩效评价能量化采购工作，便于采购管理。采购绩效考核与评价制度可以提供一个客观的标准来衡量采购目标是否达成。同时，也可以衡量采购部门目前的工作表现如何。正确的绩效评价有助于发现采购作业的缺陷所在，借此拟定改进措施，达到以评促改的功效。

13.1.2　采购绩效评价的方式

越来越多的企业管理者认识到一个采购部门在整个企业中发挥的巨大作用，尤其是一个配备了有能力的雇员和恰当组织的采购部门。定期合理地评价采购绩效可以节省费用，直接增加企业利润。采购绩效的测量方式可以分为定期和不定期两种评价方式。

1. 定期评价

定期评价是配合公司年度人事考核制度进行的。一般而言，如果能以目标管理的方式，也就是从各种工作绩效指标中选择年度重要性比较高的项目中的几个定位绩效目标，年终按实际达到的程度加以考核，那么一定能够提升个人或部门的采购绩效。并且，这种方法因为摒除了“人”的抽象因素，以“事”的具体成就为考核重点，比较客观、公正。

2. 不定期评价

不定期绩效评价，是以专案的方式进行的。比如公司要求某项特定产品的采购成本降低10%。当设定期限一到，评价实际的成果是否高于或低于10%，并就此成果给予采购部门和人员适当的奖励或处分。此种评价方法对评价主体的士气有巨大的提升作用，此种不定期的绩效评价方式，特别适用于新产品开发计划、资本支出预算和成本降低的专案。

13.1.3 参与采购绩效评价的人员

1. 采购部门主管

由于采购主管对管辖的采购员最熟悉，且所有工作任务的指派或工作绩效的好坏均在其直接督导之下，因此由采购主管负责评价，可以注意人员的个别表现，并兼收监督与训练的效果。

2. 会计部门或财务部门

会计部门或财务部门不但掌握公司的产销成本数据，对资金的取得与付出也进行全盘管理，因此可以参与采购员的工作绩效的评价。

3. 工程部门或生产管理部门

如果采购项目的品质及数量对企业的最终产出影响重大时，有时会由工程部门或生产管理部门评价采购员的绩效。

4. 供应商

有些公司通过正式或非正式渠道，向供应商探询其对于采购员的意见，以间接了解采购作业的绩效和采购员的素质。

5. 外界的专家或管理顾问

为避免公司各部门之间的本位主义或门户之见，公司也可能特别聘请外界的采购专家或管理顾问，针对全盘的采购制度、组织、人员及工作绩效，做出客观的分析与建议。

13.1.4 采购绩效评价的流程

采购绩效评价系统的开发需要领导的支持和高层管理者的承诺，他们需要提供系统必需的财务资源。管理层也要求所有的采购点尽量运用相同的系统结构，这能减少重复的工作并节约开发与实施成本。开发并实施采购绩效评价包括一系列活动，如图 13-1 所示。

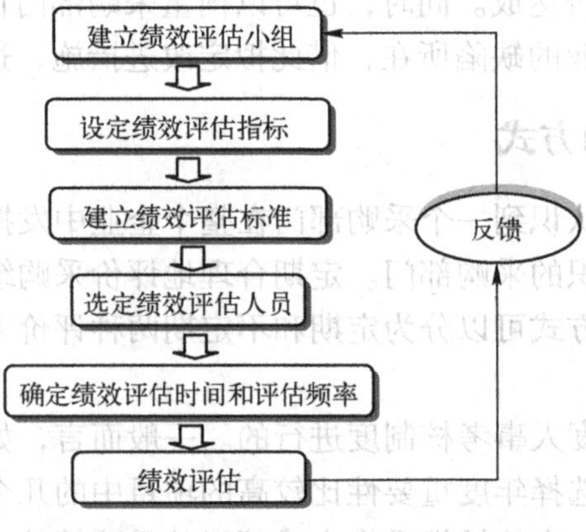

图 13-1 企业采购绩效评价流程

1）建立采购部门、财务部门、生产部门和供应商等多方参与的绩效评估小组。

2）依据企业实际情况，合理设定绩效评估指标。这种指标一定是经过部门和员工努力工作后才能够达到的，具有激励作用。

3）为绩效评估的指标得分、结果等建立标准。

4）确定参加评估的人员。

5）拟定什么时候开展评估、评估的频率是一年一次还是多次，一般一年一次的评估是在年末进行的。

6）开展绩效评估，得出结果。重要的是对结果进行反馈，与被评估人、绩效小组成员等一起共同改进绩效。

13.1.5 采购职能部门绩效评价的指标

确定采购职能部门绩效指标目标值时，要考虑以下前提：一是内外顾客的需求，尤其是要满足“下游”顾客，如生产部门、质量管理等的需要。二是在原则上，供应商的平均质量、交货等综合表现应该高于本企业内部的质量与生产计划要求。只有这样，供应商才不至于影响本企业的内部生产与质量，这也是“上游控制”。

最初，衡量采购职能部门绩效评价标准的研究就提出将成本/价格和供应商交货质量/交付绩效作为其最重要的绩效评价判断标准。其实，衡量采购职能部门绩效的标准有很多，比如全面质量管理、战略采购方和供应商的关系，以及货物总成本等，新的衡量工具需要衡量采购职能部门对公司竞争地位的作用，比如减少从设计到产品的转化周期、供应商引进新的技术和采购周期等，企业可以根据自己的具体目标和当前的采购趋势，将这些衡量标准进行排序，制订出符合企业实际情况的评价标准。一般而言，可以作为衡量采购职能部门绩效的标准包括 3 部分：利润贡献指标、工作量指标和采购系统能力指标，具体如表 13-1 所示。

表 13-1 采购职能部门关键绩效考核指标体系

一级指标	二级指标	三级指标
利润贡献指标	价格与成本指标	营业性支出价格节约、价格增加、增值节约 资本性支出：采购成本节约率
	综合财务指标	采购金额占销售收入百分比、采购部门费用占销售收入百分比、采购部门费用占采购金额百分比
	交货绩效指标	正面指标：准时交货百分比 负面指标：紧急采购费用、缺料停工损失
	质量绩效指标	正面指标：合格交货百分比（质量合格率、数量准确率） 负面指标：物料抽检缺陷率、物料在线报废率
	经济性指标	存货成本、订货和供应成本、仓库运营成本
	效率指标	库存金额（财务价值）、库存周转率
	效力指标	客户服务水平、订单满足率
工作量指标	工作量指标	订单或合同数量、人均完成采购单数量、人均完成采购金额
采购系统能力指标	柔性指标	采购柔性、紧急订单完成率
	效率指标	采购计划完成率、订单处理周期、人均采购费用、人均管理供应商数量、错误采购次数

1. 利润贡献指标

（1）价格与成本指标

价格与成本指标中最常使用的指标是价格节约、价格避免、价格增加和增值节约。

其中，价格节约是指比基准价格减少的数量。其计算公式为：价格节约 = 基准价格 − 实际价格。价格避免是指将供应商请求的价格增长量降低的数量，目标总是瞄准将增长量降为零。价格增加是指比基准价格增加的数量。增值节约是指通过采购管理持续改进，实现等价的财务节约。

(2) 综合财务指标

综合财务指标中最常使用的指标是采购金额占销售收入百分比、采购部门费用占销售收入百分比和采购部门费用占采购金额百分比。其计算公式分别如下。

采购金额占销售收入百分比 = 采购金额/销售收入 ×100%

采购部门费用占销售收入百分比 = 采购部门费用/销售收入 ×100%

采购部门费用占采购金额百分比 = 采购部门费用/采购金额 ×100%

(3) 交货绩效指标

采购部门下达订单后，如果所采购物资不能按时到达，往往会给企业的生产带来极大的麻烦，生产车间也许不得不停工待料，进而影响生产计划的完成，客户也不能及时得到最终产品，并产生顾客抱怨和顾客流失。因此，采购交货是否准时将极大地影响企业的成本和利润。

交货绩效用准时交货百分比来测量。准时交货百分比 = 准时交货次数/总交货次数 × 100%，交货绩效也可以用一个负面指标来测量采购交货绩效，如紧急采购费用、缺料停工损失等。

(4) 质量绩效指标

如果采购物资未达到订单合同规定的质量和数量，会造成生产计划变更，不良品增多并增加管理费用。因此质量合格率与数量准确率就成为了衡量采购绩效非常重要的指标。质量绩效指标一般体现为 3 个指标：合格交货百分比（数量准确百分比）、物料抽检缺陷率和物料在线报废率（在线物料报废数量/总上线物料数量 ×100%）。

(5) 经济性指标

经济性指标用存货成本来表示。其计算公式为：存货成本 = 订货供应成本 + 仓库运营成本。

(6) 效率指标

效率指标包括库存金额和库存周转率。库存金额是指仓库存货的总金额。库存周转率是一种衡量材料在工厂里或是整条价值流中流动快慢的标准。最常见的计算库存周转的方法，就是把年度销售产品的成本（不计销售的开支以及管理成本）作为分子，除以年度平均库存价值。其计算公式为：库存周转率 = 年度销售产品成本/当年平均库存价值 ×100%。

(7) 效力指标

效力指标由客户服务水平和订单满足率构成。提高客户服务水平与库存数量水平有直接关系，随着服务水平的提高，成本会以更高的比例上升。订单满足率是衡量“按订单组织货源”工作成效的一个标准，是指客户的实际供货量与需求订单量之比。订单满足率越高，说明行业适应市场能力越强，也意味着客户对行业的满意度越高。其计算公式为：订单满足率 = 实际供货量/需求订单量 ×100%。

2. 工作量指标

订单和合同管理是采购的基本工作，因此采购管理基本的工作量主要由订单和合同数量指标来反映。

订单和合同数量大幅减少，为采购部门创造了一个机会，他们将有更多的时间和精力以更为战略性的方法，为本企业的盈利性做更大的贡献。

订单和合同数量的增加，可能导致采购部门忙于处理内部客户的日常采购需求，从而偏离采购职能的主要目标。

3. 采购系统能力指标

采购系统能力强，则意味着采购效率高、采购柔性好。采购系统能力指标包括：采购柔性、紧急订单完成率、采购计划完成率、订单处理周期、人均采购费用、人均管理供应商数量和错误采购次数等。

13.1.6 采购人员绩效评价的指标

采购人员在其工作职责上，必须达成5R，即适时、适量、适质、适价、适地，因此，其绩效评价自应以此5R为中心，并以数量化的指标作为衡量绩效的尺度。采购人员的绩效评价一般包括以下一些指标，如表13-2所示。

表13-2 采购人员绩效考核指标体系

一级指标	二级指标
品质绩效	进料验收指标、在制品验收指标
数量绩效	储存费用指标、呆料、废料处理损失指标
时间绩效	紧急采购费用指标、停工断料的损失指标
价格绩效	实际价格与标准成本的差额 实际价格与过去移动平均价格的差额
价格绩效	比较使用时的价格和采购时的价格的差额 将当期采购价格与基期采购价格的比率和当期物价指数与基期物价指数的比率进行比较
采购效率（活动）指标	采购金额、采购金额占销货收入的百分比、订购单的件数、新供应商开发的个数、采购计划完成率、错误采购次数、订单处理的时间

1. 品质绩效

采购人员的品质绩效可由验收记录及生产记录来判断。前者是指供应商交货时，为公司所接收（或拒收）的采购项目数量或百分比；后者则是指交货后，在生产过程发现品质不合格的项目数量或百分比。其计算公式为：

进料验收指标 = 合格（或拒收）数量 ÷ 检验数量

在制品验收指标 = 可用（或拒用）数量 ÷ 使用数量

若以进料品质管理抽样检验的方式，则在制品品质管理发现品质不良的比率，将比采用全部检验的方式高。拒收或拒用比率越高，显示采购员的品质绩效越差，因为没有能找到理想的供应商。

2. 数量绩效

当采购员为争取数量折扣，以达到降低价格的目的时，可能导致存货过多，甚至发生呆料、废料的情况。

1）储存费用指标。指现有存货利息及保管费用与正常存货水准利息及保管费用的差额。

2）呆料、废料处理损失指标。指处理呆料、废料的收入与成本的差额。

存货积压利息及保管的费用越大，呆料、废料处理的损失越高，显示采购员的数量绩效越差。不过此项数量绩效有时会受到公司营业状况、物料管理绩效、生产技术变更或投机采购的影响，所以并不一定完全归咎于采购员。

3. 时间绩效

这项指标用以衡量采购员处理订单的效率，以及对于供应商交货时间的控制。延迟交货可能形成缺货现象，但是提早交货也可能导致买方负担不必要的存储成本或提前付款的利息费用。

1）紧急采购费用指标。指紧急运输方式（如空运）的费用与正常运输方式的费用的差额。

2）停工断料的损失指标。指停工期间作业人员的薪资损失。

事实上，除了前述指标所显示的直接费用或损失外，尚有许多间接的损失。例如，经常停工断料，造成顾客订单流失；作业员离职，以及恢复正常作业的机器必须做出的各项调整（包括温度、压力等）。紧急采购会使采购品的价格偏高，品质欠佳，也会产生为赶进度而额外支付的费用，这些费用与损失通常都未估算在此项绩效指标内。

4. 价格绩效

价格绩效是企业最重视及最常见的衡量标准。透过价格绩效，可以衡量采购员的议价能力及供需双方势力的消长情形。

采购价格绩效的指标，通常有下列几种。

1）实际价格与标准成本的差额。

2）实际价格与过去移动平均价格的差额。

3）比较使用时的价格和采购时的价格的差额。

4）将当期采购价格与基期采购价格的比率和当期物价指数与基期物价指数的比率进行比较。

5. 采购效率（活动）指标

以上品质、数量、时间及价格绩效，是就采购员的工作效果来衡量的，另可就其效率来衡量。

下列各项指标可衡量在达成采购目标的过程中的各项活动水准或效率。

（1）采购金额

采购金额是指采购人员所完成的企业年度物资的总采购金额，包括生产性原材料与零部件采购总额、非生产性采购总额，以及原材料采购总额占产品总成本的比例等。其中最重要的是原材料采购总额，它还可以按不同的材料进一步细分为包装材料、电子类零部件、塑胶件五金件等；也可以按采购成本结构划分为基本价值额、运输费用及保险额和税额等。

（2）采购金额占销货收入的百分比

采购金额占销售收入的百分比是指采购人员在一年度里的采购总额占年销售收入总额的百分比，它可以在一定程度上表明企业采购资金的合理性。

（3）订购单的件数

订购单的件数是指采购人员一定时间内采购物品的数量，可以对库存物资进行分类统计。

（4）新供应商开发个数

新供应商开发个数是指企业在一定期间内与采购部门新合作的供应商的数量。它反映了企业采购人员的工作效率。为使供应来源充裕，对唯一来源的商品，常要求采购人员必须在期限内增加供应商的数量。但是对于一些比较非常重要的商品，企业与供应商建立长期的合作伙伴关系也是非常必要的。

（5）采购计划完成率

采购计划完成率是指在一定期间企业商品实际采购额与计划采购额的比率，它反映了采购人员采购计划的完成情况。完成件数有两种计算标准：第一种标准是由采购人员签发订购单即算；第二种标准则必须等供应商交货验收完成才算。不过，采购人员若为了提高采购完成率，使议价流于形式，则将得不偿失。因此，若无停工待料的风险，完成率稍低也是可以接受的。

（6）错误采购次数

错误采购次数是指在一定期间企业采购人员因工作失职，譬如错误的请购单位、没有预算的资本支出请购项目、未经请购单位主管核准的项目或未经请购单位主管核准的订购单等原因造成的错误采购的数量，它反映了采购人员工作质量的好坏，应降至零为最佳。

（7）订单处理的时间

订单处理的时间是指采购人员在处理采购订单的过程中所需要的时间，它反映了企业采购人员的工作效率。

通过采购活动水准上升或下降，可以了解采购员工作的压力与能力，这对于改善或调整采购部门的组织与人员将有很大的帮助。

13.2 采购绩效控制

13.2.1 企业采购绩效考评的常见问题

在采购管理中，绩效考评扮演着一个举足轻重的角色：若使用得当，它可以成为大幅度提高企业采购绩效的助推器；若使用不当，则会变成企业变革和采购绩效提升的“拦路虎”。

有效地使用绩效考评方法可以对企业采购管理状况进行及时的反馈。根据这些反馈可以判断采购部门是否在向自己的采购战略目标迈进、采购人员是否需要培训，以及采购流程该如何优化重组等。作为对企业采购管理成果的反映，绩效考评为企业采购管理的改进方向提供了切实的依据。

与此同时，绩效考评使用不当也有可能造成打击采购团队士气、降低团队效率及妨碍采购绩效改进等负面因素。企业绩效考评中存在以下几个常见的问题。

1. 忽视绩效考评后的改进

很多企业开展采购绩效考评，往往只是用来评价员工的工作努力程度，作为奖金、提升等的依据。对考评后发现的问题缺乏必要的整改措施。要知道，采购绩效考评仅仅是一个指标汇报体系，不管考评体系有多么先进，考评结果只能告诉企业绩效的现状。

采购绩效的提高则有赖于将采购人员组织起来对关键流程和支持系统进行分析和改进。采购绩效指标为采购部门找出问题症结所在，因此，采购部门更重要的是针对这些问题采取的改进措施。如果绩效考评不能引导出绩效改进和提升的措施，那前面所做的各项考评工作完全是浪费。

2. 决策层重视不够，绩效评价集中于采购部门

企业高层忽视采购绩效评价的重要性，不能在人员和资源等方面给予足够的权利，导致采购绩效评价活动得不到有力的支持，从而不能很好地进行，影响了采购绩效评价的效果。

现代的采购活动是站在企业战略的角度上，涉及供应商和顾客的整个供应链采购过程，因此，对采购的绩效评价也应站在整个供应链的角度来衡量评价，但现在很多企业局限于将这项工作由采购部门单方来负责，因此存在着很大的局限性。

3. 绩效评价指标体系不完善

目前大多数企业还没有形成一整套指标体系，难以在现代企业管理制度的指导下全方位地评价采购工作的绩效。很多企业建立的采购绩效指标大多围绕财务指标展开，却忽视了供应商关系、顾客服务性等指标这些拓展指标的作用，从而没有得到完善的绩效评价。

有的企业虽然建立了相对完善的采购绩效评价指标体系，但并没有分清主次指标，因此不能对重点采购指标进行详细、具体的评价，从而不能把握关键的采购指标，同时耗费了大量的人力、物力和财力。

13.2.2 提升采购绩效的途径

1. 建立科学合理的采购绩效评价的标准

绩效指标设置合理与否关系到绩效管理工作能否达到改善员工绩效、提高组织绩效的效果。依据采购部的战略设计指标，用关键绩效指标将战略目标分解到各个岗位，最终形成员工的绩效指标。绩效指标的调整要根据企业的战略变化进行。设计绩效指标时要考虑指标要具体、明确、可衡量、实际易于操作。指标权重可以采用层次分析法和专家评价法进行综合分析。

采购绩效考核与评价的关键是不仅需要制订一套客观的、能够充分展现采购人员绩效、对考核对象有导向作用的指标体系，而且同时还要制订出相应的、合理的、适度的标准。一般绩效标准的制订可以参照以往绩效、同行平均绩效等制订出适合本企业的通过努力能够达到的目标绩效。

2. 加强绩效评价过程控制，强调员工参与

企业应让员工参与到绩效管理过程中，明确强调绩效管理是管理者和员工双方的事情，它的有效推行离不开采购部全体员工的参与。员工参与绩效管理时，需要从各个阶段入手。

在实施绩效管理之前，采购部负责人向员工传达绩效管理的理念、意义、考核程序和考核方法，倾听员工的意见，消除员工的戒备心理。

进行绩效计划时，采购部负责人和员工在沟通的基础上达成对工作任务的一致认识，形成员工的绩效契约。

在绩效考核实施过程中，采购部负责人要始终和员工保持联系，对员工进行工作指导和监督，发现问题要及时解决，员工也应该及时向上级提出在工作中遇到的困难和需要得到的帮助。

3. 注重考核过程的公平、公正，做到及时反馈

绩效考核结束后，采购部负责人应及时向员工反馈考核结果，进行绩效面谈，找出绩效差距，提出下阶段的工作任务和改进目标。

采购部必须保证绩效考核过程公平、公正、公开。采购部对于同一类被考核者要用同样的考核指标和考核标准，不能因人而异；考核工作的标准和考核责任人向员工公开，考核结果向被考核人公开；严格按照考核程序和考核标准，客观地对考核对象进行考评，不能带有感情色彩和偏见。

为了保证绩效考核过程公平、公正，采购部还可以采取以下措施。

1）实行“360°”考核，考核者包括被考核者的上级、同级、下级、客户和被考核者本人。

2）采购部要对完成的考核进行高层管理机构评审，发现问题时要求评价者给予合理的解释，必要时要求评价者重新评价。

3）采购部还应建立上诉系统，员工对考核结果不满意时可以获得公正的对待，同时也可避免考核者滥用权力。

4. 采取采购绩效面谈制度

采购绩效面谈是指采购部经理根据采购人员绩效考核结果，与每个采购人员做一对一、面对面的绩效沟通，以改善绩效。在工作的初期，采购人员与其直接主管就本期内绩效计划的目标和内容，以及实现目标的措施、步骤和方法进行面谈。在绩效管理活动的过程中，根据采购人员不同阶段的实际表现，其直接主管与采购人员围绕思想认识、工作程序、操作方法、新技术应用和新技能培训等方面的问题进行面谈。在整项工作完成之后，采购人员直接上级根据采购绩效计划贯彻执行情况及其工作表现和工作业绩进行全面回顾、总结和评价，并将结果及相关信息反馈给采购人员。

5. 加强与供应商的合作

与供应商的关系是采购管理的一个重要方面。对于采购和供应双方来讲，都要考虑成本和利润、长期伙伴和短期买卖关系等问题。好的供应商最终会带来低成本、高质量的产品和服务。采购绩效领先的公司更注重建立与供应商的关系，从长期及帮助供应商发展角度去降低成本。采购绩效领先者渐渐摒弃传统的拼命压价采购方式，不再千方百计地逼迫供应商让步，或寻找多个供应商并采取分而治之的方式。现在，长期的合作供应关系更受青睐。

6. 充分应用信息技术

信息技术的手段能有效改进采购流程，提升采购效率。在采购管理中要重视采购信息的管理，建立相应的管理信息系统，充分利用数据库、数据仓库和数据挖掘技术提升采购数量预测、成本分析及供应商管理等的科学性，从而改善采购绩效。

如一汽大众汽车有限公司采用 SAP 公司的 ERP 系统后，在采购上根据主生产计划和物料清单对库存量进行查对，由计算机快速计算出所缺物料的品种、数量和进货时间，将采购进货指令下达到各个分厂。然后由采购人员从系统中查看各供应商的历史信息，依据其价格、供货质量及服务等指标来选择供应商。这样做既能准确、高质量地实现物料采购，又大大缩短了采购周期。

13.2.3 采购人员绩效评价实施方案示例

以下为某公司采购人员绩效考核实施方案，可作为实际工作的范本参考。

采购人员绩效考核实施方案

1. 目的

为贯彻企业绩效考核管理制度，全面评价采购人员的工作绩效，保证企业经营目标的实现，同时也为员工的薪资调整、教育培训和晋升等提供准确、客观的依据，特制订采购人员绩效考核实施方案。

2. 遵循原则

（1）明确化、公开化原则

考核标准、考核程序和考核责任都应当有明确的规定，而且在考核中应当遵守这些规定。同时，考核标准、程序和对考核责任者的规定在企业内部应当对全体员工公开。

（2）客观考核的原则

明确规定考核标准，针对客观考核资料进行评价，避免掺入主观性和感情色彩，做到“用事实说话”，考核一定要建立在客观事实的基础上。其次要做到把被考核者与既定标准做比较，而不是在人与人之间进行比较。

(3) 差别的原则

考核的等级之间应当有鲜明的差别界限，针对不同的考核评语，在工资、晋升和使用等方面应体现明显差别，使考核带有刺激性，激励员工的上进心。

(4) 反馈原则

考核结果（评语）一定要反馈给被考核者本人。在反馈考核结果的同时，应当向被考核者就评语进行说明解释，肯定成绩和进步，说明不足之处，提供今后努力方向的参考意见等。

3. 适用范围

适用于本企业采购部人员，以下人员除外。

1）考核期开始后进入本企业的员工。

2）因私、因病、因伤而连续缺勤 30 日以上者。

3）因工伤而连续缺勤 75 日以上者。

4）虽然在考核期任职，但考核实施日已经退职者。

4. 绩效考核小组成员

生产部负责组织绩效考核的全面工作，其主要成员包括生产副总、生产经理、副经理、采购主管、企划经理、人力资源主管和人力资源组的工作人员。

5. 采购绩效考核实施

(1) 采购人员绩效考核指标

采购人员绩效考核以适时、适质、适量、适价、适地的方式进行，并用量化指标作为考核的尺度。主要利用采购时间、采购品质、采购数量、采购价格和采购效率 5 个方面的指标对采购人员进行绩效考核。量化指标如表 13-3 所示。

表 13-3 采购人员绩效考核指标

绩效考核方面	权重	考核指标/指标说明
时间绩效	15%	停工断料，影响工时
		紧急采购（如空运）的费用差额
品质绩效	15%	进料品质合格率
		物料使用的不良率或退货率
数量绩效	30%	呆物料金额
		呆物料损失金额
		库存金额
		库存周转率
价格绩效	30%	实际价格与标准成本的差额
		实际价格与过去平均价格的差额
		比较使用时价格和采购时价格的差额
		将当期采购价格与基期采购价格的比率和当期物价指数与基期物价指数的比率进行比较
效率绩效	10%	采购金额
		采购收益率
		采购费用
		新开发的供应商数量
		采购完成率
		错误采购次数
		订单处理时间

（2）绩效考核周期

采购主管对于短期内的工作产出有较清晰的记录和印象，以及对工作的产出及时进行评价和反馈，有利于及时地改进工作，以月度为周期进行考核；对于周边绩效指标，则可以季度或年度进行考核。

（3）绩效考核方法及说明

采购人员绩效考核采用量化指标与日常工作表现考核相结合来进行，量化指标占考核的 70%，日常工作表现考核占 30%。两种考核的总和即为采购人员的绩效。采购人员绩效考核计算方式如下。

采购人员绩效考核分数 = 量化指标综合考核得分 ×70% + 日常工作表现 ×30%

（4）绩效考核实施

绩效考核小组工作人员根据员工的实际工作情况展开评价，员工本人将自己考核期间的工作报告交于生产部，生产部汇总并统计结果，在绩效反馈阶段将考核结果告知被考核者本人。

（5）考核结果应用

考核结果分为 5 个层次（划分标准如表 13-4 所示），其结果为奖金发放、薪资调整、员工培训、岗位调整和人事变动等提供客观的依据。

表 13-4　绩效考核结果等级划分标准

杰　出	优　秀	中　等	需 提 高	差
A	B	C	D	E
≥85 分以上	≥75～<85 分	≥65～<75 分	≥50～<65 分	<50 分以下

根据员工绩效考核的结果，可以发现员工与标准要求的差距，从而制订有针对性的员工发展计划与培训计划。最终为提高企业管理水平服务。

【课后思考题】

1. 试述采购绩效评价的目的。
2. 试述采购绩效的衡量指标体系，并思考为什么选定这些指标。
3. 采购绩效评价的标准主要有哪些？
4. 开展采购绩效评价的主要流程是什么？
5. 提升企业采购绩效有哪些途径？

实训任务

采购绩效评价方法研究

通过查阅最新的采购绩效研究方面的学术论文，归类整理目前企业采购绩效评价方面的难点和问题，各类方法在采购绩效评估方面的典型应用及其优劣势。

第3篇

采购技术篇

第 14 章　招标采购

本章导读： 招标采购是政府和企业采购活动中广泛运用的一种采购方式，目前世界各国都建立了较规范的法律、法规，对招标采购的基本操作程序及招标、投标、评标的方法等做了详细的规定与约束。一般所涉及的基本概念包括招标采购、公开招标、邀请招标、选择性招标、限制性招标、招标文件、围标和底价等，主要方法包括招标文件的编制方法、招标采购过程的评标和决标方法。

学习目标： 通过本章内容的学习，使读者掌握招标采购的基本原理、操作流程，以及招标、投标和评标的方法等；熟悉招标采购中的争议处理和围标串标的防范方法；会撰写招投标文件，为从事招标采购工作奠定基础。

引导案例

长沙：围标、串标企业 1～3 年内不得投标

据潇湘晨报记者赵颖慧报道：长沙市将于 2015 年 3 月 1 日起实施《关于规范政府投资项目招标投标行为的实施意见》，今后，政府项目招投标将取消投标报名环节，实行资格后审。所有政府投资项目，一律由投标单位按照招标公告要求，通过长沙公共资源交易监管网免费下载招标文件。与此同时，市公管办牵头建立统一的公共资源交易诚信记录公告制度，长沙公共资源交易监管网为全市统一的诚信记录和公共资源交易违法行为记录平台。除此之外，投标企业被认定有围标、串标行为，投标企业资质、业绩等信息弄虚作假的，相关单位在 1～3 年内不得接受其参与政府投资项目投标；对代理机构和有关单位串通违规操作，或由于管理不善、组织不力导致围标、串标行为的，相关单位在 1～3 年内不得委托其承担政府投资项目相关业务；造成经济损失的，依法承担赔偿责任；构成犯罪的，依法追究刑事责任。

物资采购中的招标采购向来由于有严格的程序流程要求，强调公开、公平、公正，被称之为“阳光下的交易”。但正如上文的报道一样，实际招标采购中还是可能存在一些违规、违法的问题。因此，作为采购工作者，必须熟悉招标采购的程序和要求，在法律的框架下开展工作的同时，还需要学会洞察招标投标中的围标、串标等问题，学会防范与治理方法。

14.1　招标采购概述

14.1.1　招标采购的含义

招标采购是指通过在一定范围内公开购买信息，说明拟采购物品或项目的交易条件，邀请供应商或承包商在规定的期限内提出报价，经过比较分析后，按既定标准选择条件最优的投标人并与其签订采购合同的一种采购方式。

招标采购是在众多的供应商中选择最佳供应商的有效方法。它体现了公平、公开和公正的原则。通过招标程序，招标企业可以最大程度地吸引和扩大投标方之间的竞争，从而使招标方有可能以更低的价格采购到所需要的物资或服务，更充分地获得市场利益。招标采购方式通常用于比较重大的建设工程项目、新企业寻找长期物资供应商、政府采购或采购批量比较大等场合。

14.1.2 招标采购的分类

目前世界各国和国际组织的有关采购法律、规则都规定了公开招标、邀请招标和议标等3种招标投标方式。

1. 公开招标

公开招标又称为竞争性招标，即由招标人在报刊、网络或其他媒体上发布招标公告，吸引众多企业单位参加投标竞争，招标人从中择优确定中标单位的招标方式。

2. 邀请招标

邀请招标也称为有限竞争性招标或选择性招标，即由招标单位选择一定数目的企业，向其发出投标邀请书，邀请他们参加竞争。一般以选择3～10个企业参加较为适宜，当然要视具体的招标项目的规模大小而定。邀请招标具有以下几个主要特点：邀请招标不使用公开的公告形式；只有接受邀请的单位才有资格参加投标；投标人的数量有限。

由于被邀请参加的投标竞争者有限，不仅可以节约招标费用，而且提高了每个投标者的中标机会。然而，由于邀请招标限制了充分的竞争，因此招标投标法规一般都规定招标人应尽量采用公开招标。

3. 议标

议标也称为谈判招标或限制性招标，即通过谈判来确定中标者。它的主要方式有以下几种：直接邀请议标方式、比价议标方式和方案竞赛议标等。

（1）直接邀请议标方式

直接邀请议标方式选择中标单位不是通过公开或邀请招标，而是由招标人或其代理人直接邀请某一企业进行单独协商，达成协议后签订采购合同。如果与一家协商不成，可以邀请另一家，直到协议达成为止。

（2）比价议标方式

比价议标方式是兼有邀请招标和协商特点的一种招标方式，由招标人将采购的有关要求送交选定的几家企业，要求他们在约定的时间提出报价，招标单位经过分析比较，选择报价合理的企业，就工期、造价和质量付款条件等细节进行协商，从而达成协议，签订合同。

（3）方案竞赛议标方式

方案竞赛议标方式是选择工程规划设计任务的常用方式。其一般做法是由招标人提出规划设计的基本要求和投资控制数额，并提供可行性研究报告或设计任务书、场地平面图、有关场地条件和环境情况的说明，以及规划、设计管理部门的有关规定等基础资料；参加竞争的单位据此提出自己的规划或设计的初步方案，阐述方案的优点和长处，并提出该项规划或设计任务的主要人员配置、完成任务的时间和进度安排，以及总投资估算和设计等，一并报送招标人；然后由招标人邀请有关专家组成评选委员会选出优胜单位，招标人与优胜者签订合同，而对未中选的参审单位给予一定的补偿。

由于议标的中标者是通过谈判产生的，不便于公众监督，容易导致非法交易，因此，我国机电设备招标规定中禁止采用这种方式。即使允许采用议标方式的采购，也大都对议标方式做了严格限制。

《联合国贸易法委员会货物、工程和服务采购示范法》规定，经颁布国家批准，招标人在下述情况下可采用议标的方法进行采购。

- 急需获得该货物、工程或服务，采用公开招标程序不切实际。这种情况还要求造成此种紧迫性的情况并非采购实体所能预见，也非采购实体自身所致。
- 由于某一灾难性事件，急需得到该货物、工程或服务，而采用其他方式因耗时太多而不可行。

在议标的过程中，招标人应与足够数目的供应商或承包商举行谈判，以确保有效竞争，如果是采用邀请报价，至少应有 3 家；招标人向某供应商和承包商发送与谈判有关的任何规定、准则、文件、澄清或其他资料，应在平等基础上发送给正与该招标人举行谈判的所有其他供应商或承包商；招标人与其中某位供应商或承包商之间的谈判应是保密的，谈判的任何一方在未征得另一方同意的情况下，不得向另外任何人透露与谈判有关的任何技术资料、价格或其他市场信息。

14.1.3 招标采购方式的优点和缺点

招标采购方式的优点如下。

1）实现公开、公平的采购。

2）集中取得货源。

3）供方开展竞争，提高采购质量，降低采购成本。

4）从更广的范围去了解供应来源。

招标采购方式的缺点如下。

1）采购费用比较高。

2）可能造成围标与串标。

3）可能造成抢标。

4）手续烦琐。

5）采购对象规格不一，难以建立采购评标标准。

6）容易衍生其他问题。

14.1.4 我国招标投标法律体系

在我国，为了规范招标投标活动，保护国家利益、社会公共利益和招标投标活动当事人的合法权益，提高经济效益，保证项目质量，现已建立以《中华人民共和国招标投标法》为核心，以各省招标投标管理办法和各项配套规章政策为补充的招标投标法律体系。

1）法律：《中华人民共和国招标投标法》，由中华人民共和国第九届全国人民代表大会常务委员会第十一次会议于 1999 年 8 月 30 日通过，自 2000 年 1 月 1 日起施行，在中华人民共和国境内进行招标投标活动，适用本法。

2）行政法规、地方性法规：国家和省制订的规范性文件，如为了规范招标投标活动，根据《中华人民共和国招标投标法》制订了《中华人民共和国招标投标法实施条例》，自 2012 年 2 月 1 日起施行。各省也制订了招标投标管理办法，如《福建省招标投标管理办法》，在福建省行政区域内进行招标投标活动，适用该办法。

3）部门规章：国家部委单独或联合出台的规章，如中华人民共和国信息产业部颁发的

《通信建设项目招标投标管理暂行规定》，对在中华人民共和国境内进行邮政、电信枢纽、通信和信息网络等邮电通信建设项目的勘察、设计、施工、监理，以及与工程建设有关的主要设备、材料等的采购开展招投标活动，做了细致的规定。

4）政策性文件：各省也制订了较多的规范招投标活动的文件，如福建省发展和改革委员会、福建省人民政府法制办，以及福建省监察厅颁发的《关于进一步加强招标投标规范性文件制订和管理工作的通知》。

14.2 招标采购的实施

14.2.1 招标采购的程序

一般来说，招标作业可分为6个阶段，如图14-1所示。

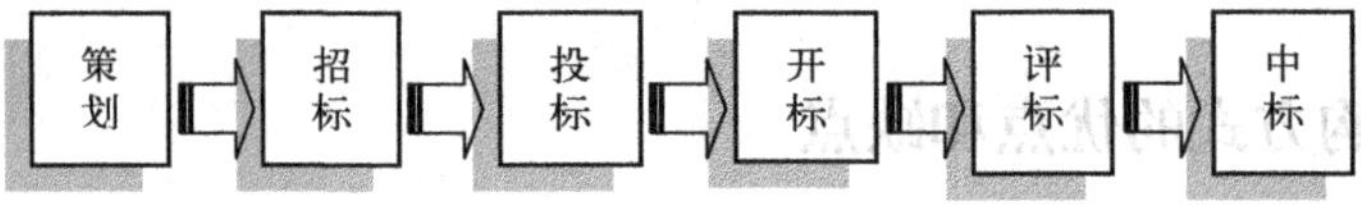

图14-1 招标作业流程

1. 策划

招标活动是一次涉及范围很大的大型活动。因此，开展一次招标活动，需要进行很周密的策划。招标策划主要应当做以下工作。

1）明确招标的内容和目标，对招标采购的必要性和可行性进行充分的研究。

2）对招标书的标底进行仔细研究。

3）对招标的方案、操作步骤和时间进度等进行研究决定。例如是采用公开招标还是邀请招标、是自己亲自主持招标还是请人代理招标、分成哪些步骤，以及每一步怎么进行等。

4）对评标方法和评标小组进行讨论研究。

5）将以上讨论形成的方案计划形成文件，交由企业领导层讨论，取得企业领导决策层的同意和支持，有些甚至可能还要经过公司董事会同意和支持。

以上的策划活动需要招投标专业知识与法律知识。有些企业为了慎重起见，特意邀请咨询公司、管理顾问公司等代理进行策划。

招标文件至少应包括下列9项内容，如表14-1所示。

表14-1 招标文件内容一览表

序号	步骤	具体内容
1	投标邀请	1）明确文件编号、项目名称及性质 2）投标人资格要求，不同项目根据性质不同，所邀请的投标人资格也不同 3）发售文件时间应以公告时间开始到投标截止时间之前结束 4）提交投标文件方式、地点和截止时间
2	投标须知	投标须知包括资金来源、投标商的资格要求、原产地要求、澄清程序、投标内容要求、投标语言、投标价格和货币规定、修改和撤销投标的规定、评标的标准和程序、投标截止日期，以及开标的时间、地点等

（续）

序号	步　骤	具体内容
3	合同条款	1）合同条款包括一般合同条款和特殊合同条款 2）特殊合同条款是因具体采购项目的性质和特点而制订的补充性规定，是对一般条款中某些条款的具体化，并增加一般合同中未做规定的特殊要求
4	技术规格	技术规格规定所购货物、设备的性能和标准。采购技术规格不得要求或标明某一特定的商标、名称、专利、设计、原产地或生产厂家，不得有针对某一潜在供应商或排斥某一潜在供应商的内容
5	标书编制要求	标书是投标商投标编制投标书的依据，投标商必须对标书的内容进行实质性的响应，否则被判定为无效标（按废弃标处理）
6	投标保证金	1）投标保证金可采用现金、支票、不可撤销的信用证、银行保函，以及保险公司或证券企业出具的担保书等方式交纳 2）招标完成之后应及时退还投标商所交的投标保证金，若供应商有违约、违规或违纪的情况，应没收其投标保证金
7	供货表、报价表	1）供货表应包括采购商品品名、数量、交货时间和地点等 2）在报价表中要填写商品品名、商品简介、原产地、数量、出厂单价、价格中境内增值部分占的比例、总价、中标后应缴纳的税费、离岸价单价及离岸港、到岸价单价及到岸港、到岸价总价等
8	履约保证金	履约保证金是为了保证采购单位的利益，避免因供应商违约给采购单位带来损失；一般来说，货物采购的履约保证金为合同价的 5%～10%
9	合同协议书格式	主要内容包括协议双方名称、供货范围或工程简介、合同包括的文本以及协议双方的责任和义务等

2. 招标

在招标方案得到公司的同意和支持以后，就要进入实际操作阶段。招标阶段的工作主要有以下几部分。

（1）组织招标小组，形成招标书

招标书是招标活动的核心文件，要认真起草好招标书。一般来说，招标书应包括招标通告、招标须知、合同条款、技术规格、投标书的编制要求、供货一览表、报价表和评标办法等。

（2）对招标书的标底进行仔细研究确定

标底的确定有些需要召开专家会议，甚至邀请咨询公司代理。

（3）招标书发送

要采用适当的方式，将招标书传送到潜在的投标人手中。例如，对于公开招标，应在官方指定的媒体上刊登招标公告。如果是国际性招标采购，还应在国际性的刊物上刊登招标通告，或将招标通告送到可能参加投标的企业所在国家的驻华大使馆。招标公告包含招标人的名称和地址、招标项目的性质、数量、实施地点和时间，以及获取招标文件的办法等事项；对于邀请招标，可以用挂号或特快专递直接送交所选择的投标人。

（4）进行资格预审

国家有关规定对投标人资格条件或者招标文件对投标人资格条件有规定的，投标人应当具备规定的资格条件。资格预审包括基本资格预审和专业资格预审。基本资格是指供应商的合法地位和信誉，包括是否注册、是否破产，以及是否存在违法违纪行为等。专业资格是指已具备基本资格的供应商能够履行拟定采购项目的能力。

资格预审需要按照以下程序来进行，如图 14-2 所示。

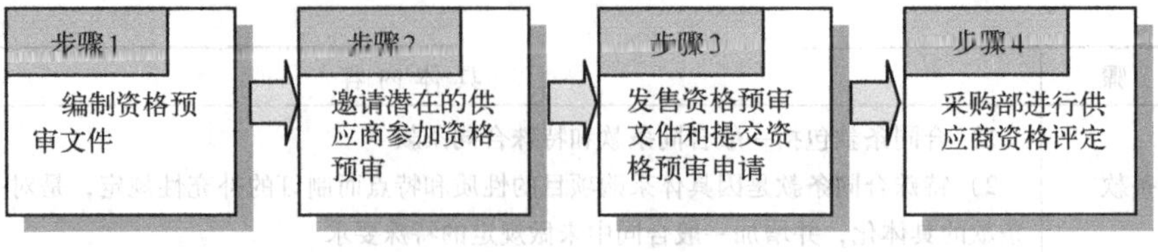

图 14-2 资格预审程序

3. 投标

投标人在收到招标书以后，如果愿意投标，就要进入投标程序。这一阶段的主要工作有以下几部分。

1）解答标书疑问。

2）发送补充文件。投标人在招标文件要求提交投标文件的截止时间前，可以补充、修改或者撤回已提交的投标文件，并书面通知招标人。补充和修改的内容为投标文件的组成部分。

3）接收投标文件。投标人应当在招标文件要求提交投标文件的截止时间前，将投标文件送达投标地点。招标人收到投标文件后，应当签收保存，不得开启。投标人少于 3 个的，招标人应当依照法律法规重新招标。

其中，投标书和投标报价需要经过特别认真的研究和详细的论证才能完成。这些内容是投标者对招标文件提出的实质性要求和条件做出的响应，包括目标任务的详细解决方案、投标资格证明文件、公司与制造商委托代理协议与授权书，以及公司有关技术资料及客户反馈意见等。

4. 开标

开标应当在招标文件确定的提交投标文件截止时间的同一时间公开进行；开标地点应当为招标文件中预先确定的地点。开标由招标人主持，邀请所有投标人参加。

1）在招标期限截止后，首先将投标箱封闭，不再接受投标。

2）开标时，由投标人或者其推选的代表检查投标文件的密封情况，开启标箱，宣读投标人名称、投标价格和投标文件的其他主要内容。

3）开标后，承办部门应立即整理报价单，审查其内容，并编制比较表。

4）如参与投标的厂商不足 3 家，通常不得开标，并宣布延期开标，退还报价单及押金。

5. 评标

评标由招标人依法组建的评标委员会负责。

依法必须进行招标的项目，其评标委员会由招标人的代表和有关技术、经济等方面的专家组成，成员人数为 5 人以上的单数，其中技术、经济等方面的专家不得少于成员总数的 2/3。前款专家应当从事相关领域工作满 8 年并具有高级职称或者具有同等专业水平，由招标人从国务院有关部门或者省、自治区、直辖市人民政府有关部门提供的专家名册或者招标代理机构的专家库内的相关专业的专家名单中确定。一般招标项目可以采取随机抽取方式，特殊招标项目可以由招标人直接确定。

评标委员会按照招标文件确定的评标标准和方法，对投标文件进行评审和比较；设有标底的，应当参考标底。评标委员会完成评标后，应当向招标人提出书面评标报告，并推荐合格的中标候选人。

一般情况下，招标采购的评标方法包括最低标价法、综合评分法和性价比法，如表 14-2 所示。评标小组应根据具体的情况选择合适的评标方法，保证本企业的采购利益。

表 14–2　常见招标采购的评标方法

评标方法	方法介绍	适用条件	不适用的情况
最低标价法	在全部满足招标文件实质性要求前提下，以价格决定中标候选供应商或者中标供应商	标准定制商品及通用服务项目	接收到相同报价 投标商之间可能存在串标行为 最低报价高于市场合理价格
综合评分法	综合考虑采购要求的各种因素，确定得分最高者为中标供应商	一般采购项目均可使用	没有不适合使用的情况
性价比法	用技术项目的得分除以报价，以商数高低决定中标供应商	招标侧重单位价格技术性能的体现	难以确定投标供应商技术性能指标，或者对技术要求不是很高时

实际招标评标中应用最广泛的是综合评分法。综合评标法把涉及的投标人各种资格资质、技术、商务及服务的条款，都折算成一定的分数值，总分为100分。评标时，对投标人的每一项指标进行符合性审查与核对，并给出分数值，最后汇总比较，取分数值最高者为中标人。评标时的各个评委独立打分，互相不商讨；最后汇总分数。表14–3所示为实际政府投资项目审计服务招标采购中，开展商务、技术部分的评标的具体方案。

表 14–3　某政府投资项目审计服务招标采购商务、技术部分评分表

招标编号：

投标人编号	商务部分评分（满分15分） 备注：投标人的投标文件中需附下述商务部分评分证明材料的复件，未提供复印件的不得分		
	1）资质、规模10分。按省会计师事务所综合评价暂行办法，2015年（如2015年综合评价未公布则以2014年为准）综合评价得分排名，第一名10分，第二名9.9分，每降1名次依次扣0.1分	2）经营实力5分。以近两年平均业务收入为依据，1000万4分，每增加100万元加0.1分，满分5分，反之，每减少100万元扣0.2分，最低得分为3分	商务部分得分
1			
2			

投标人编号	技术部分评分（满55分） 备注：若投标人技术部分得分少于技术部分总分50%，则该投标人的投标视为无效					
	1）工作方案20分。根据标书中“工作方案”审计工作目标、审计工作范围、审计工作内容、审计策略、人员安排和质量控制措施6项情况每项在1～3分之间打分，工作方案较详细、完整，工作流程较清晰、规范，方案切实可行的在1～2分之间打分	2）人员配备情况17分。根据标书中“人员安排”项目主审人数及职称情况分别给投标人打分，具有注册会计师资质的每个得2分，具有中级以上会计师专业职称的每个得1分（满分17分）	3）相关工作经验5分。根据标书中“事务所近3年的业绩、主要业务类型及主要客户名单、投标人认为应提供的其他资料”情况分别给投标人打5、3、1分	4）职业道德记录和质量控制水平8分。近3年内没有因违法、违规行为被国家有关部门予以处罚的得3分；有被国家有关部门予以处罚的得0分。投标人必须如实说明，如有弄虚作假将取消其资格。近3年来单位获得过省级、市级行业协会表彰取得先进单位等执业相关荣誉奖项的省级得3分，市级得2分，未获得不得分（满分5分，投标人的投标文件中需附证明材料的复印件，未提供复印件的不得分）	5）农业项目审核情况5分。对以往参加财政厅农业项目审核的投标人得5分，未参加过的投标人统一确定为3分（投标人的投标文件中需附证明材料的复印件，未提供复印件的不得分）	技术部分得分
1						
2						

评分人：　　　　　　　　　　　　　　　　　　　　年　月　日

6. 中标

招标人根据评标委员会提出的书面评标报告和推荐的中标候选人确定中标人。招标人也可以授权评标委员会直接确定中标人。中标人的投标应当符合下列条件之一。

1）能够最大限度地满足招标文件中规定的各项综合评价标准。

2）能够满足招标文件的实质性要求，并且经评审的投标价格最低；但是投标价格低于成本的除外。

中标人确定后，招标人应当向中标人发出中标通知书，并同时将中标结果通知所有未中标的投标人。招标人和中标人应当自中标通知书发出之日起30日内，按照招标文件和中标人的投标文件订立书面合同。

14.2.2 招标采购中常见的争议及其处理

1. 招标采购中常见的争议

招标争议是指在企业招标过程中所产生的各类争议问题。其范围包括但不限于以下4类，具体内容如表14-4所示。

表14-4 招标争议分类一览表

类型	具体表现
招标文件争议	招标文件以不合理的资格条件限制潜在投标人投标或明显倾向个别投标人
	招标文件出现专有技术、专利产品和特定品牌等倾向性内容或技术规格明显有利于个别投标人产品
	招标文件的商务条款具有倾向性、歧视性或设置不合理
	招标文件具有其他违法、违规情形
招标过程争议	公开披露信息内容及其方式的争议
	资格预审和招标文件发售的争议
	投标文件递交和开标过程的争议
	评标过程或方法的争议
	具体操作中其他环节的争议
中标结果争议	没有按照招标文件规定的评标办法和评标标准评标
	对投标人实行区别对待
	对评标中的事实认定错误
	评标中的具体判定、评标价格和评标分数的计算错误等
	招标人、招标代理机构、评标委员会成员及其他投标人在投标中有违法行为影响中标结果
招标过程其他民事侵权争议	投标人财产权受到招标人侵害
	投标人知识产权受到招标人或其他投标人侵害
	投标人或其他利害关系人在投标中损害其他投标人或其他利害关系人利益
	投标人合同权受到侵害
	其他民事侵权行为

2. 招标投诉争议处理方法

在招标采购中，一旦发生争议，应妥善处理，尽可能协商解决，避免不必要的时间浪费和经济损失。注意以下一些具体的措施。

1）招标委员会应该以理解的态度正确对待投标人的异议。

2）招标委员会应当认真研究投标人的投诉事项，并根据接收到的投标诉讼制订解决方法。

- 协商和解：在发生了招投标争议之后，中标人员首先应当在平等自愿的原则基础上寻求和解，通过沟通了解，本着互谅互让的精神来共同承担责任，从而解决纠纷。
- 民事仲裁：招标人和投标人在经过协商调解无效之后，可进入仲裁程序，由合法仲裁机构进行仲裁。
- 民事诉讼：假如仲裁的裁决被法院撤销或者不予执行，当事人可以向法院起诉。民事诉讼是企业解决招标争议的最后途径。企业可选择对该争议具有管辖权的人民法院提出起诉。

3）当收到投标人或其他相关人员的投诉时，招标委员会需及时履行接收手续，书面出具接收证明或在投标人提供的回执上签字确认。能够立刻进行澄清和说明的，招标委员会应予以澄清、说明，并消除误解。如确实存在问题，招标委员会需及时采取措施予以纠正，并答复投标人或主动向行政监督部门报告情况。

4）投标人对评标结果提出的异议和质疑时，招标委员会应请评标委员会提出答复意见答复投标人，具体处理方法如图 14-3 所示。给投标人的答复应使用书面形式并在合理的时间内做出。

如属评标错误应纠正，并出具评标委员会意见

如果纠正错误导致改变中标结果，招标委员会需予以公示

如对中标结果实行备案或审批管理，应备案或审批后答复投标人，并公示纠正的中标结果

图 14-3 投标结果争议处理

5）在异议处理阶段，不能妥善解决的，则进入招标的投诉阶段，在投诉过程中，招标人需积极配合行政监督部门处理投诉，并对招标争议进行处理。

招标委员会应当认真研究投标人的投诉事项，配合调查；原评标委员会成员应根据监督部门的要求配合调查。

如果行政监督部门要求招标委员会在处理投诉期间暂停签订合同，招标委员会应暂停与拟中标人的合同洽商。如果合同已经签订，应暂停合同的执行，等待投诉处理结果。

招标委员会应向行政监督部门如实提交处理投诉所需的所有招标投标的相关资料，并报告有关情况。

在行政监督部门处理投诉过程中，招标委员会需主动与投诉人联系，澄清、说明事实，沟通认识，消除误解。

招标委员会对行政监督部门做出的投诉处理决定无异议的，应当执行行政监督部门的处理决定；对行政监督部门做出的投诉处理决定有异议的，可提出行政复议或行政诉讼。

14.2.3 串标及其防范

【引例】北京一公司某项目在进行一项设备招标时就出现过高价围标的情况。公司内部人

员与某一厂家暗中商定，由该厂家找了两个同行，报了3份投标书，虽然在考察和议标的过程中这种情况露出了一些蛛丝马迹，但因是内外勾结，其结果可想而知。虽然只是一个30多万元的设备，但在两家均报价较高：一个是60多万元，一个是80多万元的“赔标”下，该厂以50多万元较低价格的“优势”中标。

1. 什么是串标

串标是供应商之间、供应商与招标采购单位之间为了个人或小团体的利益，不惜损害国家、采购人和其他供应商的利益，互相串通，人为操纵投标报价或采取其他手段，进行不正当竞争的违法行为。

有下列情形之一的，属于投标人相互串通投标。

1）投标人之间协商投标报价等投标文件的实质性内容。

2）投标人之间约定中标人。

3）投标人之间约定部分投标人放弃投标或者中标。

4）属于同一集团、协会和商会等组织成员的投标人按照该组织要求协同投标。

5）投标人之间为谋取中标或者排斥特定投标人而采取的其他联合行动。

6）不同投标人的投标文件由同一单位或者个人编制。

7）不同投标人委托同一单位或者个人办理投标事宜。

8）不同投标人的投标文件载明的项目管理成员为同一人。

9）不同投标人的投标文件异常一致或者投标报价呈规律性差异。

10）不同投标人的投标文件相互混装。

11）不同投标人的投标保证金从同一单位或者个人的账户转出。

有下列情形之一的，属于招标人与投标人串通投标。

1）招标人在开标前开启投标文件并将有关信息泄露给其他投标人。

2）招标人直接或者间接向投标人泄露标底、评标委员会成员等信息。

3）招标人明示或者暗示投标人压低或者抬高投标报价。

4）招标人授意投标人撤换或修改投标文件。

5）招标人明示或者暗示投标人为特定投标人中标提供方便。

6）招标人与投标人为谋求特定投标人中标而采取的其他串通行为。

2. 如何识破串标

首先，按有关规定认定，凡发现投标人之间，或招标人与投标人之间有下列3类行为的，均可认定为串标：串通投标报价；招标人与投标人串通投标；投标人以他人名义投标。

其次，通过看投标报价来认定。

- 总报价相近，但其中分项报价不合理，且没有合理解释的。
- 总报价相近，且其中款项报价雷同，又提不出计算依据的。
- 总报价相近，数项子目单价完全相同，且提不出合理的单价组成的。
- 总报价相近，主要材料设备价格极其相近的。
- 总价相同，没有成本分析，分项乱调的。
- 几个投标人的技术标都雷同的。

除此以外，还应通过检查供应商的财务资料和在资质审定过程中发现蛛丝马迹。

3. 如何防范串标

1）事前预防抓“三要”：要保密、要登记、要审查。

- 报名情况严格保密。
- 法人的营业执照、税务登记证、组织机构代码和身份证等；法人委托报名时，还需有法人的书面委托证明及受托人身份证明、技术资格证明等。
- 查验资质原件、实地考察，到当地工商和税务机关调查了解。

2）事中控制抓“三查”：查投标书 、查落选者 、查串标者。

3）事后处理抓“三严”：严格依法、招标、从严处理 、严肃反思。

14.2.4　招标文件实例

招标文件的编写是成功实施招标采购的关键。招标文件用以阐明所需货物及服务招标程序和合同主要条款。招标文件由下述部分组成：投标邀请、投标人须知、招标内容及要求、采购合同格式、投标文件格式。表 14-5 所示为某货物招标文件目录。

表 14-5　某货物招标文件目录

目　录

下面摘取该招标文件中的招标邀请和评标标准和方法，供读者参考学习。

1. 招标邀请

招 标 邀 请

北京 XX 招标代理有限公司受________委托，对________的下述货物和服务进行国内公开招标，现欢迎国内合格的投标人前来提交密封的投标。

1）招标编号：________。

2）招标货物（服务）名称、数量及主要技术规格：见后附招标货物（服务）一览表。

3）采购单位：XXX。

采购单位联系人：X 科长

采购单位联系电话：XXXX

4）招标文件购买时间：[　年　月　日] 至 [　年　月　日]（公休、节假日除外），每天 8:00 – 12:00，15:00 – 17:30（北京时间）。

5）招标文件售价：招标文件（纸质或电子）每套50元，若邮寄，另加50元特快专递费，招标文件售出一概不退。北京XX招标代理有限公司不对邮寄过程中可能发生的延误或丢失负责。

6）投标截止时间及投标地点：投标文件应于[年 月 日]（北京时间）之前提交到北京XX招标代理有限公司开标大厅（XX路XX号楼XX室），逾期送达的或不符合规定的投标文件将被拒绝。

【温馨提示：由于交通拥挤务请注意留足送交文件途中所需的时间，避免迟到。】

7）开标时间：[年 月 日]（北京时间）。

开标地点：北京XX招标代理有限公司开标大厅（XX路XX号楼XX室）。

8）投标人对本次招标活动事项提出疑问的，请在招标文件发售日起7个工作日内，以书面形式送达招标代理机构。

9）以上如有变更，招标代理机构会通过中国政府采购网（www.ccgp.gov.cn）和北京XX招标代理有限公司（http://www.xxx.com）通知，请各潜在投标人关注。

2. 评标标准和方法

评标委员会将对通过资格及响应性审查的各合格投标人根据以下标准和方法按合同包分开进行评估。评分将按技术部分、商务部分和报价部分分别进行，计算出相应合同包各合格投标人的综合得分，综合得分最高者将被推荐为该合同包的中标候选人。若有相同的最高得分，则按投标报价从低到高的顺序进行排列，投标报价最低的投标人将被推荐为该合同包的中标候选人；若投标报价也相同的，则按技术部分PT得分从高到低的顺序进行排列，技术部分得分最高的投标人将被推荐为该合同包的中标候选人；若技术部分得分再相同，则由评标委员会采用记名投票，得票最多者为中标候选人（仅推荐排序第一名为中标候选人）。

分值分布如下。

PT：技术部分评分　　满分45分

PB：商务部分评分　　满分10分

PF：报价部分评分　　满分45分

PT和PB部分的最终得分分别计算，计算方法为：在所有评委的评分中去掉一个最高分和一个最低分后的算术平均值，四舍五入后保留小数点后2位。

Ⅰ 技术部分评分（PT）满分45分［若投标人的技术部分实际得分少于招标文件设定的技术部分总分50%（含50%），即视为技术部分未实质性响应招标文件要求，按无效标处理］。

PT1 技术参数偏离情况（满分39分）：

评标委员会将依据投标人所提供的技术参数偏离表，并结合所投标产品的佐证材料（检验报告、彩页资料等），参照招标文件中技术参数的要求进行评价，并根据以下确定的统一标准进行评分。

技术参数负偏离的扣分标准：

评标委员会对技术参数的负偏离在评分前进行评议，分别、逐一确定统一的扣分标准：带★为重要指标和需求，投标产品若达不到该指标要求视为技术上未实质性响应招标文件要求，按无效标处理；未带"★"的参数，负偏离一项扣3分，未带"★"的参数合同包1-1负偏离≥3项的；合同包1-2负偏离≥3项的，均视为技术上未实质性响应招标文件要求，按无效标处理。正偏离不加分。

PT2 产品的佐证材料（满分 3 分）：

根据投标人所提供的技术说明材料、彩页资料等能充分佐证所投设备的技术参数及功能的得 3 分；仅能部分佐证所投设备的技术参数及功能的得 1 分；不能佐证所投设备技术参数及功能或未提供者得 0 分。

PT3 产品配置情况（满分 3 分）：

根据各投标人所投货物产品配置的合理性、齐全性，以及对招标文件要求的各项配置要求（包括如主机、附件或配件、标准配套试剂等）的响应承诺情况，由评委在 0 ～ 3 分之间进行评议，不满足招标文件要求的得 0 分。

各投标人的技术得分为 PT = PT1 + PT2 + PT3

Ⅱ 商务部分评分（PB）满分10 分

PB1 投标人综合实力（满分 2 分）：

根据投标人企业规模、商业信誉，以及财务状况、银行资信等方面的情况，由评委进行评议并在 0 ～ 2 分之间进行评分。

PB2 投标人业绩（满分 3 分）：

根据投标人提供的从 2012 年 1 月 1 日（日期以验收报告为准）起至本项目投标截止时间止，由投标人完成且经验收合格的与此次投标同类项目（至少含一种同品牌同型号的投标产品）的业绩情况进行打分，每项得 1 分，累计最高得 3 分。

注：投标人必须提供业绩项目的中标公告（提供相关网站中标公告的下载网页并注明网址）、中标通知书复印件、采购合同文本复印件，以及能够证明业绩项目已经采购人验收合格的相关证明文件复印件（原件备查），评委会将保留要求投标人提供原件予以核查的权利；未同时提供上述材料的不得分；评标过程中如发现填报不实，本项不得分；合同履行过程中发现本项有虚假者，取消其中标资格，并追究相应的法律责任，进行相应的赔偿。

PB3 技术培训（满分 1 分）：

根据各投标人对采购人提供应用培训及培训人员（应用培训包括安装、调试、使用和维护、排除一般故障）的承诺情况，由评标委员会在 0 ～1 分之间进行打分。未提供任何技术培训承诺的本项得 0 分。

PB4 质保期与售后服务响应计划（满分 4 分）：

评委根据各投标人提供售后服务的可能性、便捷性、经济性和质量承诺等进行评分。

PB4.1 投标人在响应招标文件要求的免费质保保修期年限基础上，另再延长免费质保保修期年限，由评委进行横向比较酌情加分，加分不得超过 2 分；未注明质量保修期的视同满足招标文件的最低标准，但本项得 0 分。（满分 2 分）

PB4.2 根据招标文件要求各投标人对所投产品的维护响应计划（包括时间、方式等）、备品备件、保修期后的服务项目及费用承诺情况由评标委员会进行综合评定，并在 0 ～1 分之间进行打分。（满分 1 分）

PB4.3 投标人在北京市区内设有公司、分公司的得 0.5 分，所投产品的生产厂家在北京市内设有专门专业维修站或服务点并配有维修工程师的得 0.5 分（投标人需提供相关证明材料，如营业执照等，并附上具体地址、联系人、固定电话、维修工程师姓名和资质证书等，未提供的不得分）。（满分 1 分）

各投标人的商务得分为 PB = PB1 + PB2 + PB3 + PB4

Ⅲ 价格部分评分（PF）满分 45 分

评标委员会将根据下述办法对投标报价进行算术性错误修正。

投标文件的大写金额和小写金额不一致的，以大写金额为准；总价金额与按单价汇总金额不一致的，以单价金额计算结果为准；单价金额小数点有明显错位的，应以总价为准，并修改单价；开标一览表中的投标价格与投标文件中的明细表内容不一致的，以开标一览表中的价格为准。

根据《政府采购促进中小企业发展暂行办法》（财库［2011］181号）文件，具体规定如下。

1）本办法所称中小企业（含中型、小型、微型企业，下同）应当同时符合以下条件。

① 符合中小企业划分标准（按《关于印发中小企业划型标准规定的通知》（工信部联企业〔2011〕300号）执行）。

② 提供本企业制造的货物、承担的工程或者服务，或者提供其他中小企业制造的货物。本项所称货物不包括使用大型企业注册商标的货物。

③ 小型、微型企业提供中型企业制造的货物的，视同为中型企业。

2）价格扣除办法如下。

① 对于非专门面向中小企业的项目，对小型和微型企业（或联合体各方均为小型、微型企业的）产品的价格给予6%的扣除，用扣除后的价格参与价格分的评审，获取政府采购合同后，小型、微型企业不得分包或转包给大型、中型企业，中型企业不得分包或转包给大型企业。小型、微型企业提供中型企业制造的货物的，视同为中型企业。

② 大中型企业和其他自然人、法人或者其他组织与小型、微型企业组成联合体共同参加非专门面向中小企业的政府采购活动的，其联合协议中约定小型、微型企业的协议合同金额占到联合体协议合同总金额30%以上的，可给予联合体2%的价格扣除。组成联合体的大中型企业和其他自然人、法人或者其他组织，与小型、微型企业之间不得存在投资关系。

3）小型和微型企业适用价格扣除办法时应提供的相关资料如下。

①《中小企业声明函》（格式附后）。

② 并同时提供：a）由企业所在地的县级以上中小企业主管部门出具的属于小型、微型企业制造的产品证明；b）企业最近两个月企业缴交社保记录（以证明其职工人数）或最近一年会计师事务所出具的审计报告（证明其资产总额或销售额）。

③ 若是联合体投标的，联合体协议中约定的合同金额比例符合上述规定的。

④ 投标人在投标报价中必须对所提供的小型、微型企业产品单独分项报价（表格由投标方自行设计）。

⑤ 小型、微型企业产品仅是构成投标产品的部件、组件或零件的，则该投标产品不享受价格扣除优惠。

⑥ 若所投标产品为进口产品的，不适用《政府采购促进中小企业发展暂行办法》。

投标人的投标报价经上述修正后，计算出报价评标价，评委将按下列方法计算各合格投标人的报价部分得分。

$$PF = F_{低} \div F \times 45$$

注：① PF为投标价格得分。

② $F_{低}$为评标基准价 = 进入评分的各合格投标人中报价评标价的最低值。

③ F为各合格投标人的报价评标价。

④ 计算分数时四舍五入，保留小数点后2位。

综合得分：$P = PT + PB + PF$

【课后思考题】

1. 什么是招标和投标？
2. 招标采购的主要作业阶段是什么？
3. 评标工作是如何进行的？
4. 招标采购方式的优点和缺点主要有哪些？
5. 总结国内的招标采购中存在的主要问题是什么。你认为要解决这些问题，关键应该从哪儿做起？
6. 如何防止串标？如何防止抢标？你有哪些好的建议？

实训任务

招标模拟实训

以某企业集中采购 150 台办公用计算机为例，编制公开招标文件和投标文件。

实训要求：每班分成 4 个小组，其中一组同学编制招标文件，另外 3 组同学编制投标文件；编写招标文件的同学要先做，然后请其余 3 个小组，按此招标文件规定的内容进行投标，分别编写投标文件，最后在班里成为评标专家委员会，通过公开评标确定中标的小组。

第15章　采购信息技术与电子采购

本章导读： 信息技术的发展有效改进了采购的业务流程，有效提升了采购效率、节约了采购成本。采购人员应该重视信息技术对采购工作的益处，熟练应用采购信息系统、电子采购和电子招标采购等方法开展采购工作。

学习目标： 了解常用采购信息技术，熟悉采购部门常用的信息技术设备；掌握采购信息系统的架构与运作；理解电子采购与传统采购的区别；掌握电子采购的内容及其流程；掌握电子招标采购流程。

引导案例

吉利集团利用电子采购平台开展采购

吉利集团电子采购平台是吉利集团公司基于互联网建立的用于采购的工具，该平台将吉利集团公司的采购员与供应商联系起来。吉利集团公司利用该平台实现网上的招投标、竞价采购和询价采购的过程：供应商在线注册、提交企业资料，经吉利集团公司供应商管理员审核确认；吉利集团公司的采购人员在线发布招标书等采购信息，符合条件的供应商可以查看标书、购买标书、在线投标，采购方在线评标、议标、公布预中标，最后发布中标公告。经吉利集团公司审核通过的合格供应商也可以将自己的产品发布到电子采购平台上供吉利集团选择采购。

吉利集团公司电子采购平台为了保障采购的可靠性和平台的安全性，每个平台的供应商需要分配一个用户名和密码才能登录平台进行投标和报价，新供应商可以在线注册。符合条件的供应商可以查看标书、购买标书并在线投标。

该电子采购平台的其他功能如下。

发布招标公告：由采购方发布的最近一段时间的网上招标采购项目信息。未登录供应商可看到招标公告，如需查看标书的详细信息需要购买标书或与采购员联系。

发布竞标公告：采购方发布的最近一段时间最新竞价采购项目，未登录供应商可看到竞标公告，如需查看标书的详细信息需要购买标书或与采购员联系。

查询采购动态：采购方的最近一段时间的采购需求情况。

发布中标公告：采购方完成一次招标或竞价项目后，就会在线发布该项目的中标公告，查看中标公告详细信息需供应商登录后方可。

信息查询：为供应商提供可在采购平台上查询的相关资料。

试分析：采用电子采购平台有什么好处？

（资料来源：http://zhaobiao.geely.com/）

15.1　采购信息技术

15.1.1　采购部门常用的信息技术

在一般的企业采购部门，通常会见到如下情景：公司内部 OA 系统或 ERP 系统发起采购请购单，采购/商务中心通过电话/传真直接与供应商名录上询价，或者在天猫、淘宝、京东上进行比价，运用即时通信 QQ 和阿里旺旺进行沟通，确认产品型号、价格、数量后，通过 E - mail 发送确认函，通过采购运作系统进行网上招标和投标，采购货物通过物流信息系统进行实时运输查询，到货后 ERP 供应链或仓库管理软件进行验收入库，采购申请部门货物领取，财务部门报销。从这系列流程中，可以看到采购部门常用的几种信息技术。

1. ERP 系统

ERP 系统是企业资源计划（Enterprise Resource Planning）的简称，是指建立在信息技术基础上，以系统化的管理思想，为企业决策层及员工提供决策运行手段的管理平台。ERP 系统采购管理模块一般包括供应商信息查询、催货、采购与委外加工超市管理统计，以及价格分析等功能。其核心思想是供应链管理，它跳出了传统企业边界，从供应链角度去优化企业的资源，是基于网络经济时代的信息系统。它对于改善企业业务流程、提高企业核心竞争力的作用是显而易见的。

2. 电子商务系统

在因特网开放的网络环境下，基于浏览器/服务器应用方式，买卖双方无需见面而进行各种商贸活动，实现消费者的网上采购、商户之间的网上交易和在线电子支付，以及各种商务活动、交易活动、金融活动和相关的综合服务活动。

电子商务系统应具有广告宣传、咨询洽谈、网上订购、网上支付、电子账户、服务传递、意见征询和业务管理等各项功能。各国政府、学者及企业界人士根据自己所处的地位和对电子商务参与的角度和程度的不同，给出了许多不同的定义。电子商务分为 ABC、B2B、B2C、C2C、B2M、M2C、B2A（即 B2G）、C2A（即 C2G）和 O2O 模式等。

3. 电子招投标系统

基于互联网技术构建的电子招投标系统，突破了传统招投标过程费时、专家组织困难等约束，通过网络系统快速完成招标书和投标书的制作、管理、查询、备份、导入和导出等功能，实现网络开标、投标和在线评标等过程。

15.1.2　信息技术对采购的影响

信息技术的使用可以帮助采购人员在基本功能上有更好的表现，可以改善以下基本功能。

1. 采购需求确定

对标准化的物料来说，计算机化的存货记录可指出何时需要订购，并根据实际使用量列出必须再订购物料的清单以便下订单。而对更复杂的物料来说，例如，MRP 物料需求计划系统之类的存货及采购系统可以决定何时订购及订购多少。

2. 确认潜在来源

供应商电子资料记录包含了其绩效及价格的历史资料，可以使用在发展某项特定采购的供应商名单。许多企业经常会保留供应商详细的产品及价格资料，如此，事先建立供应商的名单便更加有效率。

信息技术使得人们可以更方便地获取环境与供应市场信息（特别是从全球信息源中获取）。使用互联网可以即刻获取正式信息（以网站、数据库、图书馆或专家机构等形式）和非正式信息（以网络交往形式）。这影响到开辟新的供应市场，为采购者提供关于全世界供应商和供应市场的信息。

3. 供应商的选择及谈判

供应商资料库可用来储存与每个供应商的交易条件及情况的详细资料。再者，计算机可以大量分析复杂的变数及资料以决定最佳的价值。举例来说，可以用来比较大量具有不同折扣、付款条件及运输需求的计划，如此能帮助买方做最后的购买决策。

4. 改进订单的执行效率

目前有许多企业都开始把他们的计算机系统与供应商相互联网，这种形式的联结方式就称为电子资料交换（EDI），可提供供应商与企业之间快速且准确的资讯。通过计算机网络或互联网，能够实时回答各种查询、更新信息和处理交易。

5. 改进联络通道

信息技术促进全天候（7×24 小时）全球业务发展。互联网和电子邮件使得公司能够跨越工作时间、国际时区和地理距离提供服务，并保持通信联络。电子采购系统可自动指出哪些物料已过期或是哪些重要物料需要再补充，且经由电子资料交换的应用，可以使采购状态的检查更为快速且正确。信息存储和检索无须浪费实体空间和资源，并节省管理时间。使协作流程与所处地点无关，从而建立“虚拟”的供应商关系、团队和组织。

6. 促进成本节约

提供节约成本的机会，实现途径是更广泛的供应基础、精益化的流程和更低的价格（如通过电子拍卖）。给采购人员留出更多的时间进行与采购有关的创造性的、战略性的和关系方面的工作。

15.1.3 采购信息系统的目标与任务

采购信息系统的目标是充分利用信息技术手段，实现采购数据的快速收集、数据在企业与供应商之间的迅速传递、存储与使用，改进优化采购流程，帮助提高采购效率，节省采购成本。

采购信息系统要实现以下主要任务。

1. 采购信息与产品信息发布

通过采购信息系统快速、广泛、及时、准确地披露采购信息，同时供应商可以自由发布产品信息及产品供应渠道，提交企业资质情况，申请加入企业采购市场，使采购单位更多掌握商品情况，扩大供应商的选择面。

2. 采购计划管理

采购计划管理实现各采购单位报送的采购计划汇总输出。建立各采购单位的采购数据库，管理各采购单位要采购的项目及商品名称、数量、基本配置（功能）等采购要求及预算金额，并能按商品名称或采购单位的采购要求进行分类汇总。按采购时间、采购项目等要求自动生成采购计划。

3. 采购商品价格管理

从供应商或其他渠道获得市场价格的相关资源，分行业、分类存入商品价格数据库；实现同一商品不同报价的均值分析；同一商品不同配置、不同价格的比较分析。采购商品价格管理实现申报采购的商品单价能自动与商品价格数据库提供的商品市场价对比，并能自动统计出等于或低于最低市场价的商品信息。

4. 采购业务处理

通过业务处理实现订货过程的自动化流程，全程电子文档管理。包括采购申请、订货、到货、入库、采购发票和采购结算等采购业务全过程的管理。

5. 供应商管理

供应商管理实现对供应商资格自动预审，完成供应商信息的分行业、分类登记、查询、删改和统计等功能。对供应商参加企业采购过程的跟踪和实时分析，开展对供应商的评价。

6. 统计报表管理

统计报表管理根据采购部门的实际要求从各系统中提取数据，汇总生成各类采购报表，包括采购明细表、各种统计表、采购账簿、采购成本分析、供应商价格对比分析、采购费用分析、采购货龄综合分析、采购类型结构分析和采购资金比重分析等。实现实时综合查询和生成各种图表功能。

7. 采购档案管理

采购档案管理包括采购订单、合同等文件、法规、标书，以及其他必要资料的归档管理。完成采购合同的登记、查询及删改等，并对合同履行情况进行实时监督。

15.1.4　采购管理信息系统

1. 采购管理信息系统与企业 ERP 中其他系统的关系

采购管理信息系统是企业 ERP 系统的一个子系统，它与物料需求计划系统、仓存管理、应付款管理、存货核算等系统协同工作，实现采购业务与财务核算业务一体化工作，实时反映采购业务数据，支持运营管理与决策。采购管理信息系统与其他系统的主要关系如图 15-1 所示。

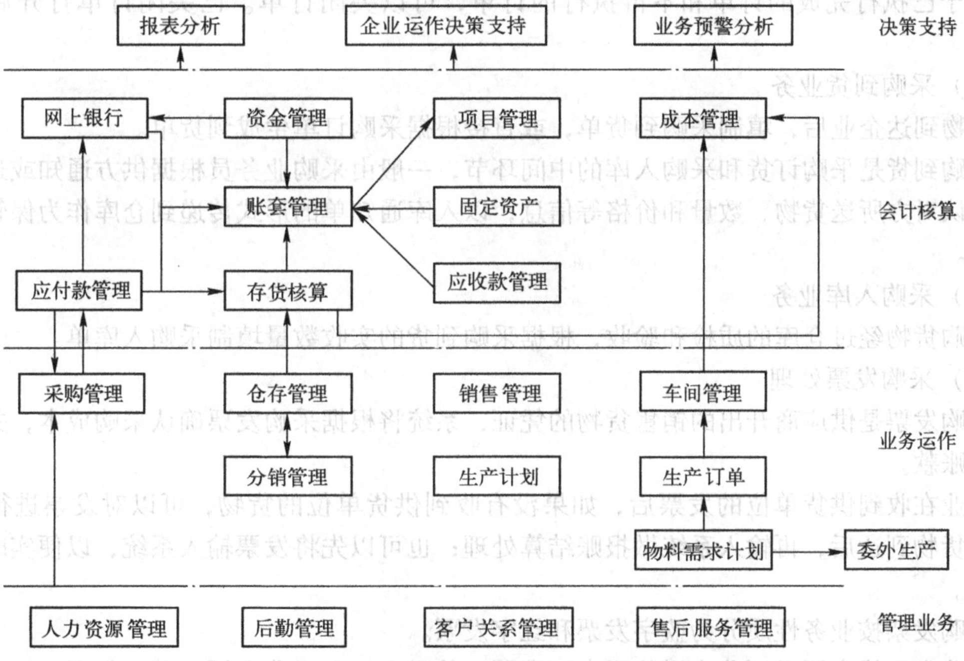

图 15-1　采购管理信息系统与其他系统之间的关系

通过采购管理信息系统，采购部门利用计算机管理供应商，进行供应商资料的维护和更改，加强供应商资源管理。及时根据采购计划录入采购订单，为生产部门安排采购和生产做依据。根据供应商到货情况在采购系统中录入到货单，并通知质检部门验货。收到采购发票后，在系统中录入采购发票，并通知财务部进行采购结算。作好各种采购统计，为决策层提供分析数据。采购部门通过采购管理信息系统连接内外部具体业务，实现数据的共享，完成采购业务流程的准确、快速处理。

2. 采购管理信息系统主要业务处理

（1）采购计划生成

如果采购需求来自生产部门，则根据销售订单或市场预测，通过 MRP 运算，确定向供应商下达采购订单进行采购的产品及其数量，即 MRP 运算中“外购 + MRP 件”末级物料形成的需求。

如果采购需求来自非生产部门，则一般是依据各部门报送采购计划表，采购部门依此制订采购计划。

（2）采购订单业务

采购订单是企业与供应商之间签订的采购合同、购销协议等，主要内容包括采购什么货物、采购多少、由谁供货，什么时间到货、到货地点、运输方式、价格及运费等。它可以是企业采购合同中关于货物的明细内容，也可以是一种订货的口头协议。通过采购订单的管理，可以帮助企业实现采购业务的事前预测、事中控制和事后统计。

1）采购订单根据请购单、MRP 采购计划填制，也可以直接录入采购订单，严格管理时要求采购订单必须参照采购计划生成。

2）采购订单发送给供应商，企业根据供应商的反馈可对采购订单进行修改和审核。

3）企业也可以在内部审核后发送给供应商，如需修改，则“弃审”采购订单后再修改。对于已执行完成的订单和不再执行的订单，可以关闭订单。已关闭订单打开后，仍可使用。

（3）采购到货业务

货物到达企业后，填制采购到货单，或直接根据采购订单生成到货单。

采购到货是采购订货和采购入库的中间环节，一般由采购业务员根据供方通知或送货单填写，确认对方所送货物、数量和价格等信息，以入库通知单的形式传递到仓库作为保管员收货的依据。

（4）采购入库业务

采购货物经过仓库的质检和验收，根据采购到货的实收数量填制采购入库单。

（5）采购发票处理

采购发票是供应商开出的销售货物的凭证，系统将根据采购发票确认采购成本，并据以登记应付账款。

企业在收到供货单位的发票后，如果没有收到供货单位的货物，可以对发票进行压单处理，待货物到达后，再输入系统做报账结算处理；也可以先将发票输入系统，以便实时统计在途货物。

采购发票按业务性质分为蓝字发票和红字发票。

采购发票按发票类型分为增值税专用发票、普通发票和运费发票 3 种，如图 15-2 所示。

采购发票的处理流程主要分为以下几步。

增值税专用发票：增值税专用发票的单价为无税单价

普通发票：普通发票包括普通发票、废旧物资收购凭证、农副产品收购凭证及其他收据，这些发票的单价和金额都是含税的。普通发票的默认税率为 0，可修改

运费发票：运费主要是指向供货单位或提供劳务单位支付的代垫款项、运输装卸费、手续费、违约金（延期付款利息）、包装费、包装物租金、储备费和进口关税等。运费发票的单价和金额都是含税的。运费发票的默认税率为 7，可修改

图 15-2　采购发票类型

1）填制采购发票，可手工填制，也可参照单据生成。

2）财务部门通过《应付款管理》对采购发票审核并登记应付明细账，并回填采购发票审核人。

3）采购结算会计对采购入库单和采购发票进行采购结算处理。

4）由于材料不合格或其他原因，企业如果发生退货业务，且发票已付款或对应的入库单已记账，则应输入红字发票进行冲销。若发票未付款或对应的入库单未记账，则可通过取消结算，修改发票即可。

5）通过统计账表查询各采购发票的有关信息。

（6）采购结算

采购结算也称采购报账，是指采购核算人员根据采购入库单和采购发票核算采购入库成本；采购结算的结果是采购结算单，它是记载采购入库单记录与采购发票记录对应关系的结算对照表。采购结算从操作处理上分为自动结算和手工结算两种方式；另外运费发票可以单独进行费用折扣结算。

（7）采购业务数据查询分析

通过采购信息系统提供的各种查询功能，可以查询采购订单执行统计表、订单到货执行情况、临期或逾期的采购订单、采购到货单、采购入库单、采购发票，以及采购结算等具体业务的有关信息，为采购管理提供管理决策支持。

15.2　电子采购

15.2.1　电子采购的类型

所谓电子采购，就是用计算机系统代替传统的纸介系统，通过网络支持完成采购工作的一种业务处理方式，也称为网上采购。它的基本特点是在网上寻找供应商、寻找品种、网上洽谈贸易、网上订货甚至在网上支付货款，但是在网下送货和进货。电子采购具有费用低、效率高、速度快、业务操作简单，以及对外联系范围宽广等特点，因而成为当前最具发展潜力的企业管理工具之一。

电子采购最先兴起于美国，它的最初形式是一对一的电子数据交换系统（EDI）。这种由大买家驱使，连接自己供应商的电子商务系统的确大幅度地提高了采购的效率，但早期的解决

方式价格昂贵，耗费庞大，且由于其封闭性仅能为单一买家服务，尤其令中小供应商和买家望而却步。EDI 需要企业遵循一套公认的文件或商业单据标准，联合国也制订了一套商业 EDI 标准，但在具体实施过程中，关于标准问题在行业内及行业间的协调工作举步维艰。因此，真正商业伙伴间的 EDI 并未广泛开展起来。20 世纪 90 年代中期，电子采购目录开始兴起，这时供应商将其产品发布于网上，以此来提高供应商的信息透明度和市场涵盖面。近些年来，出现了全方位综合电子采购平台，并且通过广泛连接买卖双方来进行电子采购服务。

电子采购的类型主要有 3 种。

1）网上直接采购（直接与供货商联系）。

2）网上通过第三方采购（专业采购公司）。

3）网上招标采购。

15.2.2 企业实施电子采购的步骤

企业实施电子采购是大势所趋，具体的实施步骤如下。

1. 提供培训

许多企业只在系统开发完成后才对使用者进行应用技术培训。但是国外企业和国内成功企业的做法表明，事先对所有使用者提供充分的培训是电子采购成功的一个关键因素。培训内容不仅包括技能方面，更重要的是让员工了解将在什么地方进行制度和流程革新，以便将一种积极的、建设性的态度灌输给员工，有助于减少未来项目进展中的阻力。

2. 建立数据基础

建立数据基础的目的是为了在互联网上进行采购和供应管理积累数据，主要包括供应商目录、供应商的原料和产品信息、各种文档样本、与采购相关的其他网站、可检索的数据库，以及搜索工具等。

3. 成立正式的项目小组

项目小组需要由高层管理者直接领导，其成员应当包括项目实施的整个进程所涉及的各个层面，包括信息技术、采购、仓储、生产和计划等部门，甚至包括互联网服务提供商（ISP）、应用服务提供商（ASP）和物料供应商等外部组织的成员，企业的实践证明事先做好组织上的准备是保证整个过程顺利进行的前提。

4. 广泛调研

为做好电子采购系统，应广泛听取各方面的意见，除了项目小组成员外，还应包括有技术特长的人员、管理人员和软件供应商等。每个成员对各种方案选择的意见进行充分的交流和讨论，以取得共识，通常包括风险、成本、程序安装和监督程序运行的职责分配等方面。同时要借鉴其他企业行之有效的做法，在统一意见的基础上，制订和完善有关的技术方案。

5. 建立企业内部管理信息系统

在企业的电子采购系统网站中，设置电子采购功能板块，使整个采购过程始终与管理层、相关部门、供应商及其他相关内外部人员保持动态的实时联系。

6. 做好功能模块测试

在电子采购系统正式应用之前，必须对所有的功能模块进行测试，因为任何一个功能模块在运行中如果存在问题，都会对整个系统的运行产生很大的影响。

7. 培训使用者

对电子采购系统的实际操作人员进行培训也是十分必要的，只有这样才能确保电子采购系统得以很好的实施。

8. 网站发布

利用电子商务网站和企业内部网收集企业内部各个单位的采购申请，并对这些申请进行统计整理，形成采购招标计划，并在网上进行发布。

15.3 电子招标采购

15.3.1 电子招标采购的流程

电子招标采购的流程如图 15-3 所示。

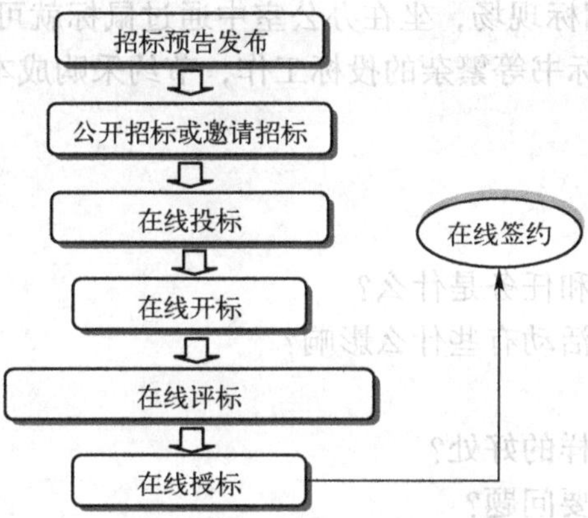

图 15-3　企业电子招标采购流程

1. 招标预告发布

发布招标预告，征集供应商。

2. 公开招标或邀请招标

选择是公开招标还是只邀请部分经过资格预审的供应商参加投标。对于公开招标的，在指定的报纸和信息网或其他媒介发布招标公告；对于邀请招标的，向 3 家以上的投标人发送投标邀请书。

3. 在线投标

投标人可以在线提交投标文件，在截标时间内，投标人可以修改/补充/撤回投标文件。

4. 在线开标

在线开标可以是系统自动开标或人工开标。系统自动开标是指在规定的开标时间，系统自动完成开标，并将开标结果在网上公布。人工开标则一般是投标书设有投标口令，开标时现场输入口令方能开标。

5. 在线评标

专家评标：经过授权的评标专家经过身份认证后，可以在线阅读标书，提交评标意见。评标意见自动汇总，并经过系统自动判断，按照评标价最低原则形成评标结果和授标意见。

提交评标结果：专家对每份标书的评标结果由项目经理汇总提交系统，系统整体判断所有的投标，自动形成授标意见。

6. 在线授标

系统自动通知中标方进行合同签约。

7. 在线签约

招标方和中标方可以在线签订合同。

15.3.2 电子招标的优越性

电子招标的优越性体现在以下几个方面。

1）引进更加有效的竞价机制，能够充分地进行价格比较和竞争，让真正有竞争力的供货商入围，并保护买家的利益。

2）有效缩短招标的周期，能进行短平快的招标采购。

3）增加招标的透明度，消除黑箱操作，实现阳光采购。

4）加强招标的自动化管理和统计分析，提高效率。

5）供货商不需要亲临招标现场，坐在办公室中通过鼠标就可以轻松完成传统业务中的购买标书、标书澄清和递交投标书等繁杂的投标工作，节约采购成本。

【课后思考题】

1. 采购信息系统的目标和任务是什么？
2. 采购信息技术对采购活动有些什么影响？
3. 什么是电子采购？
4. 电子采购可带来什么样的好处？
5. 电子采购存在哪些主要问题？
6. 电子采购有几种具体的实现形式？
7. 电子招标采购的流程是什么？

实训任务

企业电子采购系统分析与设计

通过对现有大型企业电子采购系统的调研，了解其主要功能模块，分析其业务流程及其不足之处。开展企业电子采购系统的总体结构设计。需要详细列出系统应该实现的主要功能模块及其详细内容，鼓励创新型的设计。

第 16 章　采购项目管理

本章导读：随着企业规模的不断扩大及精细化管理，采购职能日益突出，它不仅是供应管理、保证生产正常运转的必要条件，而且也为企业降低成本、增加盈利创造条件。采购属于企业价值链的供应物流活动范畴，同时也体现了商流、物流、信息流和资金流的一体化管理需要，它既是一个商流过程，也是一个物流过程。将纷繁复杂的采购管理视为一个大项目，其中涵盖着计划编制、计划审批、询价估价、招投标、议价、价格审批、供应商维护、质量进度跟踪和交货使用反馈等一系列经济行为，将各个环节视为一个个小项目，利用项目管理的相关知识与方法，采取规范的措施，将避免企业采购流程出现结构性漏洞，高效完成采购工作。

学习目标：理解采购项目管理的重要性；熟悉采购项目管理的流程和方法。

引导案例

应急准备项目行动

某国历史上多次遭遇热带风暴侵袭。鉴于在前不久发生的热带风暴中政府部门应对不及时，该国决定改进灾害应急预案。为了启动这项工作，作为政府部门的灾害应急管理办公室（简称“EMO”）要求该国的五个城市在 18 个月内改进各自的应急预案。在这段时间内，EMO 在中央财政预算的基础上为这五个城市提供双倍资金支持。这一行动被称为“应急准备项目行动”。这么做的原因是：尽管任何灾害都有其不可预见性，但通用的灾害应急计划应能识别关键时刻所需的主要关系和资源，并促进关系协调，提高反应能力。该项目被视为试点项目，一旦成功，将推广到该国的其他主要城市。18 个月后，EMO 对该试点项目进行了基本评估。以下内容摘自 EMO 的评估报告，指出了做得好的方面及有待完善的地方。

好的方面

- 计划工作本身就是一项有益的实践，现在每个城市都有了一份改进后的应急预案；
- 启动资金使每个参加试点项目的地方政府有能力组建一个小型的应急计划小组。有些小组已经展现出他们的价值；
- 工作中确立了一些新型合作关系，有利于改善灾后救援中的工作协调。例如，某城市创造性地争取到了当地大型企业对计划工作的支持；
- 由于项目启动与结束都被记录在案，项目管理过程非常明晰。

有待改善的方面

- 总体来看，试点项目的管理比较松散，尽管目标明确，但没有预先确定方法，因此各城市的项目进度不一；
- 有些城市将资金用于外部临时雇员，因此在项目结束时，没能吸收或保留计划开发过程中的专业知识；
- 每个试点城市项目组织者的个人领导力差别很大，直接导致项目结果差异很大；
- 有些城市的灾害应急计划范围过窄，仅局限于眼前，未采用风险管理方法；

- 不同城市的项目管理机构各不相同，缺乏统一架构；
- 证据表明各个试点城市应急计划小组之间较少协作，疏于沟通，失去了一些很明显可以联合采购的机会。

下一步工作

EMO 得出结论：该试点项目已经为后续投资提供了充分的、有益的支持。但是，要获得额外自资助，必须推广试点城市的最佳经验，加强总体控制和管理。同时，EMO 要强调灾害应急计划涵盖的范围应尽可能最大。

（资料来源：中英合作采购与供应管理职业资格证书考试 2013 年 11 月试题）

16.1 项目与采购项目

16.1.1 项目

项目来自于人类有组织的活动。有组织的活动一般可分为两种类型：一类是连续不断、周而复始的活动，称为“作业”或“运作”，如制造企业用自动化流水线生产某些产品的活动，铁路、公路和民航日复一日的列车、货车和飞机的运行；另一类是独特的、受资源约束的活动，称为“项目”，如物流园区建设项目、京沪铁路建设项目和北京奥运场馆项目等。

“项目”一词在汉语中的出现可追溯于 20 世纪 50 年代，当时国与国之间经常出现一些援助工程，即称为“援外项目”。20 世纪 80 年代，世界银行根据其发放贷款的用途将项目解释为：“所谓项目，一般系指同一性质的投资（如设有发电厂和输电线路的水坝）或同一部门内一系列有关活相同的投资，或不同部门内的一系列投资（如城市项目中市区的住房、为某些部门的发展计划发放贷款）。项目通常既包括有形的，如土木工程的建设和设备的提供；也包括无形的，如社会制度的改进、政策的调整和管理人员培训等。”

美国项目管理协会（Project Management Institute，PMI）认为项目是一种被承认的、旨在创造某种独特产品或服务的临时性努力。一般来说，项目具有明确的目标和独特的性质。每一个项目都是唯一的、不可重复的，具有不确定性、资源成本的约束性等特点。

本书综合各种观点认为，项目是一项特殊的、有待完成的任务，它是在一定时间内，满足一系列特点目标的多项相关工作的总称。项目的定义包含 3 层含义：第一，项目是一项有待完成的任务，具有特定的环境与要求；第二，在一定的组织机构内，利用有限的资源（人力、物力和财力等）在规定的时间内完成任务；第三，任务要满足一定的性能、质量、数量和技术指标等要求。这 3 层含义对应项目的 3 种约束——时间、费用和性能。项目的目标就是满足客户、管理层和供应商在时间、费用和性能（质量）上的要求。

16.1.2 采购项目

采购项目是指由相关组织负责实施的，在一定时间内，满足一系列与采购有关的特点目标的多项相关活动的总称。在企业里，采购工作既包括采购项目工作，也包括融入常规的采购操作流程，这两者有时是重叠、融合的。采购项目与采购具体操作有一些共同特征，比如，它们工作的载体都是针对采购活动的相关业务展开的，都需要由采购人员来完成，以及受到企业有限资源的限制。

采购项目与采购具体操作的区别在于，采购操作是具有连续性和重复性的，而采购项目则是有时限性和唯一性的。所谓时限性，是指每一个采购项目都具有明确的开始时间和明确的结束时间；所谓唯一性，是指该采购项目与其他采购项目相比在某些方面会有所区别，也就是说，不会存在完全一样的两个采购项目。因此可以根据这一显著特征对采购项目下这样的定义：采购项目是组织为了创造某个唯一的采购服务的时限性工作。

各种类型的组织都需要开展采购活动，企业、政府、事业单位和非盈利机构等各类组织都有其采购需求，各种层次的组织，其采购规模、种类和价值等都存在很大的差异。这些组织可能只有少数几个人，也可能包含成千上万的人；也许只需要不到100个小时就能完成项目，也许会需要1年甚至更长的时间。采购项目有时只涉及一个相关组织的一个部门，有时则可能需要跨越好几个部门，甚至好几个组织。通常，采购项目是执行相关组织商业战略的关键，尤其是生产型企业，采购质量的高低直接决定了企业的产品质量，决定了企业的生存与发展。

16.1.3 采购项目的特征

采购项目的存在是社会专业化分工的产物，随着专业化程度的日益提高，采购也呈现出项目化倾向。结合采购项目的概念，采购项目的属性可归纳为以下5个方面。

1. 唯一性

唯一性也称独特性。这一属性是“项目”得以从人类有组织的活动中分化出来的根源所在，是采购项目一次性属性的基础。每个采购项目都具有其特别的地方，没有两个完全相同的项目。即便是流水线生产企业的常规采购项目，只要将其确定为“项目”，就要明确项目的目标、责任人、完成时间、完成时的质量或服务要求，以及项目成本费用。如果企业的另外一次采购活动也以“项目”方式运行，那么与上一次相比，在采购规模、种类、时限及成本费用等方面就必然存在差别。因此说，唯一性是项目自身的本质属性。

2. 时限性

时限性是指每个项目作为一种任务，将人员、材料及设备等组织起来，去完成一个特定的目标，且必须在一定时间内完成。企业不存在永远完不成的项目，项目都有其确定的起点和终点。当一个项目的目标已经实现，或者已经明确知道该项目的目标不可能实现，或是对项目的需求已经不再存在时，该项目也就到达了它的终点，项目的组织就会被解散或重新配置起来开始为另一个新（项目）目标工作。项目的一次性并不意味着时间段，许多项目要经历好几年，甚至更长，但是在任何情况下，项目的时间都是有限并且明确的，它不是一种持续不断的工作。项目的时间也许会随着项目的进展而修订，但无论如何，作为项目的管理者和组织者都会将项目的完成日期以正式的方式下发，这也是项目不同于一般的程序性工作的显著特征。

3. 周期性

采购项目是一次性的任务，它是起点，也是终点。一般大型的采购项目通常要经历启动、计划、实施和结束这样一个过程，将这一过程称为采购项目的“生命周期”。当采购项目从一个阶段移向下一个阶段时，该项目的组织结构、人员构成和资源配置等方面也会随之改变。项目组织机构伴随着项目的建立而形成，项目人员随着项目的不断开展而发生变化。

4. 相互依赖性

一个采购项目往往需要多个专业人员完成，并由不同的组织部门共同参与实施，资源的整合在项目中体现得淋漓尽致。超越组织之间的界限，并与组织同时开展的其他工作或项目相互作用、相互依存，这是物流项目的显著特征。项目的复杂性源自于技术的复杂性，导致了工作任务的相互依赖性。

5. 冲突性

采购项目有时会与企业其他部门之间的工作相互抵触，尤其在资源上相互竞争，或者采购项目难以满足其他项目的要求，成为阻碍企业良性运作的根本。组织中各部门（采购、生产和财务等）之间的相互作用是有规律的，而项目与各职能部门之间的冲突则是变化无常的。项目经理与其他经理相比，项目经理的工作更具有挑战性，他会为资源而与其他项目进行竞争，为人员而与其他职能部门竞争。项目组的成员在解决项目问题时几乎一直是处在资源和问题的冲突中的。

16.2 采购项目管理概述

随着项目内涵的不断拓展和管理科学理论的不断深化，项目管理已经成为一门独立的学科。与通常的采购管理相比，采购项目管理作为专业化项目管理的一部分，由于其更关注项目目标及其综合特性，而且面对的是不完全确定的管理过程，要求在严格的时间期限内完成。因此，采购项目管理有其本身的特点，在管理内容上也不尽相同。

16.2.1 采购项目管理的概念

采购项目管理是以采购项目为对象的系统管理过程，通过一个具有临时性、专业性的柔性组织，在有限的资源约束下，运用系统理论和方法对采购项目进行高效率的计划、组织、领导和控制，以实现采购项目全过程的动态管理和综合协调与优化的目标。

实现项目全过程动态管理是指在项目生命周期内不断进行资源的配置与协调，做出科学决策，从而在项目执行过程中产生最佳效果，达到最佳状态。项目综合协调与优化实质项目管理应综合协调好时间、费用及功能等约束性目标，在相对较短的时间内成功完成特定的成果性目标。项目管理的日常活动通常是围绕项目计划、项目组织、质量控制、费用控制和进度控制等方面展开。

16.2.2 采购项目管理的特点

采购是组织为满足特定的需要而发生的外部购买行为。采购项目管理是针对收集信息、询价、比价、议价、评估、索样、决定、请购、订购、协调与沟通，催交、进货验收、整理付款等工作内容，以及综合性采购项目工作实施的管理。在实施采购项目管理时，要遵循以下几点原则。

1. 目标明确性

项目管理的最主要特点是目标明确性。在对一个采购项目进行管理时，明确的项目目标是项目成功的关键，任何可有可无的、不切实际的项目目标都将造成项目的整体失败或成本增加。一般来说，项目目标包括以下内容。

1）时间目标：有明确的开始时间和完成时间要求。

2）成果性目标：即预期的采购项目结束之后所形成的“产品”或“服务”。成果性目标是明确的，是项目的最终目标。在采购项目实施过程中，它可分解为项目各阶段的目标（里程碑目标）及功能性目标（采购完成的考核指标），它是项目全过程的主导目标。

3）约束性目标：通常又称为限制条件（经常指工期与进度控制、投资成本、质量要求等），是实现成果性目标的客观条件和人为约束的统称。它是项目实施过程中必须遵循的条件，从而实现项目管理的主要目标。

采购项目管理过程就是针对以上目标，逐步分解项目结构，分解资源条件，最终实现既定目标的过程。

2. 整体性

一个采购项目是为实现目标而开展的多任务集合，是一系列活动的有机结合，从而形成一个完整的过程。项目的整体性包括范围的整体性、目标的整体性和过程的整体性。因此，必须对项目实行整体化管理，任何一个成分的削弱或短缺都会影响项目整体目标的实现。现代项目管理已充分应用了系统论的思想，实行三维管理模式。

1）时间维：将整个项目的生命周期划分为若干阶段，并进行阶段管理。

2）知识维：针对项目生命周期的各个不同阶段，研究和采用不同的管理技术方法。

3）保障维：对项目的人、财、物、技术和信息等的后勤保障管理。

3. 复杂性

复杂性是采购项目的显著特征。从采购项目的分类来看，许多项目不但规模庞大、参与人员众多，而且专业繁杂，往往需要运用多种知识和技术来解决，这就造成项目管理工作经常跨越多个组织或部门，涉及众多当事人和干系人。项目的独特性使得项目管理通常没有或很少有以往的经验可借鉴。项目执行中存在的许多不确定因素决定了项目管理是一项很复杂的工作。因此，系统理论和系统分析的概念与方法已在项目管理中得到应用。比如依据系统论的“整体—分解—综合”原理，将项目分解成许多责任单元，由各责任者分别按要求完成目标，然后汇总、综合成最终的成果。

4. 创新性

采购项目本身就具有创新性。将项目管理的理论与工具在采购工作中加以应用是与一般企业管理的重要区别之一。项目的一次性特点决定了采购项目管理总是具有探索性，不是对以往工作的简单重复，因此带有创新和创业的性质。

项目管理的创新依赖于科学技术的支持和项目管理技术的发展，一是要继承前人的知识、经验和成果；二是依靠和综合多种学科的成果，将多种技术结合起来，去解决复杂问题。创新总是伴随着风险，会有较高的失败率。但是由于项目具有一次性的特征，因而没有试做的可能。所以，为了提高项目的成功率和加快项目进度，需要精心的设计、精心的制作和精心的控制，以达到预期的目标。

5. 集权性

采购项目管理也继承了一般项目管理本身具有的集权性的特征。有些采购项目是一个大而复杂的系统，在项目进行的过程中更需要各部门能迅速做出相互关联、相互依存的反应，保证项目整体协调和系统优化，以实现项目的目标。这样就必须建立围绕同一目标工作和决策的机制和相应集中的专门组织。将项目的管理责任和权力集中到这个领导和专门的组织，即项目经理及其工作班子身上。项目经理有权独立进行计划、资源分配、指挥和控制。项目经理通过富有成效的工作，使项目组成为一个工作配合默契、具有责任心和积极性的高效率群体。

6. 专业性

采购项目管理不仅需要采购专业知识，也需要项目管理专业知识。现代项目管理已成为一个专业，项目经理必须是该领域的专家，应通晓采购工作的相关专业知识和流程，还要精通招投标、施工管理和财务法律等知识，并具有良好的职业道德，善于运用专业观点来思考问题和解决问题，具有预测和控制行为的能力，能熟练运用技术对一个时间有限和预算有限的项目做出行之有效的计划，进行资源分配、协调和控制，以达到项目的预期目标。

16.2.3 采购项目管理的方法与工具

项目管理的方法与工具是指一切应用于项目管理领域的、行之有效的方法与工具，是项目管理工作顺利开展的保证。通过对项目管理的方法和工具进行分类和整理，如表 16-1 所示。这些方法和工具曾对很多行业的深刻变革做出了巨大贡献，经过不断地发展创新，仍然普遍适用于当今各行各业的项目管理实践中。

表 16-1 项目管理的相关方法与工具

管理领域	方法与工具	内容
项目	方案比较法	对多方案进行分析比较
	要素分析法	对项目进行优劣势分层，分别打分
	SWOT 分析	对项目进行优势、劣势、威胁、挑战的分析
经济	国民经济评价	从宏观角度评价项目的经济合理性
财务	财务评价	从项目或企业微观角度评价项目的经济合理性
	项目融资	区别公司融资，以项目未来收益和资产作为基础
环境	环境影响评价	识别环境影响因素，选择优化方案
范围管理	WBS	在项目范围内分解和定义各层次的工作
进度管理	里程碑图	展示战略计划或项目的框架
	甘特图（横道图）	形象的进度计划的编制和控制工具
	网络计划技术	科学的计划管理方法，CPM，PERT
	资源费用曲线	形象显示项目全生命周期中的计划和实际消耗情况，便于控制
	资源负荷图	直观显示资源使用情况在时间上的分布
成本管理	挣值分析法	将进度与成本相关联，判断项目的进展情况
	价值工程	以提高价值为目的，以功能分析为核心，实现全生命周期费用最低
质量管理	PDCA 循环	通过计划、实施、检查和处理 4 个阶段循环，以不断提高项目质量
	全面质量管理（TQM）	通过全员的、全过程的和全企业的质量管理来达到最低的成本和更高的收益
	质量机能展开（QFD）	通过“质量屋”将顾客所需特性转化为一系列工程特性
	6 Sigma 管理	是一种能够严格、集中和高效地改善管理质量的实施原则和技术
	质量控制工具	数据表、因果分析……
人力资源管理	责任矩阵	将 WBS 与组织结构相关联，是项目工作的控制及考核依据
	激励理论	通过激励，使被激励者向项目的目标发展
合同管理	合同进度控制系统	实现合同目标与实际进度结合
	合同档案管理系统	协助检索和归档合同文档

（续）

管理领域	方法与工具	内　容
风险管理	风险识别方法	检查表法、系统分解法
	风险定性分析方法	概率影响风险矩阵法
	风险定量分析方法	敏感性分析法
	风险监控方法	项目风险报告法
其他	组织工具	组织结构图
	项目管理软件	P3、project、梦龙、鲁班、广联达
	有无比较法	将项目存在与不存在时的成本（收益）进行比较
	并行工程	项目启动阶段即考虑项目全生命周期的所有要素，避免传统的序列化思考

16.3　采购项目管理体系

进入20世纪90年代以来，项目管理的应用领域已扩展到除工程项目管理以外的通信、电子、软件开发、制药和金融等领域，逐渐演变为一种通用的方法。目前，我国企业采购中存在诸多问题，迫切需要注入新的管理理念。构建完善的项目管理体系，将项目管理的先进理念、方法、权责体系引入到企业采购工作中，为采购的科学化、规范化管理提供了有效途径。

16.3.1　采购项目组织结构

1. 采购项目组织构建原则

根据采购项目化工作任务的特征，采购项目组织结构构建应遵循以下原则。

1）信息畅通原则。由于物资项目化采购工作涉及计划、生产、采购、财务及信息等多部门、多项目的综合管理。在物资采购的不同时期，会产生横向的信息流和纵向的信息流。要保证物资采购项目的圆满完成，就必须使各种信息流能够有效、快速地传达到有关人员。因此，在构建采购项目化组织时，一定要保证信息流的快速、准确传递。

2）项目人员知识互补原则。采购项目化组织结构涉及多部门、多领域的管理人员和技术人员，包括计划、财务、生产、质量和信息管理等。每一个部门都需要保证项目人员的专业性，突出个体专长的同时，要注重整体知识结构的互补，取长补短，形成整体优势。

3）权责明确原则。明晰责任，完善权责划分模式。监控每一个可能的管理漏洞，以便应对由于集权和分权度的把握不准所产生的权责划分不清引发的权力管理漏洞风险。在集权和分权度的选择问题上，应充分考虑哪些应该分权，哪些应该集权。因此，一是要建立风险管控机制，及时发现权责不明晰的区域；二是在发现权责界定不清时，及时采取相应措施，对权责进行详细和明确的规定，及时遏制管理失衡问题的发生。

4）灵活机动原则。采购项目化组织的构建应考虑到对内外部环境的适应性，根据环境的变化做出相应的策略调整。同时，也要考虑到与整个企业或组织的适应性，根据环境的变化做出相应的策略调整。同时，也要考虑到与整个企业或组织的适应性，不能完全独立于组织之外，协调好各方的利益关系，保持采购项目化组织的弹性，尽量使组织结构简单高效、组织人员精干。

2. 采购项目管理组织构建

采购项目化组织就是为了实现采购项目目标，使采购相关人员有机结合，明确各自的岗位和职责，项目成员要完成职能部门的考核指标，并承担采购项目的相关责任。包括确定组织架构，明确团队成员的职责及其分工等。为了满足采购项目化管理的需要，有必要构建出适于采购项目化管理的组织结构模式。这种组织模式要涵盖4种关系结构。

1）职能结构。即为完成采购项目目标，各项采购工作任务及其相互关系结构。

2）层次结构。即采购管理层次构成或者组织纵向结构。

3）部门结构。又称横向结构，即采购各管理部门构成及分工。

4）职权结构。即组织赋予某一职位的权利分工及相互关系，与之共存的是职责，是指某职位应完成的某项任务的责任。

根据以上4种关系结构，可以得出项目化管理组织架构的3种常用类型：职能型、项目型和矩阵型。职能型是按职能来组织部门分工，按照职能及职能的相似性来划分部门，从组织高层到基层，均把承担相同职能的管理业务及人员组合在一起，设置相应的管理部门和管理职务。它是企业运用最广泛的组织架构形式，适用于项目规模不大、专业性强、以技术为重点的项目。项目型又称为事业部型，项目从公司中独立出来，拥有自己的技术和管理人员。它适用于大型的、复杂的、重要的项目。矩阵型是以上两种组织结构的混合，根据项目的需要指定对项目结果负责的项目经理，项目经理直接对公司负责，减少了工作层级与烦冗的环节；职能部门的经理为项目的具体实施提供可利用的资源，团队有明确的工作目标与任务安排。矩阵型适用于需要多部门协调的、内容差别较大、技术复杂的项目。

16.3.2 采购项目管理流程

目前，一些企业物资采购过程中也通常伴随着一些项目化做法，但是没有认识到它们与项目管理的联系，没有引进采用项目理论与方法，没有充分认识到对这些工作进行系统、科学管理的重要性。在采购项目日常化管理的基础上，依据项目化管理的生命周期理论，将采购的流程划分为以下几个阶段。

1. 采购准备阶段

采购准备阶段主要注重采购项目的可行性研究和立项研究。采购准备阶段涉及的主要活动内容包括：分析采购成本，确定项目化目标，以及采购项目需求分析。项目化管理活动的主要工作包括：明确采购项目需求，获取正式授权，组建项目团队并且识别利益相关者。准备阶段使用的主要项目管理工具有：调查表、SWOT 分析、敏感性分析、风险性分析和签发项目授权书。

2. 采购决策阶段

采购决策阶段主要是进行采购项目的立项决策。此阶段涉及的主要内容包括：分析并提出项目提案，评价项目提案并做出项目立项选择和决定，开展可行性研究并做出决策，拟建项目的设计任务书的编制和审批。使用的主要项目管理工具有：决策树、期望值损益值分析、决策数据分析报表、SWOT 分析和决策数据分析软件等。

3. 采购计划阶段

采购计划阶段是项目化管理涉及范围最广、运用项目管理工具最多的阶段。这一阶段注重工作范围的细化和可操作性。涉及的采购管理活动主要是确定采购计划及预算，具体包括：召开项目采购工作会议，确定采购目标和任务，明确采购项目化范围，制订项目管理计划，包括风险管理计划、效率管理计划和质量管理计划，编制项目进度日程，确定项目预算，制订项目运营计划。需要用到的项目化管理工具有：甘特图、网络计划技术、WBS、OBS、关键路径法（简称 CPM）、责任分配矩阵、计划评审技术（简称 PERT）、过程失效模式及后果分析，以及质量控制技术等。

4. 采购实施阶段

项目实施也称项目执行，是项目执行者运用人、财、物力将项目付诸实际的过程。项目实施是整个项目的关键。在实施阶段，不仅要关注采购项目化的执行情况、进度及完成目标情况，还要进行必要的控制和监督。相应的项目化管理活动包括：监控和跟踪采购项目执行计划，平衡项目冲突，项目团队建设，进度、成本、质量和风险控制。需要用到的项目化管理工具有：S 曲线、激励理论、赶工期法、因果分析图、费用预算法、里程碑控制、流程图、质量检查表和控制图等。

5. 采购协调阶段

项目计划实施之后，一旦遇到意外情况，采购项目就不能完全按照计划轨道进行，会出现偏差，因此需要进行项目协调。采购项目的协调涉及要处理好项目中人与人之间、人与事之间、人与组织，以及组织之间的关系协调。涉及的采购管理活动主要是：增强内外部沟通，宏观跟踪与协调，项目团队协调，资源配置协调，并且对重大突发性事件，关系项目进度、项目变更和项目管理等方面的事件进行统一的控制和调整。需要用到的项目管理工具有：目标协调法、资金协调法、制度协调法、会议协调法、谈话协调法、调整协调法、心理协调法、项目实施进度表、量化管理、项目动态图、项目甘特图、实际进度前锋线法、报告表法和资源费用曲线等。

6. 采购反馈阶段

采购反馈阶段对项目化管理的创新具有巨大的参考价值，同时也为企业项目化工作的下一阶段工作提供标准。涉及的采购管理活动主要是：通过反馈对采购项目实施效果进行绩效评估，对采购过程及结果进行科学评价，撰写经验总结报告。相应的项目化管理活动包括：项目收尾工作，行政收尾工作，对项目实施情况的总结和反馈，做好知识管理与绩效评价。需要用到的项目管理工具主要是项目总结报告和反馈报告。

16.3.3　采购项目管理的实施

采购管理是项目管理知识体系所涵盖的九大任务之一。将项目管理理论和方法应用于物资采购中，是企业优化采购管理的一个重要途径。采购项目化管理涉及采购项目化整合管理、范围管理、质量、成本和进度管理、人力资源管理、沟通管理，以及风险管理等 10 个方面。在此，主要介绍整合管理、人力资源管理、质量管理、成本管理、进度管理和风险管理，因为它们对企业采购项目化的影响更大。

1. 采购项目整合管理

整合管理在采购项目管理中处于核心位置，是围绕采购项目管理计划进行的。整合管理的作用在于整合其他的知识领域，整合管理主要做好以下工作。

1）确认企业采购需求。采购项目化管理计划的制订主要来源于采购需求的确认，核准采购项目的目标及数量，收集采购需求信息。首先，做好请购需求信息的收集工作。月度采购计划、季度采购计划和年度采购计划要依次对时间跨度大的采购计划进行支持和调整。采购部门收集的请购信息可能来自不同部门，比如计划部负责企业采购需求信息的提供，包括应急需求信息的提供。在采购请购需求信息的基础上，生成请购单，完成采购需求的确认。

2）编制采购项目计划。在采购需求认定完毕后，要制订采购项目计划。采购项目计划的编制包括以下几个环节。①构建采购项目背景描述及其项目化组织。明确采购项目的背景、项目概况、利益相关者和市场范围等。在对项目背景充分把握的基础上，进行采购协调管理及规划。包括项目范围说明、资源占用情况、市场状况、基本假设和制约条件、团队建设。②编制采购项目计划。在对所需采购物料的库存量、需求量、规格、参数、技术要求、需求日期及评估金额等进行充分考虑的基础上，按照时间和空间关系、采购合同类型、供应商供应能力，以及市场份额等，采用集中采购的相关技术和思想，进行采购计划的编制。③根据采购项目计划中合同包划分的情况，制订里程碑计划，采用 WBS 方法对采购项目中的各项工作进行分解，制订采购工作的责任分配矩阵，并估算采购项目的人力资源计划及成本。

3）检查采购项目计划的实施情况。通过检查采购项目计划的实施情况，可以为项目化管理的决策提供参考。检查采购部门是否根据采购的要求、程序、范围、进度、实施步骤和里程碑计划等进行采购，检查实际的采购工作的进展情况，检查采购人员的组成情况及职责履行情况，目的是差错纠偏，对采购过程中可能出现的风险和不确定因素进行判别和控制。

2. 采购项目人力资源管理

采购项目人力资源管理是对人力资源的招聘、培训、保持和利用等方面所进行的计划、组织、指挥和控制活动，通过这些活动对采购项目团队进行组建和建设。

1）采购项目人力资源规划与设计：主要是指项目为了实现其目标而对所需人力资源进行预测，并为满足这些需要而预先进行系统安排的过程。同时包括工作分析，主要是指收集、分析和整理关于某种特定工作信息的一个系统性程序，工作分析要具体说明为成功地完成该项工作，每一个人的工作内容、必要的工作条件和员工的资格是什么。工作分析信息被用来规划和协调几乎所有的人力资源管理活动。

2）采购项目团队组建：是指根据采购项目任务的需要，为实际或潜在的职位空缺通过内部招聘和外部招聘相结合的方式进行测试和录用，找到合适的候选人。

3）采购项目团队建设：建设采购项目团队是提高工作能力、促进团队互动和改善团队气氛，以提高项目团队绩效的过程。采购项目经理应该具有建立、建设、维护、激励、领导和鼓舞项目团队的能力，以实现采购项目团队的高效运行，并实现项目目标。同时可以通过员工培训和开发进行团队建设。

3. 采购项目进度管理

“进度”是采购项目的“龙头”，在“质量”“进度”和“费用”三要素中，进度管理在整个项目控制目标及控制体系中处于协调、带动其他工作的重要地位，是整个采购项目的时间保证。因此，“进度”是采购管理中应该重点优先考虑、充分规划的要素。所谓采购项目进度管理，就是对采购制订经济合理的进度计划，按照计划执行，检查实际进度与计划是否一致；如果采购项目稍有推迟，很可能导致收益损失或者财务方面的费用。对实际进度与计划进度的不一致，应该及时纠正，采取方法进行必要的补救。

采购项目进度管理是为确保项目各部分工作按时完成所需要的一系列管理及控制过程。它包括 3 个方面的任务。

1）确定项目进度管理的方案：包括方案的可行性论证、综合评估和优化决策。只有决策出优化的方案，才能编制出优化的计划。

2）编制项目进度管理计划：进度计划要根据采购项目的特点制订，制订的依据有：采购项目描述，包括采购目标、范围和执行情况等；采购项目工作分解；采购项目进度网络图、活动持续时间的估算。编制进度计划主要运用的方法包括甘特图法、关键日期表、关键线路法（简称 CPM）和计划评审技术（简称 PERT）。根据以上方法，采购项目进度计划的编制可遵循以下步骤。

① 把项目分解为较小、较容易管理的工作包。

② 根据采购的流程，找出项目活动之间的工作顺序及其依赖关系。

③ 制订进度表。对采购项目的开始日期和结束日期进行确切定义，形成一个能反映各项目的时间参数的活动序列。

④ 根据采购项目的进度计划要求进行进度控制。

3）实施有效的进度控制：包括同步跟踪、信息反馈、动态调整和优化控制。项目计划只是根据预测对未来做出的安排，由于在编制计划时难以预见的问题很多，因此，在项目组织实施过程中，往往会产生偏差。如何识别偏差、消除偏差或调整计划，保证项目目标的实现，这就是项目管理的控制职能所要解决的问题。

4. 采购项目质量管理

物资的数量和规格一旦确定，采购部门就必须努力使采购的物资满足规格，并且采购部门要与供应商达成协议，确定交货的时间、地点、价格和质量。保质保量是考察采购活动是否成功的关键。为此，采购部门应实施全面质量管理。

1）建立健全质量控制制度。所谓质量控制，就是在采购过程中，所有的产品和服务都要达到一定的标准。它需要采购部门和供应商互相沟通，达成一致，以满足这个质量标准。采购的全部物资都要在这一标准的监控之下，供应商必须对物资采购质量和服务负责并致力于持续改进。采购部门要做好物资质量标准的确定、评估、控制和保证工作。企业的采购、生产、质量管理和财务等对各自负责的环节把好关，尤其是在制订和执行采购质量标准及检查检测方面。

2）注重对供应商质量保证能力的考评。生产型企业的物资采购工作往往具有数量大、品种多和时效性强等特点，因此，选择信誉度高、竞争力强的供应商是十分重要的。在物资采购前期，要对供应商进行考察，由采购部门组织，协同质量、验收等部门人员进行调研与考察，对供应商的经营实力、财务情况、科研能力和信誉度进行评估，着重考察供应商的质量保证能力，产品是否通过质量体系认证，供应商是否可以保证签订《质量保证协议》，是否有相应的经营许可证等。

5. 采购项目成本管理

采购项目成本控制是指为了保证成本目标的实现，在采购过程中，对所消耗的人力、物质和费用开支进行限制、监督和调节，把采购费用控制在计划内。一般地，企业都要设立专门的成本分析与控制部门或工作组，成本核算与物资采购活动要同步，成本控制要贯穿采购的每个环节。采购项目成本控制包括静态控制和动态控制两方面措施。其中，编制项目成本预算方案、审核费用支出属于静态管理，实现较容易；而成本的动态管理措施，如分析成本变化情况、研究成本减少途径和采取成本控制措施等，实现有较大难度。这不仅需要研究一般工程项目成本管理的理论和方法，还需要及时总结采购项目所属行业特点，研究设计符合实际的措施，总结以往项目运营经验，汇总相关数据。

1）对供应商提供的物资进行成本分析。在采购实际工作中，企业要通过多种途径对供应商所供物资进行成本分析，主要考虑的定价因素包括以下几个。

① 对物资的预期要求。如物资的预期要求高，供应商经常会把价格制订得稍高些。

② 市场上竞争者的数量。供应商在定价时会考虑竞争对手的定价。

③ 物资成本价格的变化。

④ 采购单位或个人的订货量及重要性。当采购数量很大，或者采购者对供应商来说比较重要时，比较容易获得折扣或者优惠。

⑤ 购买者对物资的需求价值。如果物资对购买者是紧缺的、紧急的，那么购买者在价格方面不会过于计较。

2）采取科学合理的定价方法。科学合理的定价方法是成本管理的重中之重。常用的定价方法包括成本加成定价法、目标利润定价法、邀请招标定价法和谈判定价法。成本加成定价法简单易行，而且便于操作。成本加成定价就是在成本价格的基础上增加固定的标高百分比。目标利润定价法需要先通过盈亏平衡分析获得一个盈亏平衡量，根据供应商应获得的利润来定价。邀请招标定价法是指邀请技术力量雄厚、信誉度高、管理能力强的几家供应商进行采购项目的竞争。谈判定价法是指直接选定一家供应商，与其进行谈判，通过讨价还价确定物资价格。

3）对原材料价格进行备案，建立基准的原材料采购价格和价格评价体系。市场是千变万化的，市场信息的不对称是导致成本失控的主要原因，对物料的历次采购价格建档留存，结合当前市场情况进行横向和纵向的分析，形成符合企业情况的价格体系，作为单次采购合理预算和控制成本的依据。采购信息化平台使企业采购过程中大量的过程数据得以保存，数据库资料的建模分析为企业提供了决策支持平台。

4）实行采购人员工作业绩奖惩制度，企业的目标就是利润最大化，如何实现企业目标，在很多方面就是通过管理有效地把员工的动机引向组织的目标。通过 KPI 指标进行业绩考核，结合红黄线奖惩制度，提高员工主动节约成本的意识，激发他们的积极性和创造力。

6. 采购项目风险管理

任何采购项目都存在风险，因此风险管理是任何采购项目成功的必要条件，贯穿于项目生命周期的各个阶段。采购项目风险管理是指对采购过程中存在的风险进行识别、评估、防范和规避，以减少采购中发生的意外损失，顺利实现采购目标的活动。实施采购项目风险管理可以有效地防范和控制企业在采购过程中可能遇到的风险，保证项目顺利地进行，减少由不必要的风险引起的损失，提高项目完成的质量和企业的效益。

1）识别采购风险类型。

① 来自采购方的风险。采购方风险包括采购过程管理风险、采购合同风险、采购决策与职业道德风险。采购过程管理风险包括采购方式选择风险、采购流程风险、招标公告公开程度风险、资格预审风险和评标不公正风险。采购合同风险主要包括合同条款纰漏或者模糊风险、合同主体风险、合同价格风险、合同履行过错或过失风险。采购决策和职业道德风险主要包括屈从领导决定的风险、不认同专家意见的风险、专业能力不足的风险、采购者不敬业和行贿受贿风险等。

② 来自供应商的风险。包括供应商本身缺陷（诸如信誉问题、事实隐瞒）、供应商供应风险和供应商欺诈风险。

③ 经济政策风险。主要包括经济形势变化风险、政治风险、政策风险、市场环境变化风险、货币汇率风险和价格变动风险等。

2）采购项目风险的具体应对措施。为了加强采购项目风险的预控，现针对采购中可能出现的主要风险因素，提出相应的应对措施，如表 16–2 所示。

表 16–2　采购项目化风险应对方案

风险类型	具体表现	应对方案
采购方风险	采购过程管理风险	比较直接采购、招标采购、竞争性采购和询价采购的优势，选择恰当的采购方式 加强资格预审，杜绝资质弄虚作假 完善采购作业流程，按流程运作 认真审查招标文件，聘请专家加强审核 公正评标
	采购合同风险	合同的签订、变更、解除及违约处理等严格按照法律法规进行 加强合同条款管理，杜绝合同条款纰漏 法律人员参加合同制订
	采购决策和职业道德风险	加强采购部门的内部管理和监督 制订完善的物资采购招标文件 开展采购人员道德教育与培训
供应商风险	供应商的缺陷风险	加强供应商管理和资质审查和甄别工作 深层次地完善材料采购项目计划，将风险消除在萌芽状态 利用法律手段维护权益，争取经济补偿
	供应商供应风险	加强对供应商的资信审查、谨防上当 完善供货合同以制约供应商行为 加强督办、第三方检验和运输管理等，杜绝不合格材料 加强黑名单管理工作
	供应商欺诈风险	加强合作前的调研和审查 收集并审查供货商的不良供货记录 对供应商、退货时间、渠道、批量付款方式和币种进行优化和选择 利用相关法律手段，打击欺诈行为
经济政策风险	经济风险	根据国家经济、政治和政策环境的变化科学地组织采购活动 熟悉经济政策风险的应对策略，把风险降到最低 建立预警机制

【课后思考题】

1. 采购项目管理实施流程是什么？
2. 如何更好地开展采购项目管理？
3. 采购项目管理中可能面对的风险有哪些，如何应对？

实训任务

项目管理的相关方法与工具应用

选取五种以上项目管理的相关方法与工具，应用于你熟悉的某一采购项目中。撰写一份阐述具体应用过程的报告。

第 4 篇

采购专题篇

第17章 零售采购

本章导读：零售业与每个人的每一天都息息相关，就本质而言，零售业充满活力、千变万化，仅仅在一个季节，一家零售商的商品分类和市场定位就可能有所变动，事实上也有可能在一夜之间，商品的定价、促销和存货水平就发生了改变，而这些变化都与零售采购紧密相关。采购是所有零售企业每天都在进行的、必不可少的众多职能之一。本章将学习和了解零售业采购和零售采购职业规划的相关知识。

学习目标：了解当今零售行业的不同业态及发展趋势；掌握零售买手的工作职责，了解零售买手面对的变化，掌握零售买手的绩效评估和职业规划；熟悉零售业及零售采购中的法律、道德与社会责任相关问题。

引导案例

你所使用的会员卡

今天大部分购物者的钱包或皮夹里多少都有几张会员卡。每次刷卡他们都能在指定商品上省钱或是得到今后购买商品或服务时可以使用的积分。然而，许多持有会员卡的顾客可能并未意识到他们也在向零售商提供关于自己的信息。

在购买图书时顾客可能会使用会员卡；一些宠物用品店向使用会员卡的顾客发放免费赠品。会员卡在零售业所有领域得到广泛的使用，尤其是以连锁食品杂货店最多。事实上，今天在中国有超过50%的连锁超市都将会员卡计划作为其促销工作的一部分。

对零售商来说，顾客参与会员卡计划很重要，因为据统计店铺80%的销售是由20%的购物者达成的，因此了解这些最佳顾客的需求和信息很重要，而办理和使用会员卡的顾客一般也是最常光顾的购物者。

谁在使用会员卡，这些使用者又是如何看待这些卡片的？据调查女性所拥有的会员卡要远远多于男性，这一差别并不会令人感到意外，因为在大多数家庭中，主要购物者都是与18岁以下的孩子共同生活的母亲。在最近的一次调查中，41%的顾客表示他们都有至少3张以上的会员卡，55%表示他们有1～2张会员卡；几乎有1/2的受访者说他们有航空公司或酒店的会员卡。我国相对发达地区的会员计划参与度很高，而偏远地区的会员计划普及度普遍不高。

会员卡不仅能让店铺追踪到什么产品在热销，而且还能获取到购买这些商品者的具体信息。有了通过会员卡收集到的如此大量的关于购物者的数据，从他们喜欢购买什么类型的饮料到经常在什么时间购物，零售商能更为敏锐地捕捉到顾客的动向。通过了解哪些人参加了会员卡计划，零售买手们可以调整所提供的商品、店铺陈列、相邻的产品及广告宣传工作。从理论上说，通过参与会员计划，零售商能收集到关于顾客个人及购物的信息，并通过沟通有针对性地向顾客个人提供与之直接相关的产品信息。

家乐福（Carrefour）等连锁大型超市推出了会员卡计划，通过会员卡限时折扣、会员购满返利及会员积分兑换商品等各类活动大大刺激了会员的购买欲和会员资格的申请。超市通过对会员卡信息的不断收集、统计与分析，帮助超市完善经营策略和采购定位。

尽管零售商坚称会员卡只是为了向忠实顾客提供价格合适的商品让他们满意，但有一部分隐私倡导者还是认为其中有不为人知的秘密存在，顾客每次使用他的会员卡都会泄露一些个人隐私。在美国已经有连锁零售企业停止了会员卡的使用。最近的一项调查研究也表明零售商不需要实施会员卡计划就能与已经有这项计划的竞争对手展开有力的竞争。

事实上，会员卡并不只是让顾客省钱的促销工具，对零售采购来说，从顾客使用会员卡而得来的数据提供了大量真实的信息，让零售采购得以更好地预测未来，掌握趋势。

（案例来源：《Retail Buying》Richard . Clodfelter . 2013）

17.1 了解当今的零售业态

未来的零售形式可能会与今天的完全不同，因为零售业正处在不断变化中，采购职能也需要不断地变化。如果想成为一个成功的零售采购员，那就需要了解顾客现在从何处购物，未来他们又将会去哪里。

零售业几乎一直都处于流动的状态，因为顾客一直都在找寻新的商品和新的设计。如果想要获得成功，零售商就必须不断关注新的市场导向，并且随之做出反应。在这一节中，将会了解到现有及新兴的零售业态，也将研究每一种零售业态在采购过程中的关键要素。

17.1.1 直接营销

直接营销（Direct marketing）是指与精心选定的顾客个体之间直接联系进行销售，这样既能立即得到回应，又能培养持久的顾客关系。直销商的交流经常以一对一互动为基础，他们根据精细化细分市场的需要，甚至是个体买家的需求量身定制特别优惠和营销传播。

对于今天的很多公司来说，直接营销不仅仅是补充性的渠道或媒介。对这些公司来说，直接营销，特别是网上销售，可能是构成其经营业务的唯一途径。例如：戴尔电脑、亚马逊网站，在刚开始时都只是直销商。

许多商业战略家对直接营销将成为零售业新的未来表示支持，他们期待有一天所有的采购和销售都只需要在公司与顾客之间直接沟通即可，从而转变顾客对于便利性、速度、价格和服务的期望。他们认为顾客的这些期望会在整体经济中引起反响，并最终改变各个行业，无论是企业对企业还是企业对消费者。

直接营销在很多方面让顾客受益。首先是便利，顾客无须面对堵车，不用四处寻找停车场，也不必在商店拥挤嘈杂的环境里寻找产品并进行检验。他们可以翻阅目录或是在网上浏览，通过比较轻松地购物。大部分直接营销商从不打烊，因此顾客可以一周 7 天，每天 24 小时购物。与商店相比，直销商通常能给顾客提供选择范围更广、花色品种更多的商品。例如：很多商店因为受场地限制，产品的颜色及尺码的选择都有限，而直接营销商在绝大多数情况下都会有充足的品种、颜色和尺码。

直接营销当然也会让卖家受益匪浅。因为直接营销是建立顾客关系的有力工具。有了今日的科技，直接营销商可以选择更加细化的群体，甚至是具体的顾客，根据他们的特殊需求和欲望提供个性化的商品，并且将这些商品的信息通过个性化的传播方式，如通过微信、微店等推广给顾客，而互联网因其一对一的互动特性成为了特别强有力的直接营销工具。

17.1.2 目录营销

互联网对目录销售产生了巨大的冲击。面对来自互联网零售的日益加剧的竞争，许多分析家预测人们今天还能见到的目录营销会逐渐的消亡。事实上，已经有 3/4 的目录销售公司选择在互联网上展示商品，接受订单。例如：英国最有名的目录营销商 Argos 现在从网上接到的咨询和订单已经远超印刷的目录。

17.1.3 电子零售

电子零售以多种形式出现，将在未来影响所有的零售商。电子零售分为 3 种：电视购物、数字信息亭及互联网购物。电子零售给消费者提供便利，让他们得以通过不断更新的、比一般目录更加及时的、流行的购物媒体在很多场所购物。

1）电视购物频道。随着电视购物频道的发展，不论是在中国还是在外国，在家中购物显得越来越方便。电视购物除了帮助消费者购物之外，还能让人们获知信息，得到娱乐。更重要的是这个方便的购物形式对于职业妇女或家里的老人都有着额外的吸引力。

2）数字信息平台。如今很多零售商和购物中心还在使用另一种电子零售或促销方式：在数字信息亭或电子贩卖机上安装类似电子游戏类型的触屏式计算机终端。消费者在数字信息亭或电子贩卖机上可以观看不同产品的广告视频，并通过积分、游戏等形式来收集商品的优惠券或小奖品。类似的数字信息亭与消费者形成了交流并诱使他们不断地购物。

事实上这些计算机终端是电子零售的一种，它们对那些销售人员流动性很大的零售商来说帮助很大。它们可以给顾客提供准确的商品信息，并确实有助于顾客购物。例如美国著名的皮鞋品牌 Danner（丹娜）就采用了这项技术，在 Danner 的计算机终端上，顾客回答关于他们自己的具体问题，例如：日常穿鞋的尺码、脚掌的宽度和脚背的高低等细节问题，然后计算机就会推荐给他们最适合的 Danner 款型尺码。

类似的科技将会在很多零售领域得到应用。例如：在地毯店的适当位置安装计算机终端，向顾客提出问题：诸如房间的尺寸？是否有孩子？养不养宠物？能承受的价格区间？根据这些问题的答案来推荐最适合顾客需要的产品，而对有特殊需求的顾客甚至可以通过终端进行初步设计和效果图展示，进而提供个性化下单定制。市场研究表明，顾客更信任由计算机终端而不是由销售人员所给出的销售建议。同时计算机终端也是零售商强大的市场调查工具，因为系统会不断地收集和统计与之互动的顾客的信息及需求。

3）互联网零售。在线零售（Online Retailing）持续发展，前景一片光明。许多市场观察家预测，互联网终有一天会取代杂志、报纸甚至店铺，成为消息的来源和采购的货源。事实上对于部分公司来说，线上销售已经成为了唯一的商业通道；对于绝大多数零售企业，在线市场还只是其市场的一个组成部分，在一个全面的市场营销组合中与其他途径共同运作。如今，有越来越多的传统品牌实体店不断地尝试从临街商铺、商场柜台向虚拟店铺发展，形成了线上与线下并行的商业模式。

对于零售商来说，通过互联网直接营销将获得额外的好处，比如降低成本、加快速度和提高效率。在线零售避免了维护门店的费用，还节省了租金、保险及公用事业费用等一系列的额外支出，所以在线零售商，如亚马逊、京东（Amazon、JD. COM）等都有着比实体零售商更为稳定和顺畅的资金链。

17.1.4 超级商店零售

超级商店（Superstore）这个词最早出现在超级市场行业中，当时食品杂货店扩大经营规模，网罗了各种各样的日用品。然而，如今这个词的解释范围更广，可以指任何一家比常规商店大的、销售特定品种商品的店铺。这些店铺往往是其所在地区同类型商店中最大的，主要包括仓储会员店、超级购物中心及超级专卖店等形式

1）超级购物中心。特大型的超级市场和日用百货商店，从食品到家用电器应有尽有。在欧洲，超级购物中心的特点是比较集中，面积超大；而在美国，很多地区都建有相互类似的超级购物中心，但面积要小于欧洲。

支持这些超级购物中心的战略是他们手中掌握着代表80%的顾客的日常所需的产品，他们会避开特定商品或滞销商品，会把商品进行分类以适应绝大多数中等收入的顾客。另外，由于所需的存货太多，风险过大，超级购物中心还会尽可能地避免走最新的时尚路线。

2）仓储会员店。一个巨大无比的仓库，商品种类齐全，存货和销售量都很大。商店几乎从不装修，几乎没有销售人员的协助，没有特别的装饰，也没有送货，顾客在采购时甚至有可能要避让搬运货的叉车。

绝大多数的仓储会员店都是会员制商店，顾客需要支付年费，而许多会员并不是个人购物，将近1/3的会员是企业主，在专门为他们设置的特殊购物时段里大量采购企业所需商品，而仓储会员店的特色之一就是它的价格通常要比其他零售商店低20%～40%。

3）超级专卖店。面积巨大，特定产品的品类齐全，价格低廉，这就是超级专卖店，也被称为“品类杀手”。它的最大特点是在某一特定产品领域占有绝对的优势。例如美国的Toys “R” Us（玩具反斗城，中国旗舰店位于上海）是第一家验证超级专卖店经营模式并获得成功的品牌，它的特定产品领域是不同类别、独家发售的各类儿童玩具。

17.2 零售业中的商品采购

正如在上一节中讲到的，零售业处于千变万化的环境之中，而正是因为这种变化已经成为常态，所以在这一领域的工作会既令人兴奋又充满挑战，而在零售业中最具有挑战性的职能就是采购（国外称之为买货）。正如其名称所隐含的意思，零售采购员要执行的一项重要任务就是购买商品，并且他们还必须花时间去分析市场信息，阅读最新的商业杂志，紧跟市场潮流。零售采购员只有在彻底了解顾客、市场、产品及竞争对手之后，才能开始购买商品，而这些都需要经过仔细的研究和分析。

17.2.1 零售采购员的工作

在零售企业中，首要的工作内容就是商品采购，而采购商品的人在中国多被称为谈判员或零售采购员（国际上称之为买手 Buyer），本章中统一称为买手。对于很多大学生来说，采购通常充满着吸引力，因为他们看见的是买手频繁的出差，可以去很多令人激动的地方并且可以花费大量的金钱去购买最新款的产品，这些都很诱人；旅行可能是令人激动的，但通常情况下买手眼中的城市风景，绝大多数都只是在去往酒店、商品市场或生产厂家的路上看到的浮光掠影，在节奏忙乱的市场活动中很难有时间观光，而要决定使用资金去购买什么样的产品就更令人紧张，处于这一经济上的责任感，买手的工作其实压力重重。然而，很多人还是喜欢这种来

自于责任进行决策的压力。如果读者喜欢这种挑战，可以考虑选择买手这个职业，不过如果读者喜欢的是安静思考、压力较小的常规工作，采购可能就不太适合了。

尽管在不同的零售企业中买手的工作职责会有所不同，但有些基本的职责是大部分买手都要做到的，其中就包括但不限于如表 17–1 所示的内容。

表 17–1 买手的部分工作职责

为一个产品系列、一个部门、一家商店或零售组织制订商品企划策略
了解和确定消费者的需求和欲望
代表零售店铺或机构与供应商谈判
定期出差进行市场调查
为零售店铺或机构策划并开发自有品牌或进口方案
参与商品定价以产生预期利润
不断尝试开发新供应商和新产品
维护库存在合理水平的均衡和产品的多样性
通过各种方式与零售店铺沟通互动，获取最新信息
销售、加价、降价、毛利和营业额达标

17.2.2 零售买手面对的变化

今天，买手的世界相对以往来说更像是一场数字游戏。科技让买手们可以接触到越来越多的数据，让买手的工作比之前更为科学。买手们要做的不仅仅是在市场上搜寻适合的商品、商谈最优惠的交易条件，还必须分析以实时和历史格式出现的数字，并在产品过去的表现基础和未来趋势之间做出采购决策。因此买手必须要面对和适应一些新的挑战和变化。

1. 新的挑战

如今，买手们已不能再仅仅依靠正确的“预感”来做出某个产品会畅销的判断了，成功的买手必须要成为称职的研究人员和预测家。正因为这一工作上的变化，部分零售分析家认为买手这个词可能已经过时了，在一些零售组织中，买手现在指的是“品类经理”，而有些公司则将买手视为店铺顾客们的“采购代理”。

买手工作新的挑战与变化，有积极的一面，也有消极的一面。尽管越来越多的数据源可以帮助买手在订单数量和库存水平方面做出更恰当的决策，但买手们同时也会因为太多的数据而应接不暇、无所适从。事实上，很多买手都被铺天盖地的数据弄得不知所措，因为他们接收到的数据量远超他们能实际分析、运用或执行的数量。

今天，评估买手不仅是基于销售数量，同时还要看这些销售的盈利情况。因此买手们还必须知道如何以最低的成本和最小的风险给他们的零售企业带来新的产品，这就使得产品测试和评估也逐渐成为买手职责的一部分。他们还必须拥有对时尚十分敏锐的眼光，即使他们本身并不采购流行商品，例如手机、计算机和相机之类的数码电子产品或是各种类型的厨房用品，它们同样也有时尚元素的存在，像设计、款式、颜色、外形和材料等。

买手们还必须熟悉物流。他们需要了解商品流动的成本，包括在城镇之间或跨越全球的货运成本和交货时间。而越来越多的供应商也开始重视培养与零售买手之间的合作关系，并且在努力地使这种关系更加紧密、稳固。

买手们还必须能够灵活地掌握和运用不断出现的科学技术。这些科技包括复杂精确的计算机程序，最出名的社交媒体，如推特、脸谱、微信（Twitter、Facebook、Wechat），以及互联网应用程序等。例如：电子邮件能够让买手一周 7 天，每天 24 小时与世界沟通，然而，电子邮件也有缺陷，因为电子邮件既方便好用又几乎没有成本，所以买手们很快就会因为每天收到大量的邮件而不堪重负，他们必须花费大量的时间来过滤和查阅电子邮件，而类似的问题在过去是不需要考虑的。

所以这些数据分析或工具是否已经让今天的买手变得机械化，缺乏创造力？有些业内人士已经提出了类似的观点。然而，真正优秀的买手应该是目光长远，能够跳出由计算机提供的数据的人。在他们充分吸收并分析了手头上所有的数据之后，能够做出最好的“有根据的推测”，他们能够最先拿到好的产品，尽快销售，迅速补货，自始至终保持低成本，并给予顾客愿意接受的价格。

2. 科技对买手工作的影响

科技进步在越来越多的零售企业中迅速地改变着买手的角色，因为许多零售商开始采用快速反应计算机系统。快速反应计算机系统的运用使得零售店铺可以实现自动追加系统（Automatic reordering system）。自动追加系统会每星期根据基本商品的销售情况和理想库存模型计划产生订单，当然，理想库存模型计划又是在销售历史和目前趋势的基础上制订的。

计算机和自动追加系统的使用给零售企业的采购模式带来了新的趋势。

- 零售商和供应商之间产生了很强的合作关系。
- 产生了很多数量小、频率高的订单。
- 下单的时间离销售季节越来越近。
- 基本商品的补货建立在实际销售、预测和趋势的基础上。

自动追加系统让买手有更多的时间来关心其他的采购活动，例如去挑选新的商品，分析趋势，一些零售机构甚至将控制基本商品补货的工作从买手的职责中去除了。自动追加系统让零售商得以将基本商品的重新采购由采购工作转变成了补货工作，买手们可以集中更多的注意力去了解顾客、分析趋势、计划采购。例如在很多欧洲的百货公司，买手们已经不必再为基本商品下订单，因为采用了自动追加系统，在这些百货公司的店铺中，库存管理已经转移到了店铺的层面。

买手们越来越多地使用计算机快速查看成千上万的商品规格、存货记录，以及顾客的购买记录。一些公司与制造商或分销商之间以电子采购系统相连，这些系统提升了选择商品和下达订单的速度，并能够提供是否有货和货运方面的信息，使得买手可以更好地专心选择商品和供应商。

17.2.3 零售买手的绩效评估

采购是一种可以很容易设定量化绩效指标（Quantitative Performance Measurement）的工作，可以用数字来设立标准，比如达到某一销售水平，同时维持某一特定的利润百分比。买手在公司中晋升得有多快将取决于他们如何有效地达到标准，或者说达标与否也有可能决定他们能否保住工作。例如：对某一部门或产品品类来说，买手的目标可能是“要确保加价水平维持在 45.2%，销售额达到 56000 元，降价控制在 2000 元”。有了类似的明确目标，评估买手的业绩及奖励达标的买手就会变得容易。

可以评估零售买手的量化绩效指标有很多，这些指标可能会因不同的零售商而有所不同，但基本都会包括以下的指标：毛利率、利润率、库存与销售比、采购余额、净销售额、库存周转率、单项加价率、累计加价率，以及降价百分比。

除了以上指标外，买手的表现也可以通过他们如何处理与助理、其他管理人员、供应商及店铺经理之间的关系来评估，因为买手工作的一个重要部分就是营造良好的团队氛围。

在这一节里，将研究上述指标中的两个，读者将有机会锻炼自己的计算能力，计算单项加价率和累计加价率，并思考这两者如何用于评估零售买手是否成功。

1. 绩效评估：单项加价率

评估零售买手的重要绩效指标之一就是加价（Markup），即商品成本与其售价之间的差异。加价除了能给企业带来合理盈利以外，还必须足以支付这家企业或者部门的所有运营费用。当然，实际成交价格可能会低于吊牌零售价（多见于服装行业），因此实际的加价额是在商品售出后才能被确定下来的。尽管知道加价的货币金额很重要，但通常更为重要的是要知道加价率，因为零售商对店铺或者部门规定的绩效目标通常都是以百分比来表示的，而不是数额。

计算单项加价率，首先要确定一件商品的加价金额，即商品的零售价减去成本价，然后用加价金额除以成本价后乘以百分之百。公式如表 17-2 所示。

表 17-2 单项加价率计算

单项加价率 ＝（单项零售价—单项成本价）÷ 单项成本价 × 100%
例题：某商品花去零售商 56 元，如果零售商以 112 元销售，此商品的单项加价率是多少？ 题解：单项加价率＝(单项零售价—单项成本价) ÷ 单项成本价 × 100% ＝(112 − 56) ÷ 56 × 100 ＝100%

2. 绩效评估：累计加价率

尽管可以计算出每件商品的单项加价率，但零售商很多时候也需要计算一个时间段内，某一个产品品类、某一个部门或整个店铺整体的加价率。在这种情况下，加价是指累计加价（Cumulative markup），是指在某一特定时间段内所有售出商品获得的加价额。在将销售业绩与既定目标、过往销售纪录或其他店铺的业绩进行比较时，累计加价更有用。

例题：在季节开始时，某买手的丝巾库存值为：总成本：3000 元，总售价：5800 元。在当月，增加的商品库存为：50 条丝巾，每条成本 20 元，零售价 40 元；100 条丝巾，每条成本 10 元，零售价 19 元。到月末为止，累计的加价率是多少？

题解：计算总成本和总零售金额，见表 17-3 所示。

表 17-3 总成本和总零售金额计算

	成本（元）	零售金额（元）
期初存货	3000	5800
采购商品	1000	2000
采购商品	1000	1900
合计	5000	9700

下一步：用总零售金额减去总成本得出总加价金额：9700 − 5000 ＝4700 元。

最后，用总加价金额除以总成本金额来计算累计加价率：4700 ÷ 5000 × 100% ＝94%，即累计加价率为 94%。

17.2.4 零售买手的职业规划

现在大家已经知道了买手要做的工作，读者可能会更加坚定地将采购作为自己的职业选择，但就像应聘任何一项工作一样，都需要将自己现有的条件与那些已经拥有这份工作的人相比较，因为成功的买手会有很多鲜明的特点和技能，看看自己拥有哪些，然后努力扬长补短。

几乎没有大学毕业生是作为买手直接进入零售业的，绝大多数买手的职业生涯都是从管理培训计划（Management Training Program）或是助理买手的职位开始的，但不管是哪种情况，培训重点都很可能是在销售方面。买手必须了解他们所采购的产品和顾客的欲望与需求。而到底在相关的培训上要花多少时间，几乎每个公司都不相同。

实习是进入管理培训计划的一种很好的方式。大部分零售商坚信在卖场中的工作和接待顾客会增加管理培训或买手培训方面的基本知识。而事实上管理培训的确需要店铺经验来全面了解和体会零售店铺方方面面的情况。顾客能成为很好的教师，而改进现状的最佳方法可能就来自于店员。

大学毕业生需要从零售店铺走上职业道路的主要原因是：直接接触顾客和为顾客提供服务的相关体验使得参与者产生了与顾客的共鸣，并同时能够充分地了解和认识店铺员工的真实状态。当买手们进入公司办公室工作以后，对于处理店员和顾客需求的了解和准备也就会更为充分。

在一些零售组织中，采购方面的工作会带领自己走向管理事业。许多零售买手通过调入店铺或零售部门成为了部门经理，从而成就了事业的转型。从那里，他们将来可能会晋升到人事、商品企划或业务运作方面的管理职位，一些成功的买手最终可能会成为各个部门的高层管理者。在许多零售企业中典型的职业道路如图 17-1 所示。这些职业发展称为职业阶梯（Career Ladder）或职业路径（Career Path）。职业阶梯或职业路径并非一成不变，它们仅仅代表个人在职场中可能会如何发展。

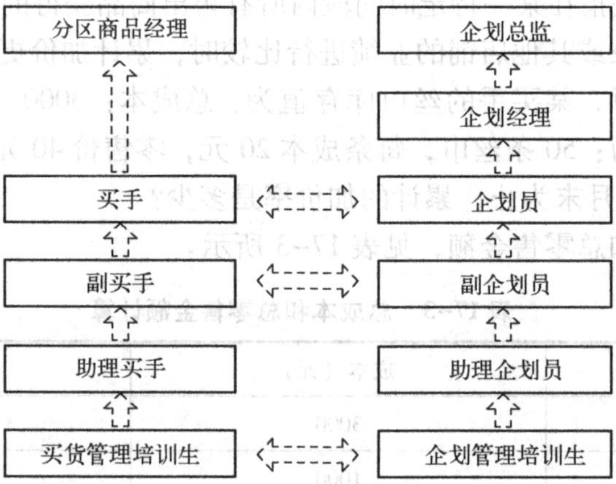

图 17-1 采购与商品企划工作的职业路径

采购对于买手在未来进入其他工作领域是一种很好的历练。读者可以成为时尚专员、零售店的雇员、产品测试员或产品设计师，甚至可能会因采购工作而产生很强的创业意向，决定开办自己的零售生意。与采购相关的行业的工作，如采购办事处、服装生产工厂和食品生产工厂等都有可能代表着职业发展的机会。零售买手所拥有的很多技能都可以在未来职业发展规划或选择中起到很大的帮助。

17.3 零售业采购的不同类型

在之前的章节中已经了解了买手的主要职责是为店铺采购能够满足顾客需求的商品，对所有的零售店铺来说都是这样，不管它们的规模大小，组织结构如何，或是销售什么产品；还了解了评估买手绩效的一系列重要指标，特别是单项加价率和累计加价率。在下面的章节中将讨论零售业不同类型的产品和不同零售业态下的采购。

17.3.1 零售业不同类型的产品

当准备进入零售采购这一职业时，首先要做的决定之一就是确定自己对什么类型的商品最感兴趣。是对软货感兴趣呢，还是对硬货感兴趣？

软货（Soft Lines）一般是指服装饰品类产品及家用装饰品，例如床单、窗帘及浴室用品等。在绝大多数店铺里，除了上述以外的商品都归类为硬货（Hard Lines），包括五金用品、体育用品、家用电器、家具、玩具、草坪及花园用具之类的产品在内。每个领域都可以再细分，而这就要看店铺的规模大小了。软货可包括女装、男装及童装，这些大类如果还要划分，可以分为：男式牛仔裤、男士正装裤、男士运动裤和男士休闲裤等。而在很多大型的零售店中，一些买手有可能只负责一个产品类别，例如男士运动裤或男士正装裤。

另一种细分这两大类别的方法是将产品划分为流行商品或基本商品。基本商品是顾客会长年累月购买的产品，他们会希望店铺一直都备有这些产品的库存。例如：袜子、内衣裤和深色西装等都被认为是软货中的基本商品；硬货的基本商品包括盐、糖、笔记本和蜡烛等。而流行商品则是指在相对较短的时间内需求量很高的产品——通常只卖一个季度或更短。流行商品大多是服装服饰，但有时也会有硬货的流行商品，例如：不断改进变化的香薰蜡烛、更新迅速的各种手机外壳或是特别限量版的芭比娃娃（Barbie Doll），都会被认为是流行商品。这些商品往往只在店里出现几个月或更短，随后就被下一个流行趋势或最新款式所取代了。

新买手会发现对基本商品的预测要比流行商品容易得多。基本款的销售每年变化都不大，而流行商品就有所不同。出现在市场上的流行商品来也匆匆，去也匆匆。流行商品的买手必须要在没有去年销售数字可以借鉴的情况下做出预测，预测出他们的顾客今年要买什么，因为即使是对店铺来说这些商品也是全新的，即使看上去和去年相似的产品也不能提供太多有价值的信息，去年热卖的时髦产品也许今年并不一定好卖。

流行商品买手要不断地物色新的、有创意的产品并进行采购，他们的采购决策所承担的风险远比只负责基本款产品的买手要高得多，对于许多流行商品买手来说，正是这些原因让采购流行商品令人兴奋，充满挑战。此外，因为承担风险所带来的压力，使得流行商品买手的薪资收入也要高于只采购基本款的买手。适销对路的流行商品会给店铺带来很大的收益。

17.3.2 不同零售业态的采购

当决定了自己最感兴趣的产品类型后，就要选择想在什么类型的零售商店里做买手了。今天，在每个人的身边都会有形形色色的零售商，有些可能位于购物中心或闹市区，有些则可能是在郊区或是独立的大型店铺，各式各样，那么不妨找找自己感兴趣的店铺类型，是谁在从事采购的工作？他们在本地的店铺中有没有买手？

在做出选择之前还需要仔细研究各种不同的零售商，看看他们的相似与不同之处。一方面应该看看知名的大型零售商，这些公司由于其自身的规模和扩张计划，可能会提供许多就业机会。另一方面，也可以关注一下不属于连锁经营的本地独立店铺，这样的选择会使自己所面对的压力更小。

今天的零售店铺与若干年前已有很大不同，而未来的零售业又会与今天有所区别。最大的变化之一便是零售店铺本身的分类，很多零售商之间的界限已经变得很模糊了。旧的零售业态已改变，今天的零售业态也在不断变化，比如身边的百货商店、折扣百货商店、直销型折扣店、专卖店及超级市场。

1）百货商场。百货商场是向个人及家庭出售各种类型商品的零售企业。这类企业主要提供花色及品种齐全的商品和服务，这些商品和服务根据产品品类划分成各个部门。百货商场的吸引力在于能够为整个家庭提供一站式的购物服务。

百货商场的未来很可能要看管理层如何定义企业想要触及的细分市场，很多百货商场已经对其产品种类和他们的顾客基础进行了收缩，他们已不再试图去取悦每一个人。部分商场已经开始针对优势商品部门进行扩张，缩减或淘汰并不畅销或利润率低的部门，因为越来越多的百货商场已经意识到如果他们要生存下去，就必须要与时俱进。

2）折扣百货商店。类似于百货商场，折扣百货商场也注重于一站式购物以满足所有家庭成员的需求，但有所不同的是折扣百货商场更多地吸引着那些注重低价格而不太看重服务的消费者。折扣百货商场的设施一般来说会很简单，向顾客提供服务的现场销售人员也很少，其重点在于低价销售在国内广为人知的品牌，并通过商品陈列鼓励顾客自己挑选。例如英国知名的折扣商场 T. K. MAXX，美国知名的折扣商场 TARGET 都是非常成功的折扣百货商场。

3）直销型折扣店。越来越多的生产厂家开始设立直销型折扣店来销售工厂生产过剩的产品或在生产过程中出现的残次品，通常折扣很低，而且商品并不会有太多或太大的问题，对于普通消费者来说还是相当具有吸引力的。例如北京的燕莎奥特莱斯、海南的万宁首创奥特莱斯等都是国内规模较大、店铺较多的直销型折扣商圈。

17.4 零售采购面临的风险与社会责任

在零售商和供应商谈判时经常会面临风险并涉及道德、法律和社会责任相关的问题，在接下来的章节里将会看到和学习零售商在采购过程中与供应商在法律、道德和社会责任层面上遇到的实际问题。从总体上看，越来越多的零售商在采购时开始注重道德、法律和社会责任等相关因素。

17.4.1 零售采购面临的风险来源

1. 仿制商品（山寨货）

销售仿制品事实上对零售企业自身的形象会造成极大的伤害，同时也会影响与合法供应商的长久关系。仿制商品包括生产和销售未经注册商标持有人允许、授权的产品。注册商标和版权都是一定智慧努力的结果，也被称为知识产权。注册商标可以是任何的标记、文字、图片、设备或一个没有实际功能的设计，但与产品直接相关，例如：劳力士（ROLEX）手表上的皇冠形状、李维斯牛仔裤上的红色标签图案等。

近年来，仿制品的工艺与质量都在不断提高，价格也在不断攀升，特别是一些世界知名的女士提包和服饰品，仿制品工艺与质量的提升也使得仿制品与真品之间的真伪辨别越来越难。

随着网络与科技的发展，香奈儿（CHANEL）品牌的打击仿制品运动已经从过去的集中精力打击街头贩卖仿制品实物小商贩的“战斗”转向网络虚拟交易售卖香奈儿仿制品的商家，香奈儿就曾对 399 个售卖仿制香奈儿皮包的网站提出起诉，这些网站遍及中国、巴哈马和印度等世界各地。很多知名品牌也都在进行着类似的“战斗”，从 T 恤到昂贵的珠宝都有类似的故事，比如世界知名的蒂芙尼（Tiffany）珠宝、路易威登（Louis Vuitton）包具等品牌。

2. 灰市和黑市商品

灰色市场简称灰市（Gray-Market），也被称为平行输入（Parallel Imports）。是指未经商标拥有者授权而销售该品牌商品的市场渠道。所售商品都是真品，只不过是一种“非正式”的渠道，它介于白市（White-Market）与黑市（Black-Market）之间。

灰市依照其交易的层级可分为国际型与国内型。国际型即是所谓的平行输入（真品平行输入，在国内俗称“水货”），其灰色市场交易的起始点发生于出口国被授权的分销商与进口国未被授权的分销商之间，常见的产品如汽车、药品、健康食品、家电和名牌化妆品等。例如：McGraw-Hill（出版商）在美国出版、销售的书籍零售价往往都远高于其他国家，有进口商就从其他低售价的国家购买后进口到美国，然后以较低的价格在美国销售。类似的情况同样也常发生在汽车、电器等产品中。

黑市是指未经政府批准而形成的，以交易不许上市的商品，或以高于公开市场价格的价格，秘密进行买卖的市场。如票证黑市、金银黑市、走私物品和武器黑市等。事实上，黑市出现的主要原因有以下几种：消费者需要的商品短缺，例如在灾难后水资源和燃油的紧缺；高税费，例如香烟、酒精制品；违法，例如毒品、武器等。

3. 商业贿赂

商业贿赂是指经营者以排斥竞争对手为目的，为使自己在销售或购买商品或提供服务等业务活动中获得利益，而采取的向交易相对人及其职员或其代理人提供或许诺提供某种利益，从而实现交易的不正当竞争行为。商业贿赂行为是一种典型的不正当竞争行为，也是一种历史悠久的不正当竞争行为。无论国内还是国外，这种行为都存在。这种行为损害了其他经营者的合法权益，扰乱了社会经济秩序，同时，该行为也严重地损害了广大消费者的利益，因此各国的法律都对这种行为予以制止。

4. 拒绝付款

拒绝付款一般发生在零售商与供应商在供货问题上发生分歧时。当供应商在没有满足合约约定的情况下，例如：产品的质量、型号、数量和时间等方面出现错误或延误时。拒绝付款对供应商来说是一个非常棘手的问题，因为涉及发票相关问题，特别是发票已经开具并且交给了零售商，而零售商拒绝付全款或部分货款，类似的追款会很麻烦。越来越多的供应商在与零售商合作时都会在相关方面进行考察和评测，以避免这种不道德的行为影响到自身的利益。

17.4.2 零售采购与企业的社会责任

零售企业的社会责任是指企业在经营过程中不仅仅只考虑股东盈利，还应考虑到其他利益相关者的利益，包括员工、消费者、债权人、社区公众和环境等，既包括自然人的各种权利，也包括自然人之外的法人和非法人组织的权利和利益。零售企业必须理解并履行相关的社会责任，担当不恰当的社会责任或不担当相应的社会责任，势必背离零售企业的根本意义，也会对零售企业的经营活动产生负面效应。

1. 零售企业的基本社会责任

零售企业的基本社会责任是必须做到的，零售企业的基本社会责任包括对股东负责、对债权人负责和对员工负责。零售企业保证盈利就说明能够对股东和债权人负责，零售企业作为一个社会组织单位，它必须是一个经济主体，要承担一定的经济责任。对员工负责是指零售企业至少应在法律要求的范围内最低限度地保证员工的权益，零售企业的利益与员工的利益是息息相关的，如果损害了员工的权益，那么零售企业的生存必然受到威胁。因此，履行基本社会责任是零售企业生存的内部因素，无论规模大小，每一个零售企业都应当首先做好这一点，尤其是大型零售企业对社会责任问题更要具有担当精神。此外，消费者是零售企业赖以生存的衣食父母，对消费者负责也就是对零售企业自身负责。对消费者负责就是要为他们提供质量合格、来源合法的产品和服务，具体而言，就是保障消费者的各种权利，严格管理买手和采购渠道，实事求是、保质保量地向消费者提供商品，并保护国家法律赋予消费者的各种权益，如国家规定的"三包"条例，对消费者进行各种退、换、保修服务，保证购物环境的安全、整洁等。

2. 零售企业的中级社会责任

零售企业的中级社会责任是指对供应商、配送商和金融机构负责，是企业履行社会责任的直接外在表现。对于供应商，零售企业应该承担的责任有：按照合约规定进行进货和付款，注意维护供应商的利益等；对配送商负责主要涉及：正确传送各种需要配送的货物清单，说明货物到达时间、地点、联系电话和货物正确搬运方式，明确零售业和配送商之间的权责，及时按照合约支付费用等。对于金融机构负责就是明确贷款事由、还款方式和违约责任赔偿，并严格按照合约履行等。

3. 零售企业的高级社会责任

零售企业的高级社会责任是对政府、社区公众及社会负责。管理大师 Drucker 认为，任何一个组织都不只是为了自身，而是为了社会而存在，零售业也不例外。零售企业不仅是股东牟利的工具，更应该成为为其他利益相关者服务的工具。因为零售企业利益相关者的利益最大化才是现代零售企业的经营目的，股东价值最大化并不等于零售企业创造的社会财富最大化。按照社会责任层次来看，零售企业应致力于发展经济、保护环境，并为整个社会发展做出贡献。具体的，零售企业应建立各种规章制度，规范自身采购、销售等行为，所销售的产品或服务不给周边环境带来危害，还应积极参与周边环境治理，比如关注社区公共利益、主动承担社区义务等。除此之外，零售企业的高级社会责任活动还包括零售业捐赠、赠送产品和服务、义务工作、与当地政府和其他组织的合作，以及零售企业及其员工自愿参与社区或其他利益相关者的活动等。

总之，对于零售企业来说，履行零售企业的高级社会责任可以量力而行，社会也不应把它作为衡量零售企业道德和社会责任履行情况的不可或缺的标准。

【课后思考题】

1. 网络购物如火如荼，请说说在线零售商面对的挑战都有哪些？
2. 分别从产品种类、价格、宣传和提货方式等方面对比一家零售商的实体店和网店是否有所异同，并思考是什么原因造成的。

3. 区分基本商品的采购和流行商品的采购有什么不同。
4. 为什么学历成为越来越多的零售企业在选择买手时的考虑因素？
5. 法律、道德和社会责任等因素在零售企业运营和采购过程中有哪些具体体现？

实训任务

课后前往超市，了解超市销售物品的详细分类及商品陈列，写出一份简要报告。

第18章 服务采购

本章导读：与货物、工程采购相比，服务采购具有鲜明的特点。采购部门需要合理地将服务归类，了解服务产品及服务采购的特点，建立规范的服务采购流程，注重服务采购质量的测量办法，做好与内部客户之间的协作和沟通。

学习目标：了解服务采购的种类、服务产品和服务采购的特点；掌握服务采购的作业流程；熟悉服务采购合同的拟定、质量的测量与监控；能及时处理并解决服务采购中出现的问题。

引导案例

Bishop 医院的服务采购

Bishop 医院是该地区的三家模范医院之一，始建于 1853 年。现在，医院的规模扩大了许多，每年预算超过 2 亿美元，员工将近 5000 人。虽然 Bishop 医院可以进行多项医疗服务，但其专科是儿科、肿瘤和移动护理。

采购部门负责医院所有设备的采购。作为设备采购协调人，John 负责所有价值超过 1 000 美元的设备的购买和服务合同的选择，以及所有出租和租用的协议。他的职责范围是所有医疗和非医疗设备的购买。他同设备和服务的使用者保持联系，以了解哪些设备和合同可以创造价值。对于超过 20000 美元的项目，采购部门向指定部门递交申请，20000 美元以下的项目按照供应商的报价处理。

放射部在医院中除了提供所有的 X 射线服务外，还在过去的 7 年中负责 X 光片的保存，并且现在正在努力使这项工作再延续 3 年。由于医院空间的限制，该部门只能将 4 年的 X 光片保存在院内。现在放射部决定由院外的存贮公司保存剩下的 X 光片，当医院需要时，存贮公司负责将其在两天内送到医院。对 X 光片来说，将其按顺序存贮并在需要时取出非常重要。另外，存贮公司也要保证保存质量。

在过去的 27 个月中，医院在 X 光片的保存上一直和专业存贮服务公司（PSS）合作。PSS 是专为大型医院提供 X 光片存贮及运送服务的公司。他们现在保存着 Bishop 医院 5 ～ 7 年前的 X 光片，总计将近 96000 包，PSS 平均每星期（5 天）需要向 Bishop 医院运送 25 包 X 光片。和 PSS 的合同是在 15 个月前签订的，但是合同一直在续签，存贮及运送费用为每月 4416 美元。

放射部的新任负责人 Alice Jones 向 John 抱怨，认为现在的供应商的报价过高。John 了解到这种情况，向上递交了计划申请。同时，John 又看到所有返回的计划书中预算比其每年的预算 52000 美元至少节约 30000 美元，其中就有他们现在的合作伙伴在内，所以 John 需要重新审视关于医院 X 光片存贮服务采购的问题。

像 X 光片存贮这类服务的采购与一般的商品采购相比，有什么特殊性？

（资料来源：孙红，罗闽，徐立萍．采购实务与采购系统［M］．上海：立信会计出版社，2011.）

18.1 服务采购的基础

18.1.1 服务的概念与主要种类

所谓服务，是指企业相关人员的培训、技术咨询、维修、备用设备或后备人员的提供、质检和翻译等业务。服务的主要组成部分是某种任务，而不是提供某种有形的商品或原材料。

服务是某种价值行为的表现，与销售商品的情况不一样，不会形成顾客对任何事物的所有权。以软件产业为例，软件服务作为市场竞争的手段之一，已成为 IT 行业中发展最快的部分。不同的公司对服务的需求有很大的差异，几乎任何种类的服务都是需要的。表 18-1 列出的仅仅是一些通常所需服务的代表样例（远没有涵盖全部）。

表 18-1 常见服务采购的种类

服务种类	服务样例
C01 科学研究和试验开发	产品研究开发、专业测试
C02 信息技术服务	数据处理、信息系统、计算机编程
C03 电信和其他信息传输服务	电话安装、网络服务
C04 租赁服务（不带操作员）	场地出租、仓库租赁
C05 维修和保养服务	设备维护、清洗、车辆维修保养
C06 会议和展览服务	会议组织、制作标志、图片管理
C07 住宿和餐饮服务	食品供应、食堂餐饮、酒店
C08 商务服务	进出口、海关业务、纠纷调解
C09 专业技术服务	会计审计、人事代理、广告设计
C10 工程咨询管理服务	工程设计、工程招标
C11 水利管理服务	自来水的安装、使用
C12 房地产服务	建筑拆除、内部装修、建筑装饰
C13 公共设施管理服务	楼层管理、地面维修、安保
C14 能源的生产和分配服务	电力、燃气
C15 金融服务	银行业务、财产管理
C16 环境服务	环境绿化、维护、有毒废物处理、积雪、垃圾清理
C17 交通运输和仓储服务	快递服务、运输代理、物流仓储
C18 教育服务	专业培训、安全培训、职业教育
C19 医疗卫生和社会服务	医疗保障、职业病防护
C20 文化、体育、娱乐服务	旅游、演出设备租赁、主持团队
C21 农林牧副渔服务	蔬菜、水果、大米、副食品
C22 采矿业和制造业服务	家具、办公设备、电脑、零部件外包
C23 批发和零售服务	原材料、零部件购置、促销
C99 其他服务	法律咨询

18.1.2 服务产品的特点

服务产品的特点如图 18-1 所示。

1. 无形性

无形性，或在采购术语中称为“缺乏可检验性”。服务无法在购买前或在购买后评估满意度（即与规格的一致性）时进行测量、称重及进行化学分析或用别的方法“检查”。采购职能不得不寻求其他服务属性与质量评估的证据，如是否达到承诺的或商定的服务水平、价格、便利性、流程效率及服务提供人员的素质。

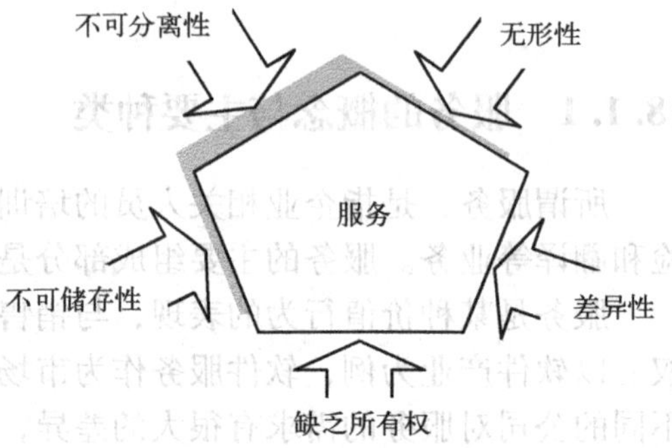

图 18-1 服务产品的特点

2. 差异性

从生产制造流程出来的产品通常有比较高的一致性，这简化了产品的评估。与产品不同，每次服务供应都是独一无二的，因为人员与环境都是不同的。这就使得很难将服务规范“标准化”，以便客户可以确定他们将得到什么样的服务，以及他们每次得到的服务是一样的。

3. 缺乏所有权

服务不会导致所有权的转移，这就使得很难确定服务合同什么时候被完好履行，以及风险与责任什么时候从一方转移至另一方。比如一位建筑设计师提交了一份设计方案，该方案满足客户提出的所有标准，但最后客户就是“不喜欢这一设计”。如果有人有过错的话，过错在谁呢？谁又来支付建筑师的第二次设计尝试呢？虽然很困难，但采购人员必须非常清晰地定义他们的需求，可以使用详细的服务规格、服务水平协议及双方认可的支付标准来做到这一点。

4. 不可储存性

许多服务只是一种过程或手段。这也就意味着需要将提供服务的时间安排与采购者的特定要求保持一致。在本质上，服务是不能存储的。供应商不可能由于预计到需求会增加而先把服务储存起来，用户也不可能储存服务以防供求不稳。

伴随着服务无法存储的性质，产生了服务质量保证的问题。人们无法在服务提供之前对其进行检查。

5. 不可分离性

服务的生产与消费是同时进行的。这一过程的效率、效性及参与服务“生产”（交付）的人员对客户体验来说是非常关键的，因此对采购职能选择与评估服务也是非常重要的。

这些特点表明，采购部门（而不是用户）更应当参与到服务的供应源搜寻过程中，一般的用户毕竟在需求预测、谈判、规格、合同管理及持续的供应商关系管理方面缺乏专业技能。

18.1.3 服务采购的特点

服务采购的主要特点如下。

1. 合同前阶段做的工作越多越好

在最后协议签署前，应当对服务水平、时间安排及支付费率等问题尽可能详细地达成一致，冲突经常产生于采购者与供应商各有不同的期望。如果组织正在搜寻外包现在内部员工正在做的服务职能，这就显得特别重要。通常组织会关闭自己的内部服务职能，处理掉机器设备，给员工换岗或裁员等。一旦做好这些以后，供应商就会处于比较强势的地位，这时就不该再与供应商基于原先协议对所提供服务不明确的细节进行谈判。

2. 需要用户/受益部门参与服务规格的制订

服务的采购需要专业化的输入，让用户/受益部门参与服务规格的制订也同样重要。一方面，让他们（作为客户）帮助确定他们所要求的或所期望的服务水平是最理想的；另一方面，这种参与有助于保证他们的“认同”并使后面的冲突最小化。

3. 供应商关系管理是服务采购成功的一个要素

通常达成的服务水平协议的表述是很难测量的，它不像采购钢条，可以确切知道达到或者没有达到规定的直径要求。从最开始的阶段，就让供应商知道什么是客户认为满意的绩效，而什么是客户认为不满意的绩效，这是非常重要的。

5. 在服务采购中也必须说明某些法律与技术方面的因素

例如承包商雇佣的员工可能要在采购者的场所工作（如提供餐饮、保洁或保安服务），这可能产生如下问题：赔偿责任保险，以承担采购方在事故或任何其他事件情况下承包商员工受伤或损失的责任；保密性及知识产权的保护，因为承包商可能会接触到商业敏感或有价值的信息或设计。

18.2 服务采购的实施

18.2.1 服务采购的作业过程

服务采购的过程主要包括以下步骤。

1）需求确认与说明。

2）供应方案分析，包括供应商选择、价格确定和服务选择。

3）制订采购协议，包括特殊条款的制订。

4）合同管理，包括执行、质量监控、付款、记录，以及供应商管理与评估。

18.2.2 服务采购合同的主要条款

服务采购合同通常也称为服务采购协议。服务采购合同可长可短，可以使用格式合同，也可以针对特定服务进行描述。

服务合同的主要条款除了包括服务目标、工具、方法、组织及过程、时间要求、服务量、服务价格和付款方式等条款之外，服务合同还应该包括其他方面的条款，如机密性、折扣、保证条款、责任范围、赔偿，以及本次采购的其他具体问题。

例如，在签订咨询服务合同时，合同中可能包括保证条款、独守承包人条款、工作成果条款，以及不披露条款等。

1. 保证条款

根据功能需求的清晰度和是否具备客观的绩效评估标准，采购方可以通过谈判获得关于咨询工作的保证期。如果对方无法接受的话，合同条款可能会需要咨询商免费进行调整，直到可以接受为止。如果功能要求比较模糊的话，要想找到同意这个条款的咨询商就更加困难了。

2. 独立承包人条款

为了保护采购人，必须满足聘用独立承包人的要求。同时，相关条款必须证明这名承包人是独立地承担自己的纳税义务。

3. 工作成果条款

通过条款规定，工作成果所有权归采购方所有。尽管大型咨询公司可能不同意这一点，但很多小型咨询公司对此没有异议。即使所有权没有转交给采购方，合同中也应该要求对工作成果进行证明，以便避免今后不必要的麻烦。

4. 不披露条款

服务供应商应该承担为采购方保守信息秘密的责任。咨询公司向很多公司出售其服务，其中有些可能是行业中的竞争对手，因此，本条款可以有效地避免法律诉讼。

18.2.3 服务质量的测量

服务质量的测量可以根据特定服务合同的需要为其制订关键绩效指标（KPI）。KPI 是商定的、某个单位或组织绩效的特定测量指标，对照这些指标可以对进展与绩效进行评估。

在可能的情况下，这样的目标尽量是定量的。也就是说，是数值的或统计形式的。例如，可以用成本（如提供每次服务的成本、总成本节省）、时间（如提供每次服务交付的小时数）、产出量（如每小时清洁的办公室数、及时完整交付的次数和提出的成本节省的提案数量）或其余统计数据（如每个评审期内的客户投诉的件数）等形式来表达。

当然，某些目标可能是定性的，也就是主观的，是关于一些不易量化的质量或属性。例如，想评估用户的满意度、供应商的客户管理的有效性、供应商的灵活性/响应性或对质量的承诺。即使是这样，这领域的 KPI 指标也应当尽可能定量地去表述：客户服务满意/不满意的比例；客户表达的满意程度（如使用满意度等级或分数）；客户请求/响应提案的比例及速度；通过态度调查获得对质量承诺的评分；用“危机事件”的数量来表示专业或非专业的操作等。

针对不同的服务合同特性，有不同的服务 KPI。以保洁服务为例，其 KPI 可能涵盖以下方面。

- 完成指定的保洁任务所耗费的时间。
- 清洁的彻底性（可以具体表示为现场检查中灰尘的数量或污迹数量，未清空垃圾箱的比例）。
- 清洁返工的次数或客户投诉/要求重新清洁的次数。
- 客户对整个保洁服务的满意度（例如基于反馈报告次数、具体表示为投诉次数，以及投诉与批准次数的比例）。

18.2.4 服务质量监控方法

有很多方法可用于监控服务与服务水平，并为识别需要解决的“服务差距”提供数据。根据服务的特性和可用的数据收集机制，这类监控技术举例如下。

1. 观察与体验

观看和体验所提供的服务。例如，可以清楚地看出办公室是否已经被清洁并达到承诺的标准，是否按时交付货物等。客户可以对服务失败的情况进行记录或报告。

2. 现场检查与抽样检验

可以定期以某种方式对绩效进行检验或测量。如在保洁服务中，现场检查包括按照测量指标（如清空垃圾箱数、清洁窗户数、清毒卫生间数和清洁地毯数）对办公室进行突击检查，对于“抽样检验”，如对选定区域地毯上的尘粒数量进行分析等。

3. 商业结果与间接指标

服务都有目的，因此高/低质量的服务对客户的活动具有连锁反应。例如，来自客户的反馈可能表明对该办公设施内的清洁程度、延迟的运输送货或呼叫中心人员没有礼貌等不满意。

4. 客户/用户反馈

应当定期邀请服务的客户和用户填写反馈调查表，反映他们对所接受服务质量的意见。此外，应当建立机制以便客户和用户的投诉，将具体的服务失误迅速通知服务经理或服务提供商。

5. 绩效的电子监控

在有些情况下，可以使用电子测量与跟踪装置监控服务绩效。例如，用考勤计时装置记录工作小时数；运输提供商用“黑匣子”旅程记录器跟踪延迟和路径；由计算机程序记录处理的交易数量、电话次数、与计划的成本或进度的偏差等。

6. 服务提供商的自评估

服务提供商可以要求其员工或主管提交报告。这可以采用多种形式，从在交接班时由清洁工的主管在检查表上签字（并在必要的情况下备注哪些服务不令人满意、为什么）到定期、系统性的自评估报告（我们做得如何？我们如何做得更好？我们需要客户为改进服务提供什么支持）。

7. 协同绩效考评

应当定期收集所有上述信息并与客户和服务提供商分享，以评估服务合同是否成功。

无论使用什么监控与评估方法，都应当将信息反馈给双方的服务经理或客户经理，他们再将这些信息转告给负责绩效的人员。

【课后思考题】

1. 什么是服务？服务产品的基本特点是什么？
2. 相比商品采购，服务采购有哪些异同？
3. 服务采购的作业程序是什么？
4. 如何测量与监控服务质量？
5. 制订服务采购方案时应考虑哪些因素？

实训任务

服务采购规格说明书编写

某电子有限公司计划将原有企业后勤部门开办的员工食堂餐饮服务进行外包，计划向社会招标采购。需要在招标书中详细描述员工食堂餐饮服务采购的规格。企业员工大概 1800 人，需提供一日三餐，食堂总建筑面积 1762 m^2，按设计要求配置了水、电、主副食仓库和作业间等房间，各类抽排系统、售卖系统及食堂桌椅等齐全。

请撰写该食堂餐饮服务规格说明。

第19章 国际采购

本章导读：国际市场的形成是社会分工逐渐细化及社会化大生产发展的必然结果，它打破了国与国之间的界限，使世界各国之间的经济联系日益密切。世界各国都积极主动地参与国际交流和国际合作，努力开拓国内、国外两个市场，充分利用国内、国外两种资源，以加速本国经济与世界经济的接轨，加入国际大流通。经济全球化的发展趋势促使各国企业及各国政府的采购工作向国际采购方向发展。

学习目标：了解国际采购与国内采购的差异；熟悉国际采购的流程与特色；掌握国际采购中的询价过程；熟悉国际采购合同的主要条款；了解国际采购面临的各类风险及防范措施。

引导案例

WPU的国际采购

WPU是私营企业，成立于1996年。最初代理美国维京（Viking）公司的齿轮泵在中国市场的销售，现在WPU建立了自己的工厂，生产泵的配套件，对维京公司的齿轮泵进行改良，推出自己的品牌，并研发和推广与齿轮泵相关的系统。由于国内煤化工市场发展迅速，新技术提取的改质沥青可以达到400℃的高温，而维京公司的齿轮泵无法满足这种需求，WPU以此为契机，自主研发新产品，从单纯的代理企业转变为一个制造企业。

WPU国际采购比例较大，海外采购额的比重占到了总采购额的60%～80%。在硬性成本中，除惯常理解的运输费用、物流问题和交付延迟等问题外，“品质和技术达不到要求”也是比较重要的硬性成本。软性成本主要是“文化和商业习惯的差异”对其国际采购构成障碍，这种文化和商业习惯上的差异所导致的障碍主要是与其代理的供应商之间的问题。此外，还有供应商对WPU缺乏信任。因为WPU是一个名不见经传的小型私营企业，在一开始与供应商接触时难免会遇到这样的问题。对处于国际采购发展较低阶段的WPU来说，国内通关限制对其国际采购构成了障碍。企业目前还缺乏规范的国际采购业务流程，因此在采购过程中过于草率，采购货物会出现差错。

假如你是WPU的国际采购人员，对企业的国际采购工作该怎样改进呢？

（资料来源：李红梅，贾甫．中国企业国际采购发展阶段特征的案例分析［J］．中国流通经济，2012.02.）

19.1 国际采购概述

19.1.1 国际采购的概念

国际采购就是在全球范围内选择和管理供应商，寻找满足企业需求的质量好、价格优的产品或服务的过程。企业采购商品的时候，如果国内市场的商品在性能或质量上不能满足要求，或者相同的商品在国外购买时价格更便宜，这时就要进行国际采购。

国际采购商品或服务的原因有很多，包括价格、质量、本土物资的缺乏、快速交货和优质服务、战略层面的考虑，以及关税在不断降低等。当然，国际采购的要求也随着特定商品需求而发生变化。但是选取国际供应商的最基本、最简单的原因是从国外购买商品或服务可以获得更多的利益。

19.1.2 国际采购的特点

与国内市场采购相比，国际采购具有特殊性，国际采购的特点主要有以下几个方面。

1. 国际采购具有价格、质量等方面的优势

国际上有些原材料供应商将生产集中在某些商品上，从而实现经济学意义上的自然垄断，可以将出口商品定位在一个相对较低的价位上以便大量出口。在某些产品上，国外供应商的产品质量更稳定，比如以色列的滴水灌溉设备相对更好一些。虽然这项因素的重要性已减少，但企业在多变的产业中仍然希望能在全球采购中满足品质上的需求，因为从事国际贸易的供应商通常具备较高的技术能力。某些原材料，特别是自然资源，国内没有储存，只能从国外大量进口。

2. 采购地距离较远

由于国际市场采购一般距离比较远，所以对货源地市场情况不易了解清楚，给供应商选择造成一定的困难，并且供应物流的过程也比较复杂。国际采购意味着长距离的商品运输，必须考虑由此带来的时间成本和费用成本。

3. 采购的程序比较复杂

国际采购除了国内采购几乎所有的手续和程序外，从采购前的准备，采购合同磋商、签订和履行，以及处理争议的各个环节等都较国内采购复杂得多。国际采购还涉及进出口许可证的申请、货币兑换、保险、租船订舱、商品检验、通关及争议处理等复杂手续和相关事宜。所以要想顺利完成采购任务，就需要了解许多国际贸易的专业知识。

4. 国际采购的风险比较大

商品价格以商品的国际价值为依据，随着国际市场上商品供求关系的变化而变化，具有更大的价格风险。由于国际采购时间长、距离远，又涉及外汇汇率的变化，所以国际采购在运输和结算等方面都面临着很大的风险。

19.2 国际采购的实施

19.2.1 国际采购的作业模式

国际采购的作业模式与国内采购在细节上有较多差异，具体程序如图 19-1 所示。

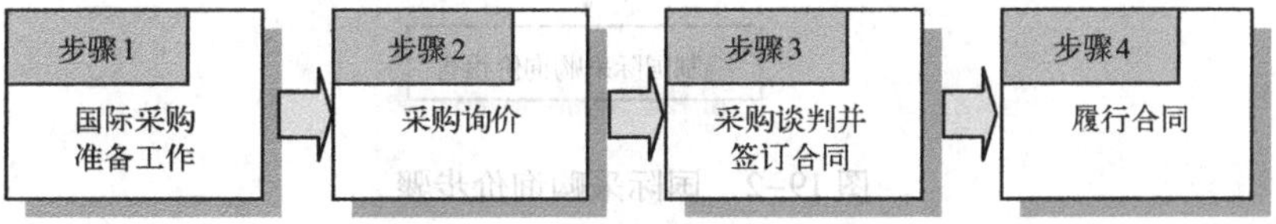

图 19-1 国际采购作业程序

1. 国际采购准备工作

（1）国际采购计划的编制

国际采购计划规定了国际采购业务的基本要求，国际采购计划的内容会随着国际采购商品的种类及用途的不同而不同。主要包括采购单位名称、采购目的、采购商品名称、品质、数量、单价、总价、采购国别、贸易方式、到货口岸及经济效益分析等。

（2）市场调研

市场调研包括对采购商品的调研和对出口商资信的调研。对采购商品的调研要根据商品特点有重点地进行，比如对一般商品来说，主要调查商品的适用性、可靠性，以及价格、质量、成分和货源等内容，并予以全面分析和综合考虑。对大型机器设备及高新技术商品，则要注意调查其技术的先进性。对出口商资信的调查包括：出口商对我国政府的态度，目前的经营状况，以及以往交往中的信用、生产能力和技术水平等。

供应商资料收集主要有以下一些途径。

- 通过参加贸易展览会。
- 通过国内外的行业报纸、杂志和期刊等。
- 通过政府、商会或贸易协会安排的内部代表团。
- 大使馆的商业部门会有所在国合适供应商的详细资料。
- 通过网络收集资料。网络信息多而杂，需要进行整理并判断真伪。
- 如果供应商在国内有办事处或分企业，可以通过国内供应商收集信息。

（3）拟定国际采购方案

国际采购的方案是采购公司在国外市场调研和价格成本的基础上，为采购业务制订的具体经营措施安排。其内容包括：采购交易对象的选择和安排，采购成交的价格，以及采购方式和条件的掌握。

2. 采购询价

国际采购询价的执行步骤大体与国内询价相当，只是距离、语言差异等原因，国际采购询价会稍显复杂，如图 19-2 所示。

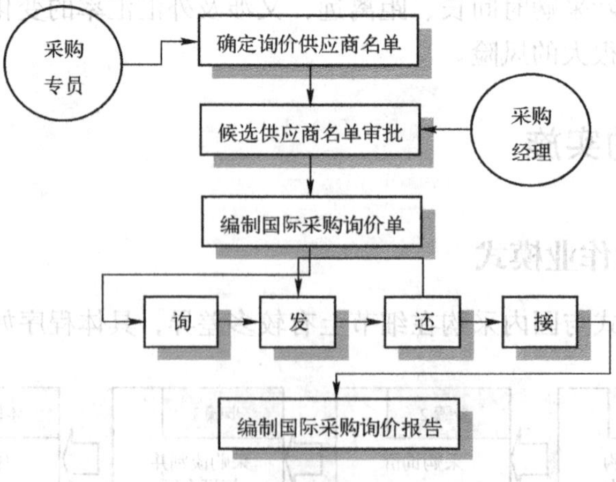

图 19-2　国际采购询价步骤

（1）确定询价供应商名单

采购专员根据国际采购准备工作阶段收集到的海外供应商信息，根据具体采购要求，初步确定符合条件的询价供应商名单。

（2）候选供应商名单审批

采购专员将确定的询价供应商名单报采购部经理和采购总监审核。

（3）编制国际采购询价单

供应商询价名单审批通过后，采购专员编制国际采购询价文件，并向询价供应商进行询盘。具体国际采购询价单样例如表 19-1 所示。

表 19-1 国际采购询价单

编号： **日期：　　年　月　日**

Order NO.： **Date：**

卖方 SELLER	买方 BUYER
供应商名称： To：	采购方名称： From：
供应商地址： Address：	采购方地址： Address：
联系人： Contact the person：	联系人： Contact the person：
联系电话和传真： Tel and Fax：	联系电话和传真： Tel and Fax：

序号 S/N	货号 Item NO.	品名规格 Commodity and Specifications	单位 Unit	数量 Quantity	单价 Unit Price	金额 Amount
合计 Total						

备注：
Remark
1. 包装：
Packing：
2. 付款条件：
Terms of Payment：
3. 交货期限：
Time of Delivery：
4. 质量要求：
Quality Requirements：

（4）询盘

询盘是指交易的一方向另一方询问购买或出售某几种货物的各项交易条件的表示。在业务中，多数询盘只是询问价格，因此也称为询价。询盘在法律上没有约束力，它是询盘一方愿意进行交易的一种表示，在实际采购中，常常由买方发出询盘。

（5）发盘

发盘是指交易的一方向另一方提出购买或出售某种货物的各项交易条件，并愿意按这些条件达成交易并且签订合同的一种肯定的表示。发盘具有法律效用，发盘的构成有 4 项必要条件：首先，向一个或一个以上特定的人提出。其次，表明发盘人的订约意图。再次，内容必须十分确定。最后，送达受盘人。发盘一般都规定有效期，只有在有效期内受盘人接受才有效。发盘在送达受盘人之前，可以撤回或撤销。

（6）还盘

采购专员在截止报价后，汇总并分析所有海外供应商的报价，采购专员进一步了解在最适当的需求量及品质下，价格是否最低，交货期是否恰当，开展还盘工作。还盘是指受盘人收到发盘后，对发盘的内容不同意或不完全同意，而提出修改建议或新的限制性条件的表示。一笔交易，有时要经过多次的发盘、还盘过程。值得注意的是，还盘是对原发盘的拒绝表示，原发盘便宣告失败；此时还盘就成为一项新发盘。因此，交易的一方在收到对方的还盘或再还盘后，要将还盘或再还盘与原发盘的内容认真进行核对，找出其异同，仔细商讨，不宜急于求成。

（7）接受

接受是指受盘人无条件地同意发盘人在发盘中提出的交易条件，并同意按照这些条件订立合同的一种肯定的表示。一项有效的接受应具有以下 4 项条件：首先，接受必须由特定的受盘人做出。其次，接受必须用一定的方式表示出来，可以是口头或书面的声明，也可以是某种行为。再次，接受通知必须在发盘的有效期内送达发盘人。最后，接受必须与发盘相符，对于某些非实质性变更仍然构成有效接受。

（8）编制国际采购询价报告

采购专员将洽谈内容编写成国际采购询价报告，报采购部经理和采购总监审核。采购总监核定候选海外供应商。

3. 采购谈判并签订合同

经过采购商与供应商的交易磋商、谈判，双方达成一致，签订合同。根据采购合同下达采购订单。国际采购订货单样例如表 19-2 所示。

表 19-2 国际采购订货单

编号： **订购日期：　　年　月　日**

Order NO.： **Date：**

供应商名称： To Vendor：	采购方名称： From：
供应商地址： Supplier Address：	采购方地址： Purchaser Address：
供应商编号： Vendor ID：	交付日期： Delivery Date：
交易条件： Trade terms：	交货地点： Delivery Place：

序号 S/N	货号 Item NO.	品名规格 Commodity and Specifications	单位 Unit	数量 Quantity	单价 Unit Price	金额 Amount

（续）

合计 Total	
1. 以上价格含 17% 增值税，在以上指定交货期内货到需方指定地点 The above price to contain 17% VAT, in the above specified delivery period specified location. 2. 供方应按时按量交货 The supplier shall be binding on time delivery. 3. 收到订单内 24 小时请回传，否则视为默认以上条款 Received orders please fax within 24 hours, or a default the above terms. 4. 经合同双方签字盖章的传真件视为有效文本，本合同适用于中国有关法律 The signature and seal of both parties by contract faxed copy as an effective text, this contract is suitable in mainland China relevant laws.	
买方 BUYER	卖方 SELLER
签字： Authorized Signature： 盖章： Seal： 日期： Date：	签字： Authorized Signature： 盖章： Seal： 日期： Date：

4. 履行合同

企业国际采购履行合同的主要内容有：申请开证、租船订舱、催装、办理保险、审单与付汇、接货报关和报验等，如出现损失还需办理索赔。

（1）申领进口许可证

在我国，许多商品是不能直接进口的，需要根据国家的有关规定，在进口这些商品前申领进口许可证。进口许可证自签发日起一年内有效，若一年内未与供应商签订合同，则此证作废，如需进口，要重新申请。如果已签订合同但一年内货物没有实际进口，可以持已签订的合同到发证机关申请延期。

（2）开立信用证

开立信用证的具体手续是：买方按采购合同规定的内容，填写开证申请书，将国际采购合同副本或复印件交送中国银行；中国银行根据国际采购合同的规定，审查开证申请书，无误后便开立信用证寄发国外。对此，要注意以下几点内容。

- 开证内容必须与国际采购合同一致。
- 开证时间要严格按合同规定的时间办理。迟开不但要承担违约责任，还推迟了到货时间；早开供应商固然欢迎，但采购方会增加费用支出。
- 如果开证以对方提供出口许可证（影印本）或履约担保书为条件，则必须在收到对方已确实领到许可证或担保书的正式通知后方可开证，在某些特殊情况下，必须先开证的，也可先开证，但要在证内附列该证必须在受益人交验许可证或交付保证金后才能生效的限制性条件。
- 信用证开出后，如果需要修改，无论由买卖双方中的哪一方提出，均应经双方协商后方可办理。

（3）租船订舱和催装

在开立信用证后，买方应及时委托外运公司办理租船订舱手续。手续办妥后，要迅速将船名和船期通知卖方，以便卖方备货装船，做好船货衔接工作。同时，卖方还应了解和掌握卖方备货和装船前的准备工作情况，做好催装工作。必要时，还可委托我驻外机构（企业）或委派人员就近了解、检查并督促卖方按时履行交货义务。

货物装船后，卖方应按合同规定及时发出装船通知，以便买方提前办理保险和接货等各项手续。如果卖方未发出或未及时发出装船通知，同样要承担违约责任。

（4）办理货运保险

国际货物运输保险是以对外贸易货物运输过程中的各种货物作为保险标的保险。根据国际采购合同中采用的国际贸易术语的不同，买卖双方负责办理货运保险手续和支付相关的费用。如果是按照 FOB 条件成交的国际采购合同，办理货运保险是买方的责任。具体手续由买方委托外运公司办理。因此，每批国际货物，买方或外运公司在收到国外装船通知后，应将船名、提单号、开船日期、货物名称、数量、装运港和目的港等信息通知保险公司，办理货运保险手续。

（5）审单付款

在信用证结算方式下，货物装运后，卖方便将提单等相关单据送交出口地银行议付，议付行随即将全套单据转寄开证行。开证行和买方对单据进行审核，如果符合信用证规定，便向卖方付款；如有不符，应立即要求议付行改正，或暂停对外付款。按照惯例，开证行付款后无追索权。开证行向外付款的同时，通知买家付款赎单。

（6）报关提货

国际采购货物抵达目的港后，买方应及时办理报关和接货手续。海关凭进口许可证或报告单，查验货、证，无误后放行，买方接货。国际采购货物的报关、接货等工作一般由采购方企业委托外运公司代办。

（7）验收与交付货物

国际采购货物在卸船时，港务局要核对卸货，如发现缺少，应填制“短卸报告”交船方签认，作为索赔的依据；如发现残损，应将货物存于海关指定的仓库，由保险公司会同商检机构检验，做出处理。国际采购货物经过检验后，由买方委托外运公司提取货物并转交给订货单位。

（8）办理索赔

国际采购货物要进行检验，如发现其品质、数量或包装等方面有不符合合同规定的，应当进行鉴定，以便提出索赔。

19.2.2 采购询价过程中的注意事项

在国际采购询价中，应该注意以下几点。

1）选择海外供应商时，应注意供应商归属国家的贸易政策及政治风险。

2）采购专员应充分了解国际供应商的报价内容。

3）企业对需求的物资有严格的控制标准并需要提供认证时，必须确认此认证是否为国际标准，供应商是否能够提供。

4）在确定最终供应商时，应综合评估物资的品质、规格和付款条件等，必要时应索取样品、测试报告、目录或说明书及产地证明等。

19.2.3 国际采购合同的主要条款

在国际采购合同中，与国内采购合同差异较明显的主要是支付条款和保险条款，这两方面的条款需要引起重点注意。

1. 支付条款

支付条款中需要考虑支付货币的选取、支付金额和支付方式，常见的这几方面的方法选择如图 19-3 所示，可以依据实际情况做出选择。

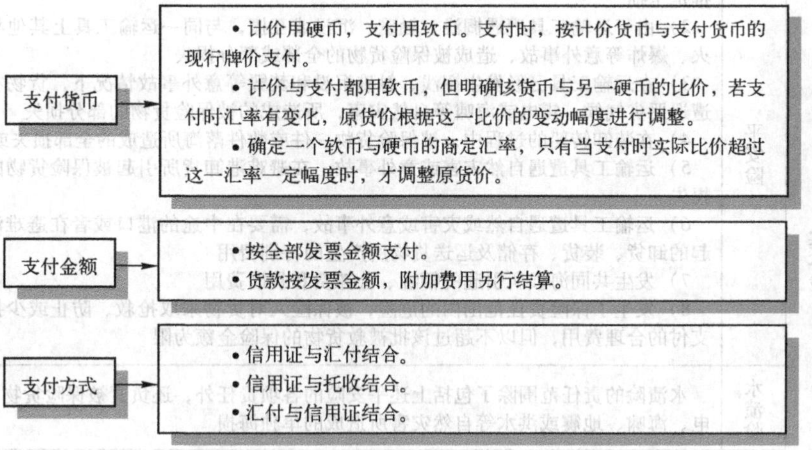

图 19-3 国际采购支付条款常见做法

国际商会制订的《2000 年国际贸易术语解释通则》是当前应用范围最广、影响最大的一种惯例，已被国际上大多数国家所接受。按照从卖方承担费用、风险和责任最小的工厂交货术语，一直到卖方承担费用、风险和责任最大的完税后交货术语的排列顺序，把 13 种不同类型的贸易术语分成 E、F、C、D 共 4 组，构成了一个比较完整的体系，如表 19-3 所示。

表 19-3 贸易术语表

E 组启运 （实际性交货）	EXW ex works	工厂交货
F 组主运费未付 （象征性交货）	FCA free carrier FAS free alongside ship FOB free on board	货交承运人 装运港船边交货 装运港船上交货
C 组主运费已付 （象征性交货）	CFR cost and freight CIF cost insurance and freight CPT carriage paid to CIP carriage and insurance paid to	成本加运费 成本保险费加运费 运费付至 运费、保险费付至
D 组到达 （实际性交货）	DAF delivered at frontier DES delivered ex ship DEQ delivered ex quay DDU delivered duty unpaid DDP delivered duty paid	边境交货 目的港船上交货 目的港码头交货 未完税交货 完税后交货

2. 保险条款

保险条款一般需要具体列明买卖双方由谁负责投保、谁支付保费、投保的额度是多少，以及投保的险种等。国际货物运输保险根据其保险标的运输工具的不同分为 4 类：海洋运输货物保险、陆上运输货物保险、航空运输货物保险和邮包保险，具体内容如表 19-4 所示。

表 19-4 国际货物保险险种

<table>
<tr><th>险 种</th><th colspan="2">险 别</th><th>保 险 范 围</th></tr>
<tr><td rowspan="6">海洋运输货物保险</td><td rowspan="3">基本险</td><td>平安险</td><td>1）在运输过程中，由于自然灾害和运输工具发生意外事故，造成被保险货物的实际全损或推定全损
2）由于运输工具遭遇搁浅、触礁、沉没或互撞，与同一运输工具上其他物体碰撞，以及失火、爆炸等意外事故，造成被保险货物的全部或部分损失
3）在运输工具已经发生搁浅、触礁沉没和焚毁等意外事故情况下，货物在此前后又在海上遭遇恶劣气候、雷电或海啸等自然灾害，所造成的被保险货物的部分损失
4）在装卸转船的过程中，被保险货物一件或数件落海所造成的全部损失或部分损失
5）运输工具遭遇自然灾害或意外事故，在避难港卸货所引起被保险货物的全部损失或部分损失
6）运输工具遭遇自然或灾害或意外事故，需要在中途的港口或者在避难港口停靠，因而引起的卸货、装货、存储及运送货物所产生的特别费用
7）发生共同海损所引起的牺牲、公摊费和救助费用
8）发生了保险责任范围内的危险，被保险人对货物采取抢救、防止或少损失的各种措施而支付的合理费用，但以不超过该批被救货物的保险金额为限</td></tr>
<tr><td>水渍险</td><td>水渍险的责任范围除了包括上述平安险的各项责任外，还负责被保险货物由于恶劣气候、雷电、海啸、地震或洪水等自然灾害所造成的单独海损</td></tr>
<tr><td>一切险</td><td>一切险的责任范围除包括水渍险的所有责任外，还包括货物在运输过程中由于一般外来原因所造成的全损或部分损失。除了某些运输途中自然损耗的货物或经保险公司与被保险人约定在保险单上载明的除外责任，保险公司都给予赔偿</td></tr>
<tr><td rowspan="2">附加险</td><td>一般附加险</td><td>承担由于一般外来风险所造成的全部或部分损失，共有 11 个险别：偷窃、提货不着险，淡水雨淋险，短量险，混杂，玷污险，渗漏险，破损、破碎险，串味险，受潮受热险，钩损险，包装破裂险，锈损险。一般附加险不可以独立承保，必须附属于基本险下，但如果投保了一切险，就不需要再加保任何一般附加险的险别</td></tr>
<tr><td>特殊附加险</td><td>承保特殊外来风险所造成的全部或部分损失，也属附加险类，但不属于一切险的范围之内。其与政治、国家行政管理规章所引起的风险相关联。目前中国人民保险公司承保的特别附加险别有交货不到险、进口关税险、黄曲霉素险、出口货物到中国香港特别行政区（包括九龙在内）或中国澳门特别行政区存储仓火险责任扩展条款。此外，还包括海运战争险和罢工险等</td></tr>
<tr><td colspan="3" style="display:none"></td></tr>
<tr><td rowspan="2">陆上运输货物保险</td><td colspan="2">陆运险</td><td>责任范围是被保险货物在运输途中遭受暴风、雷电、地震或洪水等自然灾害，或陆上运输工具（主要是指火车、汽车）遭受碰撞、倾覆或出轨。承保范围大致相当于海运险中的水渍险</td></tr>
<tr><td colspan="2">陆运一切险</td><td>责任范围除包括上述陆运险的责任外，保险公司对被保险货物在运输途中由于外来原因造成的短少、短量、偷窃、渗漏、碰损、破碎、钩损、雨淋、生锈、受潮、发霉、串味和玷污等全部或部分损失，也负赔偿责任</td></tr>
<tr><td rowspan="2">航空运输货物保险</td><td colspan="2">航空运输险</td><td>承保责任范围与海洋运输货物保险条款中的水渍险大致相同</td></tr>
<tr><td colspan="2">航空运输一切险</td><td>除包括上述航空运输险的责任范围外，保险公司还负责被保险货物在运输中由于被偷窃、短少等一般外来原因造成的全部或部分损失的赔偿</td></tr>
<tr><td rowspan="2">邮包保险</td><td colspan="2">邮包险</td><td>承保责任范围与海洋运输货物保险条款中的水渍险相似</td></tr>
<tr><td colspan="2">邮包一切险</td><td>承保责任范围与海洋运输货物保险条款中的一切险基本相同</td></tr>
</table>

19.2.4 国际采购中的风险及其防范

1. 国际采购中可能遇到的风险

进行国际采购时，可能会遇到许多潜在的问题。必须认识这种风险，从而采取措施将这些问题的影响减小到最低。国际采购可能遇到下述几方面的风险。

(1) 供应商的选择风险

选择高效、负责的供应商是进行采购的关键。获得国际供应商的方法基本上和选择国内供应商的方法相同。获得国际供应商最好的办法就是在供应商所在地进行实地调查。但是对国外的供应商进行这种评估既耗时又耗力，采购方在异地由于对当地很不熟悉，因此很容易上当受骗。比如通常一个公司如果拟购买价值几百万美元的汽车生产设备，负责采购的主管就会花上其工作时间的30%以上去供应商所在地进行调查，并与潜在的和正在供货的供应商进行磋商。

(2) 隐含成本风险

在将国内采购和国际市场采购做比较时，往往会忽略国际市场采购中的某些成本计算，或者有时也会出现一些突发事件使国际采购的成本增加，这些都是国际市场采购的隐含成本。影响国际采购的隐含成本的可能因素包括：采购方所在国货币表示的价格、支付给报关行的佣金、支付方式费用及财务费用、供应商所在国征收的税金、额外存货及其储存成本、额外的劳动力和货运单据带来的费用、商务考察费用、包装和集装箱的费用、咨询费用、检验费用、保险费用、报关费用、进口税率，以及应对突发事件设立的风险费用等。

(3) 交货时间风险

虽然运输和通信逐渐发展，全球采购中的交货时间得以缩短，但是还有一些因素会引起国际采购的交货时间延长。

- 采购者在首次进行全球采购时，通常需要开立信用证，这一般需要几个星期的时间。
- 虽然交通运输有了很大发展，但货物在国外运输的过程还是难免会延误几天。
- 货物在港口存放的时间取决于在港口等待卸载的船只的数量，船只的卸载只有在规定工作时间内才可进行。
- 各国各地区的通关时间不一，也会造成一定的延误。

(4) 汇率的波动风险

采购方必须对于货币的种类进行选择。如果交款时间比较短，就不会出现汇率波动问题。但是如果交款时间比较长，汇率就会产生比较大的变动，交货结算时的价格相对合同签订时就会有很大的出入。

(5) 政治因素风险

供应商所在国家的政治问题可能使供应产生中断。比如供应商所在国发生战乱或暴动等。采购者必须对这些风险做出估计。如果风险过高，购买者必须采取一些措施监视事态的发展，以便及时对不利事态做出反应并寻找替代办法。

(6) 文本工作费用风险

文本工作费用是国际市场采购中的一个主要问题，在国际原材料采购中最困难的工作就是简化办理国际运输的手续。这项工作各国都在努力，但目前仍有待改善。

(7) 付款方式风险

以企业的观点来说，最佳的付款方式是在验收之后付款。然而，许多国家的惯例是必须先预付款项以支付前置作业所需的费用，像这样预付费用会积压买方资金。与国内采购相比，国际采购在付款方式上有很大差异。资金的国际转账有一定的困难，也会产生一定的费用。和购买者已经建立长期合作关系的供应商可能同意提前发货，但供货方一般不会在货款未付前转让货物的所有权。

(8) 法律问题风险

当进行国际市场采购时，要确定出口国、进口国的法庭，以及第三方的法庭在发生争执时是否有法律权限。国际惯例、国际贸易法规、国际公约和国际条约规范所有的国际贸易行为，只要进行国际采购，就必须遵照执行。此外，采购方还要了解供应商所在国的经济和贸易法律。要确定出口国、进口国的法庭，以及第三方的法庭在发生争执时有没有法律权限。国际市场采购引起的起诉费用昂贵并且浪费时间，越来越多的合同纠纷倾向于由国际仲裁机构来解决。

（9）语言与宗教文化差异

在不同的语言环境下，相同的词会有不同的含义，同一个英语单词在美国、英国或者南非的意思会大相径庭。宗教差异往往体现在沟通方式和对事物的价值判断上。不同的宗教文化会存在不同的禁忌。即使语言相同，不同地区文化形成的方言和俚语也都蕴含不同的含义。这些差异会成为国际采购活动中谈判和业务沟通的障碍，有时甚至是成本、质量和时间等风险乃至采购失败的根源。因此，很多公司会让经常与非本语种国家的供应商打交道的采购管理人员进行语言培训，以便与国外供应商进行商务谈判。

2. 国际采购风险防范主要措施

（1）做好货币风险控制

国际采购人员必须做好货币选择、汇率预测等工作，并开展外汇保值措施，确保货币风险得到有效控制。一般情况下，货币风险主要控制措施包括以下 3 个方面。

- 合理选择货币。
- 根据汇率变化影响因素预测汇率，明确采购实施期间内本国货币与供应商所属国货币汇率变化的方向。
- 签约时，双方把签订合同之日的汇率固定下来，实际付款时仍用此汇率，注明若汇率发生变动应重新调整货价，使双方分摊风险。

（2）严格审核合同，加强国际采购合同管理

采购部必须做好以下工作，对合同风险加以控制，确保国际采购各项工作的顺利开展，具体措施如下。

- 签订合同前，应对供应商进行资信调查，如政策资金、财政收支状况、负债情况和签约履历等。
- 合同标的与内容必须合法。同时在条款上必须严密，要明确责任，保证双方权利和义务对等。对一些有歧义、不合理的条款要和供应商落实清楚。
- 合同中的技术标准应尽量采用国际通用标准或国际标准，便于验收，减少分歧。
- 规范采购合同范本，设定合同保护性条款，加强合同审查工作。

（3）加强国际供应商管理

采购部应做好国际供应商的管理工作，具体措施包括以下 3 条。

- 采购部应当对供货进度和过程有清楚的了解和必要的监督，以防止意外情况的发生。
- 采购部应及时询问备货情况，并提醒供应商需要注意的相关事项。
- 建立供应商档案，对供应商的履约能力进行全面评价，从质量、服务、技术、价格、信誉和企业内部管理等方面对供应商进行全面考核。

（4）加强货物国际运输管理

货物运输管理是国际采购中最重要的环节之一，采购人员必须选择合理的运输方式，确保及时、安全地接收货物。一般情况下，国际运输风险的控制措施包括以下 4 个方面。

- 选择合适的运输方式和运输路线，在保证顺利送达的前提下，控制采购成本。

- 及时为国际采购物资办理合适的国际货运保险，以分摊运输风险。
- 要求供应商依据合同规定包装物资，以降低运输风险。
- 当物资数量较少时，可以进行拼单，降低运输费用。

（5）加强货物通关管理

报关是履行海关进出境手续的必要环节之一。报关是指进出境运输工具的负责人、货物和物品的收发货人或其代理人，在通过海关监管口岸时，依法进行申报并办理有关手续的过程。

一般情况下，报关人需递交的单据包括以下 11 项。

1）《进口货物报关单》，一式五份。

2）《进口货物许可证》（如列入许可证管理范围的，需提交）或国家有关主管机关签发的批准文件。

3）提货单。

4）商业发票两份。对实行集中纳税的进口货物，除在口岸报关时递交一份外，还要由负责对外订购和承付货款的外贸企业给办理集中纳税业务的海关递交一份。

5）装箱单一份。散装货物或单一品种，且包装内容一致的件装货物可免交。

6）减税、免税或免验的证明。

7）国家商检机构签发的证件。如属于列入国家“实施检验进、出口商品种类表”的商品，则需提交或在《进口货物报关单》上加盖商检印章。

8）对列入动植物检疫、药物检验、文物鉴定或受其他国家管制的进出口货物，还必须交验省级以上有关主管部门签发的证件。

9）贸易合同、原产地证明及其他有关单证、账册（在海关认为必要时）。

10）信用证。

11）出口收汇核销单。

【课后思考题】

1. 在国际采购业务中，影响汇率变动的因素有哪些？如何防范汇率变动带来的风险？
2. 国际采购的主要支付方式有哪些？
3. 企业实施国际采购可能面临哪些风险？
4. 简述国际采购主要的业务流程。
5. 国际采购中货物保险的种类有哪些？

实训任务

国际采购程序

根据东南网报道，2014 年 4 月 2 日，厦门国贸发布公告，为获得稳定优质的铁矿石资源，公司董事会昨日审议通过议案，同意公司与澳大利亚罗伊山铁矿有限公司签订铁矿石长期采购协议，采购期间从 2015 年 9 月起至 2020 年 9 月止，合同金额累计约 100 亿元人民币。

请根据国际采购的相关知识，考虑要达成这样一个采购合同之前，需要如何选择供应商？要做些什么样的谈判准备？磋商的主要内容是什么？合同如何履行？写出一份铁矿石国际采购程序报告。

第20章 政府采购

本章导读：政府采购因其公共性、采购主体的特定性等因素备受社会关注。公平、公正、公开透明的政府采购工作是全社会的共同期待，是保证社会公平竞争环境的重要工作，对社会经济的影响巨大。

学习目标：了解政府采购的目标与原则；掌握政府采购流程；熟悉政府采购法律法规；了解政府采购中容易出现的问题；掌握政府采购问题防范策略。

引导案例

“互联网+”与政府采购

众说周知，电商平台在价格竞争力、商品种类及配送服务等方面优势明显，对于日益年轻化、对电商服务有较高认知度的政府采购人员有着巨大的吸引力。随着电商商品更多地进入政府采购平台，采购人员可以在线比较商品及价格，向电商推送订单，享受快速配送服务，并在交易完成时刷公务卡进行结算，采购效率大幅提升。同时，通过引入电商交易也不断强化政府采购市场化行为，促进市场充分竞争，提升采购人员的购物体验。

近年来，上海大力推行政府采购电子集市建设，并已实现了全市一体化电子采购。与此同时，也面临着协议供货模式相对封闭、商品资源有待优化和价格监管缺乏联动机制等问题。国内各大电商迅速崛起，丰富的商品和优质的服务也为改革完善该市电子采购工作提供了新的探索方向。逐步实现政府采购平台与电商的对接，让更优质的市场资源满足政府采购需求已成必然趋势。

随着国家大力推进“互联网+”计划，对实施政府采购电子化工作提出了新的工作要求。日前，国务院常务会议确定了一系列加快发展电子商务的措施。2015 年 3 月 1 日起施行的《中华人民共和国政府采购法实施条例》中，明确提出要推动利用信息网络进行电子化政府采购活动。政府采购工作需要进一步大力推行电子采购模式，突出电子采购的需求导向作用，不断推动政府采购阳光、规范、高效运行。

（资料来源：上海政府采购网 http://www.zfcg.sh.gov.cn）

20.1 政府采购概述

20.1.1 政府采购的概念

政府采购（Government Procurement）也称公共采购，是指各级政府及其所属机构为了开展日常政务活动或为公众服务的需要，在财政的监督下，利用国家财政性资金和政府借款，以法定的方式、方法和程序，对货物、工程或服务的购买行为。

政府采购不仅是指具体的采购过程，而且是采购政策、采购程序、采购过程及采购管理的总称，是一种对公共采购管理的制度。本章后面的内容非具体指定时，都是指我国政府采购的相关内容和要求。

20.1.2 政府采购的目标与原则

1. 政府采购的目标

（1）物有所需

政府采购中首先要保证采购到的物品确实是非常需要且恰当需要的。需要严格采购程序，从采购预算、采购计划、采购委托和招标文件制订等，每一个程序都必须规范采购所需货物或服务，保证钱不乱花、钱不多花。

（2）物有所值

集中采购机构进行政府采购活动，应当符合采购价格低于市场平均价格、采购效率更高、采购质量优良和服务良好的要求。政府采购要保证财政支出的优化和高效，服务经济工作，节约财政支出，做到物有所值。

（3）保护民族工业和促进经济社会发展

政府采购应当有助于实现国家的经济和社会发展政策目标，包括保护环境，扶持不发达地区和少数民族地区，促进中小企业发展等。政府采购应当采购本国货物、工程和服务。但有下列情形之一的除外。

- 需要采购的货物、工程或者服务在中国无法获取或者无法以合理的商业条件获取的。
- 为在中国境外使用而进行采购的。
- 其他法律、行政法规另有规定的。

2. 政府采购要遵循的原则

（1）公开透明原则

公开透明原则是指有关采购的法律、政策、程序和采购活动对社会公开，所有相关信息都必须公之于众。政府采购的实质是社会的公共采购，是采购机关使用公共资金进行采购，因此它必须对社会公众负责，接受社会公众的监督。在政府采购中贯彻公开透明原则，是接受社会公众监督的前提，有助于提高政府采购的效率，减少和消除“暗箱操作”给国家和公民利益带来的损害，使得政府公共支出渠道更加通畅透明。

（2）公平竞争原则

公平竞争原则要求政府采购活动在确保公平的前提下充分引入竞争机制。采购人可以根据采购项目的特殊要求，规定供应商的特定条件，但不得以不合理的条件对供应商实行差别待遇或者歧视待遇。政府采购应对所有的参加者一视同仁，给予其同等的待遇。

（3）公正原则

公正原则主要指采购人、采购代理机构相对于作为投标人、潜在投标人的多个供应商而言，政府采购主管部门相对于作为被监督人的多个当事人而言，应站在中立、公允、超然的立场上，对于每位相对人都要一碗水端平、不偏不倚、平等对待、一视同仁，而不厚此薄彼，因其身份不同而施行差别对待。

（4）诚实信用原则

市场经济既是法制经济也是信用经济，需要以当事人的诚实信用形成良好的社会风气，保障市场经济的有序运行。诚实信用原则约束的是政府采购活动中的各方当事人，一方面，要求采购主体在项目发标、信息公布、评标和审标的过程中要真实，不得有所隐瞒；另一方面，也要求供应商在提供物品和服务时达到投标时做出的承诺，树立相应的责任意识。

（5）防腐倡廉原则

政府采购当事人不得相互串通损害国家利益、社会公共利益和其他当事人的合法权益；不得以任何手段排斥其他供应商参与竞争。

供应商不得以向采购人、采购代理机构、评标委员会的组成人员、竞争性谈判小组的组成人员、询价小组的组成人员行贿或者采取其他不正当手段谋取中标或者成交。

采购代理机构不得以向采购人行贿或者采取其他不正当手段谋取非法利益。

20.1.3 政府采购的特点

政府采购具有以下特点。

1. 政府采购具有公共性

一方面资金来源具有公共性，政府采购资金来源于公共财政预算资金或政府财政部门管理的资金，即财政性资金，或需要由财政资金进行偿还的公共借款，这些资金最终来源于公众的纳税、公共事业服务和其他公共收入。另一方面，政府采购的目标具有公共性，政府采购服务的对象是政府及公共部门，其目的是通过采购公共产品和公共服务来确保政府的有效运转，满足社会公众的公共需要。因此，从这个意义上来说，政府采购就是公共采购。

2. 采购主体的特定性

政府采购主体一般为各级政府及其所属机构，我国政府采购主体为国家机关、事业单位和团体组织。国家机关是指依法享有国家赋予的行政权力，具有独立的法人地位，以国家预算作为独立活动经费的各级机关。事业单位是指国家为了社会公益目的，由国家机关举办或者其他组织利用国有资产举办的，从事教育、科技、文化和卫生等活动的社会服务组织；团体组织是指我国公民自愿组成的，为实现会员共同意愿，按照其章程开展活动的非营利性社会组织。

3. 采购活动的非商业性

政府采购活动必须遵循市场经济规律，追求财政资金使用效益的最大化。同时，政府采购活动不以盈利为目标，而是以追求社会公共利益为最终目标。

4. 采购流程规范性

为了规范政府采购行为，提高资金使用效益，维护国家利益和社会公共利益，我国颁布了《政府采购法》及一系列相关法律法规。属于政府采购范围的项目采购计划方案、程序、方式及其资金使用等，必须严格按照有关法律、法规组织实施和规范管理。

5. 购买力大

政府采购的主体是政府，是一个国家内最大的单一消费者，购买力非常大。据统计，欧共体各国政府采购的金额占其国内生产总值的14%左右（不包括公用事业部门的采购）；美国政府每年用于货物和服务的采购就占其国内生产总值的20%以上，每年有2000多亿美元的政府预算用于政府采购。正因为如此，政府采购对社会经济有着非常大的影响，采购规模的扩大或缩小，采购结构的变化对社会经济发展状况、产业结构及公众生活环境都有着十分明显的影响。正是由于政府采购对社会经济有着其他采购主体不可替代的影响，它已成为各国政府经常使用的一种宏观经济调控手段。

6. 政策性

执行政府决策。政府采购是政府行为，使用的是财政资金，所有它可以也一定会按照当地政府的有关要求去完成各项采购活动。另外，在具体实施政府采购工作中，还有一些细节问题不可忽视。其一，按照国家有关规定，建设项目政府采购活动必须进入经当地政府批准的建设工程交易市场进行，必须接受建设部门招标办公室的监督。其二，对于工程进行邀请招标的，必须经政府和纪委检察机关的批准。其三，评标委员会的组成，一定要使专家达到2/3以上，并从经省以上主管部门批准的专家库中在监督部门的监督下随机抽取。

20.1.4 政府采购法律法规

为了加强对政府采购的管理，实现政府采购的政策目标，各国都制订了一系列有关政府采购的法律和规章。

各国的基本法规为政府采购法或合同法，如美国的《联邦采购法案》《联邦采购条例》和《合同竞争法案》等；新加坡的《政府采购法案》；英国的《通用合同及商业法》等。

除了基本法规之外，各国还制订了大量的配套法规，如美国的《合同纠纷法案》《小额采购法案》和《购买美国产品法案》等近20个配套法规，新加坡的《政府采购指南》，英国的《非公平合同条款》《贪污礼品法案》等。

为了规范政府采购行为，提高政府采购资金的使用效益，维护国家利益和社会公共利益，保护政府采购当事人的合法权益，促进廉政建设，我国于2002年制订了《中华人民共和国政府采购法》，自2003年1月1日起开始施行。这是一部针对政府采购的专门性法规。2014年12月31日，国务院总理李克强主持召开国务院常务会议，审议通过了《中华人民共和国政府采购法实施条例（草案）》。除此之外，还有各部委和各省市制订的配套法规，如《政府采购供应商投诉处理办法》（财政部令第20号）、《财政部关于加强政府采购供应商投诉受理审查工作的通知》（财库〔2007〕1号）和《辽宁省政府采购供应商质疑投诉处理暂行规定》等。

针对当前电子招标采购技术的迅速发展，为实现招标投标行业转型升级和市场规范化发展，国家认监委、发展改革委、工业和信息化部、住房城乡建设部、交通运输部、水利部和商务部联合印发《电子招标投标系统检测认证管理办法（试行）》与2013年国家发展改革委会同国务院7部门印发《电子招标投标办法》，一起共同形成了电子招标投标的法律、法规和技术规范的基本框架。当前政府采购中正积极探索建立电子招标投标信息公开共享服务体系和创新招标投标监管体制机制，推动电子招标采购的发展。

20.2 政府采购的流程与问题防范

20.2.1 政府采购流程

政府采购采用以下方式：公开招标、邀请招标、竞争性谈判、单一来源采购和询价等。公开招标应作为政府采购的主要采购方式。

1. 公开招标和邀请招标程序

政府采购中如采用公开招标或邀请招标，则遵循《中华人民共和国招标投标法》的规定进行，具体程序在“第14章 招标采购”中有详细讲述。需要注意以下两个问题。

1）采购人采购货物或者服务应当采用公开招标方式的，其具体数额标准，属于中央预算的政府采购项目，由国务院规定；属于地方预算的政府采购项目，由省、自治区、直辖市人民政府规定；因特殊情况需要采用公开招标以外的采购方式的，应当在采购活动开始前获得设区的市、自治州以上人民政府采购监督管理部门的批准。

实行招标方式，自招标文件开始发出之日起至投标人提交投标文件截止之日止，不得少于20日。在招标采购中，出现下列情形之一的，应予废标。

- 符合专业条件的供应商或者对招标文件做实质响应的供应商不足3家的。
- 出现影响采购公正的违法、违规行为的。
- 投标人的报价均超过了采购预算，采购人不能支付的。
- 因重大变故，采购任务取消的。

废标后，采购人应当将废标理由通知所有投标人。

2）符合下列情形之一的货物或者服务，可以依照政府采购法采用邀请招标方式采购：一是具有特殊性，只能从有限范围的供应商处采购的；二是采用公开招标方式的费用占政府采购项目总价值的比例过大的。

采取邀请招标方式，采购人应当从符合相应资格条件的供应商中，通过随机方式选择3家以上的供应商，并向其发出投标邀请书。

2. 竞争性谈判采购程序

在政府采购中，符合下列情形之一的货物或者服务，可以依法采用竞争性谈判方式采购。

- 招标后没有供应商投标或者没有合格标的，或者重新招标未能成立的。
- 技术复杂或者性质特殊，不能确定详细规格或者具体要求的。
- 采用招标所需时间不能满足用户紧急需要的。
- 不能事先计算出价格总额的。

竞争性谈判采购程序如图20–1所示。

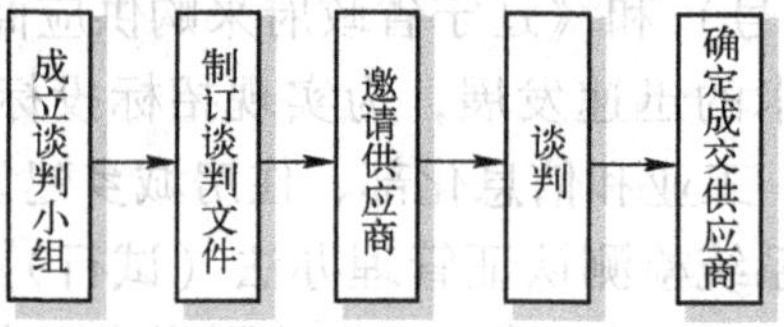

图20–1 竞争性谈判采购程序

（1）成立谈判小组

谈判小组由采购人的代表和有关专家共3人以上的单数组成，其中专家的人数不得少于成员总数的2/3。

（2）制订谈判文件

谈判文件应当明确谈判程序、谈判内容、合同草案的条款，以及评定成交的标准等事项。

（3）邀请供应商

谈判小组从符合相应资格条件的供应商名单中确定不少于3家的供应商参加谈判，并向其提供谈判文件。

（4）谈判

谈判小组所有成员集中与单一供应商分别进行谈判。在谈判中，谈判的任何一方不得透露与谈判有关的其他供应商的技术资料、价格和其他信息。谈判文件有实质性变动的，谈判小组应当以书面形式通知所有参加谈判的供应商。

（5）确定成交供应商

谈判结束后，谈判小组应当要求所有参加谈判的供应商在规定时间内进行最后报价，采购人从谈判小组提出的成交候选人中根据符合采购需求、质量和服务相等且报价最低的原则确定成交供应商，并将结果通知所有参加谈判的未成交的供应商。

3. 单一来源采购程序

政府采购中，符合下列情形之一的货物或者服务，可以依照本法采用单一来源方式采购。

1）只能从唯一供应商处采购的。

2）发生了不可预见的紧急情况不能从其他供应商处采购的。

3）必须保证原有采购项目一致性或者服务配套的要求，需要继续从原供应商处添购，且添购资金总额不超过原合同采购金额 10% 的。

采取单一来源方式采购的，采购人与供应商应当遵循政府采购法规定的原则，在保证采购项目质量和双方商定合理价格的基础上进行采购。

4. 询价方式采购程序

采购的货物规格与标准统一、现货货源充足且价格变化幅度小的政府采购项目，可以依法采用询价方式采购。采取询价方式采购的，应当遵循下列程序，如图 20-2 所示。

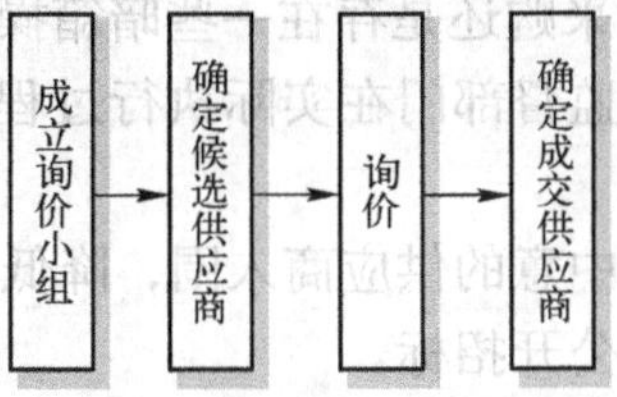

图 20-2　询价方式采购程序

（1）成立询价小组

询价小组由采购人的代表和有关专家共 3 人以上的单数组成，其中专家的人数不得少于成员总数的 2/3。询价小组应当对采购项目的价格构成和评定成交的标准等事项做出规定。

（2）确定被询价的供应商

询价小组根据采购需求，从符合相应资格条件的供应商名单中确定不少于 3 家的供应商，并向其发出询价通知书，让其报价。

（3）询价

询价小组要求被询价的供应商一次报出不得更改的价格。

（4）确定成交供应商

采购人根据符合采购需求、质量和服务相等且报价最低的原则确定成交供应商，并将结果通知所有被询价的未成交的供应商。

20.2.2　政府采购中容易出现的问题

1. 招标文件编制过程中的问题

在政府采购过程中如果招标文件的编制出现问题，会给政府采购工作带来较大的影响。一般情况下，招标文件编制过程中易出现的问题有以下几个。

- 招标文件编制得不够完善、完整，不便于投标人阅读和评审委员会开展评审工作，增加了工作的复杂程度。
- 招标文件编制过程中存在明显的漏洞，导致容易出现废标，如必备资质又出现在评审打分的项目中。
- 招标文件编制过程中出现明显偏向某一特定供应商的内容，导致招标无效，如产品图样参照某一特定供应商的产品绘制。

- 随意更改招标文件，导致前后不一致，使招标工作难以顺利展开。

2. 评审专家选取的问题

在政府采购的专家评审过程中，如果评审专家选取失误，则有可能造成采购评审结果失去权威、不合理。在专家选取的过程中，容易出现以下问题。

- 按照相关法律规定，评标时应从专家库中随机抽取评审专家，但实际抽取时可能并非“随机”抽取。
- 专家库中的专家可能并不了解本部分招标的内容，不满足招标要求。
- 抽取时的专家数量和比例不符合招标规定的安排。
- 部分专家因被采购人或代理机构利诱而违背职业精神，对投标人区别对待，影响政府采购的公平性。

3. 政府采购中的暗箱操作问题

政府采购制度实施以来，政府采购还是存在一些暗箱操作问题。

- 政府采购机构、评审专家和监督部门在实际执行过程中“钻空子”，就有可能丧失政府采购制度原有的防腐功能。
- 在实际采购中，采购人为让中意的供应商入围，降低采购竞争难度，将项目化整为零达不到公开采购的标准，规避公开招标。
- 部分单位认为增加“只有裁量权”，将本在集中采购目录中的货物改为自行采购，而不委托集中采购组织实施采购。
- 在选取社会中介机构时，没有考虑其资质和实力如何，导致社会中介机构沦为个人谋利的工具。
- 部分单位故意在节假日和受众少的媒体上发布招标公告，导致公开招标的范围过小。
- 在编制招标文件时，玩文字游戏，在不起眼的地方设置陷阱和细微偏差，使得部分投标人因标书错误被废而丧失竞争机会。
- 政府采购监督侧重于对采购程序和形式的监督，对招标过程中的违法、违规行为不深入探究，导致监督无效。

20.2.3 政府采购问题防范策略

1. 建立政府采购评估体系

企业必须建立较为完善的政府采购评估体系，对政府采购的效益做出评价，为采购决策提供重要依据。在政府采购的决策过程中，必须考虑以下因素，具体内容如下。

- 确定是否该采购，采购总额是否合适，每一笔采购是否必要。
- 就整体和个体考察，节支率是否够高，即是否最大限度地节约了采购资金。在对采购情况进行统计评价时，还应对整个采购活动的投入及预期实现程度进行评价。
- 考察采购方式是否适当，在政府采购的成本和效益之间，投入产出比是否实现最大化。
- 在采购项目的购买标准上，要制订行政事业单位用品配备标准，严格在标准内配备；在满足需要的前提下尽量降低购买档次，尽量使用国产设备，缓解财政压力。
- 在购买的次数方面，政府采购要体现方便用户的原则，在此前提下，尽量减少采购次数。因此，在项目的审查上，要注意同类项目的归并，尽可能减少购买次数，形成政府采购的规模效应，最大限度地节约采购资金。

- 注意政府采购成本，尽可能降低政府采购的显性成本和隐性成本。

2. 加强风险控制

开展政府采购工作时，必须要增强风险意识和忧患意识，对政府采购工作中可能存在的风险及其危害性保持清醒的认识。在实施采购活动以前，要精心准备、周密安排，充分考虑到可能发生的风险，加强事前、事中、事后的预报、监管与挽救，采取防范和化解风险的有效措施，具体的风险控制措施如下。

- 设立政府采购风险准备金，在采购合同不能正常履行，给对方造成损失且需要承担责任的情形下，使用风险准备金给对方补偿。
- 采用道歉、重审、取消采购决定、终止合同、重新招标和暂停采购活动等形式修正政府采购过程中存在的问题。
- 建立和严格执行内部风险控制制度，包括管理机构内部职责制度等。
- 完善政府采购决策，实施阶段内监管措施，在政府采购决策阶段，要严格按照法定程序进行审核和审批，保证政府采购预算的规范性。
- 在实施阶段，要建立健全监督制度，合理划分合同签订权与合同质量验收权。

3. 加强廉政风险防范

廉政风险是政府采购的主要风险之一，加强政府采购廉政风险的防范工作，是做好政府采购的重要关键点。

（1）强化制度建设并贯彻落实

- 靠制度规范政府采购监管和操作行为。
- 进一步规范采购流程，完善项目牵制和监督检查机制。
- 推动政府采购人员轮岗交流，实行政府采购信息反馈、举报和通报制度等。

（2）加强宣传教育，营造良好氛围

- 要对采购人、采购监管机构、采购执行机构、供应商和评审专家等政府采购当事人加大宣传教育力度，强化守法、诚信、廉洁和服务意识。
- 要通过以先进典型做榜样把反面教材当镜子的“正反典型”宣教方法，帮助政府采购人员把好廉政关。

（3）加强对采购方式和采购形式的管理

增加集中采购目录项目，扩大集中采购的范围，增强集中采购机构的实力和人员的专业素质，切实发挥集中采购机构在规范采购行为中的引领作用，对应纳入集中采购而未纳入的项目，一经查实，责令其重新履行集中采购程序并追究相关人员的责任。

（4）选取社会中介机构引入竞争机制

社会中介机构在政府采购非法利益链条中往往居于承上启下的重要一环，杜绝社会中介机构腐败的要点在于运用随机抽取、差额投票等竞争性方式选取中介机构。

规定采购人委托同一社会中介机构不能超过两次，以切断中介机构的长期利益预期。

（5）评审专家评标电子化

- 在评审专家库中，各专家被赋予一个虚拟的编号，专家库由政府采购监管部门管理，专家的真实身份不能被中介机构和供应商获取。
- 在评标时，随机抽取的专家在网上对标书独立打分，避免在现场评标受到各类因素的诱导。

（6）加强多层次监督

政府职能部门要敢于监督，对“零处罚”的职能部门要启动倒查程序，同时邀请社会各界对政府采购工作进行监督。

(7) 严格处罚措施

- 对查实的政府采购案件，通过重罚增强威慑力，如对严重违规的社会中介机构，取消其代理资质。
- 对违反职业道德的评审专家，永久取消其入选专家库的资格，并在其单位通报批评。
- 将违规的供应商列入黑名单，直至清理出政府采购市场。

【课后思考题】

1. 为什么要实行政府采购制度？
2. 我国政府采购有哪些法律法规？
3. 政府采购一般采用哪种采购方式？
4. 政府采购中容易出现哪些问题？.
5. 应该采取哪些措施来确保政府采购工作的顺利进行？

实训任务

政府招标采购模拟实训

某政府单位拟采购一批办公桌椅。请分别以政府采购的4种方式，即公开招标采购、邀请招标采购、竞争性谈判采购和单一来源采购，开展采购程序、主要进行的工作等分组讨论并模拟实施。

参考文献

[1] 徐杰，鞠颂东．采购管理［M］．北京：机械工业出版社，2010.
[2] 刘斌，孙红，叶心梅．采购与供应管理［M］．北京：高等教育出版社，2005.
[3] 张碧君，张向阳．采购管理［M］．上海：格致出版社，上海人民出版社，2014.
[4] 卢园，邓春姊．物流采购管理［M］．北京：北京理工大学出版社，2012.
[5] 梁军．采购管理［M］．北京：电子工业出版社，2010.
[6] 孙佩红，唐磊．采购与招标精细化管理全案［M］．北京：人民邮电出版社，2015.
[7] 北京中交协物流人力资源培训中心．采购与供应策略［M］．北京：机械工业出版社，2014.
[8] 北京中交协物流人力资源培训中心．采购与供应业务流程［M］．北京：机械工业出版社，2014.
[9] 北京中交协物流人力资源培训中心．采购与供应的组织环境［M］．北京：机械工业出版社，2014.
[10] 项叶生，聂蕊，郭凡．采购管理的100种最实用方法［M］．北京：中国经济出版社，2014.
[11] 徐文锋．采购经理就该这样做［M］．广州：广东经济出版社，2014.
[12] 刘小明．管好采购就靠这几招［M］．北京：人民邮电出版社，2015.
[13] 万融．商品学概论［M］．北京：中国人民大学出版社，2005.
[14] 王静．采购人员岗位培训手册［M］．北京：人民邮电出版社，2015.
[15] 张友林．采购新手快速入门［M］．北京：化学工业出版社，2013.
[16] 赵永秀．海外业务采购指南［M］．北京：人民邮电出版社，2015.
[17] 梁雯，叶春森．采购管理［M］．合肥：合肥工业大学出版社，2013.
[18] 霍红，华蕊．采购与供应链管理［M］．北京：中国财富出版社，2014.
[19] 张浩．采购管理与库存控制［M］．北京：北京大学出版社，2012.
[20] 梁军，杨明．物流采购与供应管理实训［M］．北京：中国劳动社会保障出版社，2007.
[21] 杨芳．物流成本管理［M］．北京：清华大学出版社，2014.
[22] 丁振国．采购管理实务［M］．台北：实业企管顾问有限公司，2013.
[23] 刘志超．采购与供应管理［M］．广州：广东高等教育出版社，2011.
[24] 孙红，罗闽，徐立萍．采购实务与采购系统［M］．上海：立信会计出版社，2011.
[25] 全国招标师职业资格考试辅导教材指导委员会．招标采购专业知识与法律法规［M］．北京：中国计划出版社，2015.
[26] 周晓晔，刘鹏，等．物流质量管理［M］．北京：清华大学出版社，2012.
[27] 韩福荣，刘源张．现代质量管理学［M］．3版．北京：机械工业出版社，2012.
[28] 张公绪，孙静．新编质量管理学［M］．2版．北京：高等教育出版社，2003.
[29] 李琦业．货物采购与检验［M］．北京：中国财富出版社，2004.
[30] 杨少良．基于采购商的供应商质量管控体系研究［D］．西安：西安科技大学，2013.
[31] 曹艳男．BFBC采购质量控制研究［D］．包头：内蒙古科技大学，2012.
[32] 刘书庆，刘杰．采购过程质量危机预防与预警模型研究［J］．工业工程与管理，2014，19（5）：22－26.
[33] 何清华．项目管理［M］．上海：同济大学出版社，2011.
[34] 王道平，李建立．物流项目管理［M］．北京：北京大学出版社，2012.

[35] 石光辉．YT 医院设备采购项目化管理体系研究［D］．大庆：东北石油大学，2014.
[36] 陈志红．首钢一业多地备件采购项目化管理模式研究［D］．沈阳：东北大学，2012.
[37] 北京中交协物流人力资源培训中心．采购项目管理［M］．北京：机械工业出版社，2008.
[38] 徐景文．采购项目风险管理初探［J］．中国政府采购，2014（8）：74－76.
[39] Richard Clodfelter. Retail Buying：From Basics to Fashion［M］. New York：Bloomsbury Academic，2013.
[40] Michael Levy. Ph. D. Retailing Management［M］. New York：McGraw－Hill Education，2014.
[41] Rosemary Varley. Retail Product Management：Buying and merchandising［M］. Abingdon：Routledge，2014.